中国社会科学院经济学部

学部委员与荣誉学部委员文集

2010

中国社会科学院学部工作局
经济学部工作室◎编

经济管理出版社

ECONOMY & MANAGEMENT PUBLISHING HOUSE

图书在版编目（CIP）数据

学部委员与荣誉学部委员文集 . 2010/中国社会科学院
学部工作局经济学部工作室编 . —北京：经济管理出版
社，2011.5
ISBN 978 - 7 - 5096 - 1463 - 1

Ⅰ . ①学… Ⅱ. ①中… Ⅲ. ①经济学—文集 Ⅳ. ①F0 - 53

中国版本图书馆 CIP 数据核字（2011）第 095069 号

出版发行：*经济管理出版社*

北京市海淀区北蜂窝 8 号中雅大厦 11 层

电话：（010）51915602　　邮编：100038

印刷：三河市海波印务有限公司　　　经销：新华书店

组稿编辑：陈　力　　　　　责任编辑：陈　力　李晓宪
责任印制：黄　铄　　　　　责任校对：陈　颖

787mm×1092mm/16　　　　17 印张　　　　283 千字
2011 年 9 月第 1 版　　　　2011 年 9 月第 1 次印刷

定价：58.00 元

书号：ISBN 978 - 7 - 5096 - 1463 - 1

目　录

荣誉学部委员

学 部 委 员

稳定经济增长　　管理好通胀预期

陈佳贵

今年是由保增长向保持平稳增长的转变之年，是由争取全面实现"十一五"规划的各项预期目标向准备实施"十二五"规划的转变之年。从前 3 个季度的实际情况看，国民经济总体运行良好，但是也存在一些不容忽视的问题。今、明两年的宏观调控要把稳定经济增长、管好通胀预期作为主要的任务。

第一，要稳定经济增长速度。今年一季度 GDP 增长 11.9%，二季度增长 10.3%，三季度增长 9.6%。如果当前的经济不再加速的话，预计全年经济增长可能接近 10%。这应该是一个比较理想的增长速度，因为在当前国内外的经济发展的大环境下，我国经济增长的预期目标或者说最低目标是 8%，8%~9% 可以视为最优增长区间，9%~10% 可以视为次优经济增长区间。经济增长速度超过 10% 可以看做出现了过热的苗头。但是各地发展热情很高，投资冲动很强，消费升级明显，工业化、城镇化正处在高速发展期，政府主导下的增长动能充足。从月度环比看，当前我国经济存在加速增长的趋势。从一些衡量经济景气的指标看，9 月制造业采购经理人指数达到 53.8%，比上月上升 2.1 个百分点；非制造业经理人采购指数达到 61.7%，比上月上升 1.6 个百分点。从实际经济增长结果看，规模以上工业增加值 7、8、9 三个月分别比上月增长 1.14 个百分点、1.15 百分点和 0.95 个百分点。三季度 GDP 比二季度也增长了 5 个百分点。如果控制得不好，今年 GDP 有可能超过 10%。要是出现这种情况就会对明年的经济增长造成很大压力，增加宏观调控的难度和复杂性。

更值得高度关注的是，我国通胀的压力在增加。今年 CPI 在逐季上升，一季度只有 2.2%，二季度上升到 2.9%，三季度上升到 3.5%，其中 7 月达到 3.3%，8 月达到 3.5%，9 月为 3.6%；PPI 虽然还不高，但也存在上升的压力。通胀压力有可能继续增强。首先，流动性过剩问题并没有解决。

2009 年，按照适度宽松的货币政策原则计算，贷款只需要增加 5 万亿元。结果达到 9.7 万亿元，多增加了 4.7 万亿元，按照正常情况，2010 年可以在 5 万亿元的基础上增长 17%，即 5.85 万亿元，但是预期目标是 7.5 万亿元，比正常规模高出 1.65 万亿元。根据人民银行提供的数据，从 8 月起货币总量出现了反弹，贷款增速回升，债券总发行量和净发行量均创单月新高，外汇占款投放也增加了货币供应，今年新增贷款要突破 7.5 万亿元的预期目标，如果包括表外贷款可能和去年持平。M2 的增速也要超过 17% 的预期目标。所以今年实际执行的也不是适度宽松的货币政策，而是宽松的货币政策。而且 2009 年的大规模信贷需要好几年才能消化。在今后几年，流动性过剩始终是造成通胀压力的主要因素。其次，消费品价格有可能继续上升。今年 1～9 月我国居民消费价格已经上涨了 2.9%，已经逼近 3% 的预期目标。由于受自然灾害、成本上升和国际粮价上涨等因素的影响，食品的价格上升较快。其中，粮食上涨 10.9%，肉禽及制品上涨 0.9%，蛋上涨 5.8%，水产品上涨 7.0%，鲜菜上涨 20.2%，鲜果上涨 12.2%。今后几个月，受国际粮价推高和种粮成本上升等因素影响，这些产品的价格还可能保持在高位。第三，随着世界经济的逐步复苏，经济增长对能源、铁矿石、棉花等大宗产品的需求在增加，价格在大幅度上升，今年我国原油、铁矿石、塑料、铜、成品油和大豆等大宗商品的进口量增加并不多，但是价格增长幅度很大，它们是推动工业品价格上涨的主要因素。第四，国内资源性产品的价格改革、环境成本的上升，职工工资的提高，也会增加企业的成本，推高工业品产品的价格，增强通胀预期。此外，人民币升值等因素也会增加通胀压力。

在这种情况下，如果不把经济增长速度控制在一个合理幅度之内，过快的经济增长速度会更加刺激需求，使物价和资产价格上涨，就会使通胀的预期变为现实。因此，当前必须把稳定经济增长速度和管理好通胀预期作为宏观调控的主要任务，以便为顺利实施"十二五"规划，为进一步转变经济发展方式和推进结构调整创造良好的宏观经济环境。

第二，稳定经济增长的内在动力。我国人口多，正处在工业化、城市化高速发展阶段，消费是推动我国经济增长最稳定、可持续的动力。今年一季度，我国消费品零售总额增长 17.9%，二季度增长 18.5%，三季度增长 18.4%。前 3 季度平均增长 18.3%，扣除价格影响，增长率都在 15% 以上，其增长速度也是较高的，但是它大大落后于投资和出口的增长速度，而且从长期看，消费在国民收入中所占的比重以及消费对经济增长的贡献率都有待较大的提高，国家应当长期坚持刺激消费的政策，特别是对那些有利于缩小城乡差距、增加就业、提高低收入群体和困难群体收入的政策要加大力度，使消费增速、消费在国民收入中所占的比重能稳步提高，消费对我国经济的贡献率能保持在 50% 左右。

在我国现行体制下，投资是拉动经济的突击力量。用"成也萧何，败也萧何"来形容投资对我国经济的影响是比较贴切的。在经济不景气的时候，投资特别是政府投资是促进经济走出低谷的强大助推器，比如 2009 年，投资对经济增长的贡献率就达到 92% 以上，但是投资也成了促使我国经济走向过热的强大助推器。可以毫不夸张地讲，每次经济过热都是由投资规模过大、增速过快引起的。所以，经济衰退时政府大力增加投资，经济过热时大力削减投资，这似乎已成了我们对经济进行宏观调控的灵丹妙药。为此，我们也付出了沉重的代价，如一些行业的生产能力过剩，重复建设、盲目建设，浪费资源、破坏环境，投资效益大幅度下降，潜在的财政风险和金融风险的积累，等等。我们必须要深化预算制度和投资制度改革，努力解决政府、国有企业和大学等事业单位的软预算约束和投资失败无人承担责任的严重弊病，使政府投资规模保持在一个合理规模；更多地鼓励民间投资，使投资总规模和投资率保持在一个合理水平，避免大起大落。在现阶段，我国实际投资率应该稳定在 20% 左右，投资对经济的贡献率能保持在 40% 左右。

出口对经济增长的贡献不仅取决于出口的数量，还取决于进口的数量，它直接受国际经济变化的影响，波动幅度很大。加入 WTO 以后的几年，净出口对我国经济增长的贡献率保持在 3 个百分点左右，但是 2009 年它的贡献是 -3.9 个百分点，上下波动 6~7 个百分点。据海关统计，今年 1~9 月，我国进出口总值比去年同期增长 37.9%。其中出口增长 34%；进口增长 42.4%；贸易顺差为 1206 亿美元，同比减少 149 亿美元。由于全年顺差低于去年，如果把价格因素考虑进去，出口对经济增长的贡献即便由负转为正，比重也是很低的。金融危机后，各国都在相继调整自己的经济发展战略，各种形式的贸易保护主义也更趋强烈，甚至打起了货币战。今后国际市场竞争会更加激烈，出口企业会面临更严峻的国际市场环境，以增加数量为主的粗放式的出口方式将会遇到更多的阻力和困难。出口企业迟早要进行大的调整，它们必须下决心转变对外贸易方式，提升品牌的知名度，提高产品的质量和附加值，争取出口对我国经济的贡献率能稳定在 10% 左右就不错了。

第三，要稳定宏观经济政策。要保持宏观经济政策的连续性、稳定性，把它作为当前宏观调控的关键。要继续实行积极的财政政策。实际上在 2009 年之前，我国已经实行积极的财政政策。从 2008 年第四季度起，为了应对世界性金融危机，我国实行了更加积极的财政政策，加大了政府直接投资的力度，增加了对"三农"的支出和社会保障的支出。由于财政政策主要是解决结构性失衡问题的，因此财政政策一经确定，一般都要保持较长的时期。我国正处在社会转型时期，迫切需要缓和地区之间的差距、城乡之间差距、贫富之间差距的矛盾，政府是缩小这些差距的主要力量。今年，我国财政收入又大幅度增长，赤字占 GDP 的比重还不到 3%，所以我们既有继续实行积极财政政策的必要性，又具有继续实行积极财政政策的基本条件。近几年，我国要继续实施积极的财政政策。但是财政支出的结构要进行调整，将更多的钱用于"三农"，用于科技、教育、卫生、文化等社会建设，用于完善社会保障制度建设，提高财政资金的使用效果。

货币政策主要功能是管好总量，它虽然比财政政策更具有灵活性，但是，由于 2009 年实际执行的是过度宽松的货币政策，这一年发放的巨额贷款需要较长时间才能消化，货币政策调整的余地有限，迫使今年实际执行的也不是适度宽松的货币政策，而是宽松的货币政策，今年四季度乃至明年也只能在这种宽松的大前提下进行微调。所以，为了应对国际经济复苏的不确定性，为了不向社会传达要改变货币政策的信号，适度宽松的货币政策的提法可以不改变，但是必须回到它的正确含义上来，也就是说，要执行真正适度宽松的货币政策。为此，为了稳定经济增长的速度，缓解通胀的压力，今、明两年还应当进一步适当收紧银根。

（本文原载于《人民日报》2010 年 11 月 11 日第 7 版）

推动我国经济迈向新一轮平稳较快发展

陈佳贵

前不久召开的中央政治局会议指出，当前我国经济发展正处在由回升向好向稳定增长转变的关键时期。做好下半年工作，对巩固应对国际金融危机冲击取得的成效、保持经济平稳较快发展，全面完成"十一五"规划目标任务、为"十二五"时期发展奠定较好基础，都具有重要意义。2010年上半年，我国经济运行总体态势良好，继续朝着宏观调控的预期方向发展，但经济发展面临的国内外环境仍然错综复杂，制约经济平稳运行的矛盾和问题还不少。我们必须认真贯彻落实中央决策部署，深刻把握经济形势的发展变化，增强经济回升向好势头，推动我国经济迈向新一轮平稳较快发展。

2010年我国经济的特殊性

2010年，我国经济不仅面临许多不确定因素、遇到许多两难问题，而且具有许多特殊性，可以称之为"转变之年"或"过渡之年"。

由保增长向保持平稳增长转变。去年，为应对国际金融危机对我国经济的巨大冲击，中央出台了一揽子计划和一系列保增长的政策措施，我国GDP增长率达到9.1%，超过增长8%的预期目标1.1个百分点。这是一个了不起的成绩。今年，我国经济增长面临三种前景：一是增速达不到8%的预期目标，经济出现第二次下滑；二是增速迅速攀升，全年增速超过10%，经济出现过热苗头，并向过热的方向发展；三是经济保持稳定增长，增速保持在9%～10%。从上半年的情况看，第一种前景出现的可能性不大，但必须认真对待。第二种前景也是应该努力避免的，否则容易出现大起大落，使经济发展态势变得更加复杂。第三种前景的可能性最大，也是我们所期望和要力争实现的，即实现经济平稳较快增长。因此，我国宏观调控的主要着力点就是要实现由保增长向保持平稳增长转变。

由争取全面实现"十一五"规划的各项预期目标向准备实施"十二五"规划转变。据中国社会科学院经济学部课题组的跟踪分析,"十一五"规划的绝大多数指标都可以实现,特别是数量方面的指标,如增长速度等已经提前实现,但节能减排等指标还必须经过最后冲刺才可能完成。今年是实施"十一五"规划的最后一年,是十分关键的一年。今年经济工作的重要任务之一,是在节能减排等方面取得重大进展,争取全面实现"十一五"规划预定的目标,为实施"十二五"规划打下坚实的基础,使我国经济能向实施"十二五"规划平稳过渡,使"十二五"规划能有一个好的开局。

由过去偏重经济增长速度向更加重视经济结构调整、加快转变经济发展方式转变。为了扭转长期以来在经济工作中形成的偏重经济发展速度、忽视经济结构调整、忽视经济增长的质量和效益的趋向,中央在今年年初已经做出部署,强调把调整和优化经济结构、转变经济发展方式作为今后经济工作的重中之重。这是一项长期而又紧迫的任务。千里之行,始于足下。我们必须马上行动起来,力求今年能有一个好的开端,在抑制高耗能产业过多、过快发展,减少某些行业过剩生产能力,淘汰落后生产能力,发展新能源和高新技术产业,推动产业组织结构调整等方面有较大的进展,力争今后 5～10 年能取得实质性的进展。

如果能够实现这三个转变,我国经济就将步入新一轮平稳较快发展期,并迈上一个新的台阶。

正确认识今年二季度经济增速回落

今年二季度,我国 GDP 增速从一季度的 11.9% 回落到 10.3%,回落 1.6 个百分点;工业增加值增速从一季度的 19.6% 回落至 15.9%,回落 3.7 个百分点;全社会固定资产投资增速从 25.6% 回落至 24.8%,回落 0.8 个百分点。与此同时,企业家信心指数、制造业采购经理人指数也有所回落。这些指标的回落引起了社会的普遍关注:会不会出现二次探底?宏观调控政策会不会发生重大变化?对此,需要进行科学全面的分析研究,防止出现认识上的偏差和误判。

这次增速回落的原因是什么?这次增速回落有三方面的原因:一是去年

GDP 增速前低后高，去年一季度只有 6.2%，二季度上升到 7.1%，三季度上升到 7.8%，四季度上升到 10.7%，呈逐季上升的态势。在正常情况下，今年的 GDP 增速自然会出现前高后低的态势。根据国家统计局提供的数据，如果采取基期增速不变法来衡量，今年二季度的 GDP 同比增速与一季度是基本持平的。二是 2008 年底以来出台的应对国际金融危机政策措施的效应在 2009 年下半年和今年一季度充分显现，从今年二季度开始逐渐减弱。以投资为例，今年上半年，中央项目投资增长 13.0%，比去年同期回落 15.6 个百分点，地方项目投资增长 26.7%，回落 7.4 个百分点。与此相联系，国有及国有控股投资同比回落 19.9 个百分点。相反，有限责任公司、外商投资企业投资增长分别比去年同期加快了 1.5 个百分点和 1.2 个百分点；私营企业和港、澳、台商企业投资只下降了 0.8 个百分点和 0.4 个百分点。三是中央对宏观调控政策的微调，包括加大对房地产的调控、淘汰落后产能，特别是货币政策逐步由去年实际上的过度宽松回归到今年的适度宽松，客观上降低了对经济刺激的力度。比如，房屋销售价格环比在连续上涨 15 个月后开始下降。上半年，扣除土地购置费的影响，房地产开发投资增速比一季度回落 1.7 个百分点，商品房销售面积比一季度回落 20.4 个百分点。又如，二季度六大高耗能行业增速比一季度回落 4.5 个百分点，连续两个月回落。据国家统计局测算，扣除价格因素，6 月六大高耗能行业增速回落导致规模以上工业企业增速回落约 0.4 个百分点，占整个回落速度的 14% 左右。

这次增速回落是正常回落还是非正常回落？有三种情况的增速回落，即高位回落、中位回落和低位回落。从季度看，二季度 GDP 同比增长 10.3%，与 2000～2009 年一季度平均增速一致；规模以上工业企业增加值同比增长 15.9%，快于 2000～2009 年一季度 14% 的平均增速。再从年度看，在"十五"和"十一五"规划中，我国 GDP 的预期增长目标都是 7%，但实际执行结果超过很多，从 2003 年开始连续 5 年超过 10%。为了缩小实际执行结果与预期目标的差距，也为了增加就业，我们把年度 GDP 增长预期目标上调到 8%。如果把 8% 当做最低预期目标或保底目标，我们有理由将 9% 定为中位目标，把 10% 定为高位目标。今年上半年，我国 GDP 增速达到 11.1%，二季度也达到 10.3%，根据国内外大多数研究机构的预测，今年全年我国 GDP 增速可能接近 10%。因此，目前增速的回落不是在 9% 的水平上回落，更不是在 8% 的水平上回落，而是在 10% 以上的高水平上回落，是一种正常回落，回落的速度是可控的。从整体上看，我国经济增长速度处在合理的增长区间。

　　这次增速回落是否会出现"二次探底"？换句话说，这次增速回落是否还会继续下去？要讨论这个问题，需要明确所谓"二次探底"的含义是什么。这个"底"肯定不是指 2008 年和 2009 年年度 GDP 的数字，因为它们都在 9% 以上，而应该是指 2008 年四季度和 2009 年一季度的情况。2008 年四季度 GDP 增速为 6.8%，2009 年一季度为 6.2%。今年下半年，我国经济增长速度与上半年比较，可能还会适度放缓，但不会出现"二次探底"。从国际上看，美国经济虽然还没有完全走出国际金融危机的阴影，但最困难的时期已经过去，正在向好的方向发展；欧洲一些国家虽然发生了主权债务危机，但已经制定出应对方案；日本经济也出现了一些积极变化的因素；主要发展中大国的经济仍很有活力。也就是说，尽管国际经济发展还存在一些不确定因素，但总体上看我国经济发展的国际环境比去年要好。正因为如此，我国出口增速上半年比去年同期上升 35.2%。下半年，我国出口环境仍将复杂多变，扩大出口困难很多，但可以预料我国出口仍会保持较高的增速，出口对经济增长的贡献率有可能由负转正。从内需方面看，这些年我国消费一直在稳定增长，扣除价格因素，社会消费品零售总额一直保持在 15% 以上的增速。今年上半年，按现价计算的社会消费品零售总额同比增长 18.1%，二季度增长 18.5%，比一季度的 17.9% 上升 0.6 个百分点。扣除价格因素，上半年社会消费品零售总额增速也在 15% 以上。随着国家增加中低收入群体收入政策和刺激消费政策的不断出台和落实，我国消费增长仍会继续保持快速增长的势头。过度依靠投资拉动经济的方式虽然应当转变，但保持投资的适度稳定增长还是必要的，只不过投资方向、重点和结构需要改善。投资仍是拉动我国经济的一个强劲动力。

加强和改善宏观调控须注意几个问题

　　把保持宏观经济政策的连续性和稳定性作为加强和改善宏观调控的基调。继续实施积极的财政政策和适度宽松的货币政策，提高针对性、灵活性、有效性。在确有必要对宏观经济政策进行微调时，应把握好时机，注意调整的力度、节奏和匹配。具有宏观调控职能的部门不要出现跟风现象：一说刺激，大家都争先恐后地出台刺激措施，生怕自己落后；一说退出，又争先恐后地出台退出措施。这样会出现政策的叠加效应，加剧经济波动。

把处理好保持经济平稳较快发展、调整经济结构和管理通胀预期的关系作为加强和改善宏观调控的核心。首先，处理好保持经济平稳较快发展与调整经济结构、转变经济发展方式的关系。调整经济结构、转变经济发展方式并不是一件轻而易举、一蹴而就的事情，它和经济增长速度有密切关系。由于我国经济还是一种粗放型经济，只有保持高的增长速度，企业才能获得较大的利润，国家才能有高增长的财税收入，就业难问题才能得到缓解。但是，经济增速太高，各方面的需求旺盛，企业没有压力，调整经济结构就提不上议事日程，转变经济发展方式就无从谈起。更重要的是，这种粗放型的高增长模式是不可持续的，矛盾积累到一定时候就要大爆发，那时损失会更大。因此，我们必须处理好短期利益与长远利益、短期高速增长与长期可持续发展的关系，下决心把经济增长速度控制在一个合理幅度之内，使经济保持平稳较快增长，为经济结构调整和经济发展方式转变创造适宜的宏观环境，以经济结构的优化和经济发展方式的转变促进经济长期平稳较快发展。其次，处理好保持经济平稳较快发展与管理好通胀预期的关系。随着世界经济的逐步复苏，对能源、铁矿石等产品的需求在增加，价格在大幅度上涨。今年我国原油、铁矿石、塑料、铜、成品油和大豆等大宗商品的进口量增加并不多，但价格上涨超过60%，这是推动工业品价格上涨的主要因素。国内资源性产品的价格改革、环境成本的上升、职工工资的提高也会增加企业的成本，推高工业品价格，增强通胀预期。消费品价格上升的压力也很大。在这种情况下，如果不把经济增长速度控制在一个合理幅度之内，过快的增长会进一步推高需求，导致产品价格上涨，就有可能使通货膨胀预期变为现实。

把深化改革、完善社会主义市场经济体制作为加强和改善宏观调控的保证。宏观调控只能解决短期经济问题，长远的深层次问题还必须通过深化改革来解决。为了使我国经济保持长期平稳较快发展，在加强和改善宏观调控的同时必须深化改革。通过改革，形成有利于宏观调控、有利于经济长期平稳较快发展的体制机制。应深化财政体制改革，调整中央和地方的利益关系，理顺省以下财政体制；深化预算制度改革，把各种专项基金、国有企业收入、社保基金等都纳入国家预算，增强预算的约束力、权威性；完善公共财政体制，规范转移支付，实现基本公共服务均等化；积极推进社会保障制度改革，保障和改善民生；深化税收制度改革，全面实施增值税转型，加快资源税和其他税制改革；深化投资体制改革，特别是改变国有投资无人负责的情况；深化国有企业改革，加快推进垄断行业改革；推进行政管理体制改革，简政放权，增强服务职能，大大减少政府对微观经济的直接干预。这些改革虽然是长期任务，困难很多，但必须积极推进。按照国务院的部署，今年要加快重点领域和关键环节的改革，包括进一步消除制约民间投资的制度性障碍、深化国有企业和垄断性行业改革、深化资源性产品价格改革和环保收费改革、深化户籍制度改革、深化收入分配改革等。总之，应把宏观调控和深化改革紧密结合起来，通过深化改革、完善社会主义市场经济体制，更好地发挥市场配置资源的基础性作用。只有这样，我国经济才能在宏观经济政策的指导和引导下，保持长期平稳较快发展。

（本文原载于《人民日报》2010 年 8 月 4 日第 7 版）

直面全球结构重组　抓住战略机遇

李　扬

一、欧洲主权债务危机：全球金融危机的新阶段

2009 年 10 月初，正当全球经济艰难地摆脱美国次贷危机的最初冲击，步履蹒跚地开始复苏之际，希腊政府突然宣布，预计该国政府 2009 年的财政赤字和公共债务占国内 GDP 的比例将分别达到 12.7% 和 113%，远超出欧盟《稳定与增长公约》规定的 3% 和 60% 的上限。一向以事后推波助澜为能事的全球三大信用评级机构，即标普、穆迪和惠誉，立即相继调低了希腊的主权信用评级，希腊债务危机正式拉开帷幕。

起初，处于艰难复苏中的世界各国对此做出的反应非常谨慎。美国及世界多数非欧洲国家通过财政和货币政策双扩张来刺激经济复苏的步调依旧，欧元区各国则只是唯恐希腊危机殃及自身而开始慢条斯理地讨论是否应该救助的问题。然而，形势发展逼迫欧洲各国必须立刻表态。2010 年 4 月，希腊政府再次宣布：如果在 5 月之前得不到救援贷款，它将无法为即将到期的 200 亿欧元国债再融资。由于担心希腊政府对其总额为 3000 亿 ~ 4000 亿美元的国债违约，投资者开始大规模抛售希腊国债。主要依赖希腊政府债券做抵押进行融资的希腊银行无法经由他途获得新的资金，只能仰欧洲央行的鼻息。由于欧洲央行仍在踌躇，货币市场流动性骤然收紧。4 月 27 日，标普将希腊主权信用评级调低至"垃圾级"，进一步断了希腊筹资的后路。

更重要的是，希腊主权债务危机的传染效应开始出现，占欧元区 GDP 总量 37% 左右的西班牙、爱尔兰、葡萄牙和意大利等国（PIIGS，所谓"欧猪五国"）同时遭受信用危机的冲击。资金外逃，货币市场流动性短缺，利息率上升，股市暴挫，欧元急剧贬值，希腊主权债务危机开始对欧元区和全球经济和金融的运行产生重大影响。

二、希腊债务危机：其来有自

希腊发生如此大规模的主权债务危机，绝非偶然。粗略总结，其内因大致可有如下四端：

其一，首要原因当推实体经济基础薄弱。经济结构单一且缺乏竞争力，是希腊经济长期存在的问题。其经济以旅游业为主，工业和高科技产业比重较低，农业也乏善可陈。国家长期实行高福利制度，人民热衷于消费，致使其劳动生产率低下，储蓄率极低。

其二，在这样的实体经济结构下，如果政府不能坚定地引导国民采取经济发展战略调整，那就只能坐视社会动荡和经济危机恶性循环。希腊政府正陷入这种困境。长期以来，面对落后、畸形且僵硬的国民经济结构，政府一直不思进行深刻调整，而是采取借债弥合这种饮鸩止渴的办法。借债固然有延缓危机之效，在一定范围和相当程度上，也的确给希腊政府以较大的回旋余地，但那是极其脆弱的平衡，一旦债务链条中的关键环节因意外冲击而断裂，整体经济将陷入崩溃。

希腊沉重的债务负担和财政赤字得不到控制，其原因主要有五：第一，政府长期奉行高福利政策。由于国内财源有限，为支撑日益增大的支出，政府不得不执行无节制的赤字财政政策。第二，公务员队伍庞大。其总人口为1070万，公务员竟有42万之多，而且，公共部门雇员工资的涨幅远远超过劳动生产率的增长速度。第三，第二次世界大战以后，希腊曾长期奉行国有化战略。20世纪80年代末期以来，虽然政府一直在致力于实施私有化，但公共部门仍然很庞大。目前，与政府相关的国营经济约占GDP的50%。这些部门人浮于事，效率低下，但工资水平却高于全国平均水平。第四，军费开支庞大。希腊与土耳其的关系长期不和，并认定土耳其是其最大的"危险"。因此，长期以来，希腊的国防开支一直很高。据OECD统计，希腊的国防开支相当于其GDP的3.5%。在北大西洋公约组织内，这一水平仅次于美国。据统计，2004～2008年，希腊是世界上第五大常规武器进口国。第五，希腊为举办2004年奥运会而耗资100多亿欧元，由于开支糜费，留下了巨大的亏空。换言之，奥运会不仅没有给希腊带来"奥运景气"，反而为国内经济增长留下了长期拖累。

其三，经济秩序混乱。希腊的地下经济十分发达，较多数发展中国家尚有过之。其黑市交易占GDP的比例，在所有OECD国家里高居首位。地下经济渗透到国民经济的几乎所有领域，致使政府只能捕捉到相当有限的税源，加之偷税漏税现象极为严重，大大影响了政府财政收入的增长。

其四，出于"选举政治"的考虑，希腊历届政府经常采用"做假账"的方法来隐瞒公共债务和财政赤字的实际规模。第二次世界大战以来，希腊的预算只是在 1972 年曾出现过短期的平衡，此后财政赤字愈演愈烈，总体上保持在相当于 GDP 的 6% 的水平上。更成问题的是，历届政府不仅不思改进，反而将此作为政治工具来加以玩弄。每一届新政府在上台前都信誓旦旦地要切实解决财政赤字问题，而在上台后却都声称由于上一届政府隐瞒了财政赤字问题的严重性，使得其选举承诺无法兑现。如此恶性循环，财政状况和政府信用每况愈下。

毋庸置疑，脆弱且扭曲的实体经济基础，伴之以松弛的经济秩序和财政纪律，加上怪异的政治环境，如果不发生危机才是怪事。事实上，自 20 世纪 70 年代末期以来，希腊大大小小的政治危机、经济危机和金融危机一直不断，只因欧洲经济及全球经济此间一直保持着前所未有的良好发展势头，这些危机才未曾酿成大祸。这一次，由于发生了百年不遇的全球经济危机，给希腊的对外贸易和国内旅游业带来前所未有的严重冲击，并且，由于危机普遍发生，世界多数国家自顾不暇，希腊危机才显得如此引人瞩目，并且对全球经济复苏造成了拖累。

值得深思的是，希腊的形势如此糟糕且广为人知，几年前，它却顺利加入了素以条件严格著称的欧元区。

有人将之归诸美国高盛公司帮助作假。诚然，几年前，高盛公司曾为希腊设计出一套"货币掉期交易"方式，为其掩饰了一笔高达 10 亿欧元的公共债务；其后，它还帮助希腊将国家彩票业和航空税等未来的收入作为抵押，换取了大量现金，从而使希腊在账面上符合了欧元区成员国的标准。作为交换，自 2002 年起，希腊政府购买了美国高盛公司的大量金融衍生产品。现在，所有这些掩盖在复杂金融衍生品交易迷雾下的偷天换日伎俩，均因次贷危机而水落石出，希腊因此而陷入了万劫不复的境地。

我承认高盛的"包装"为希腊加入欧元区在技术上发挥了作用，但是，我始终存有这样的疑问：以德国、法国为主的欧元区的经济学家和政治家们是那样的训练有素且谙熟希腊的真实情况，他们当真不了解其中的隐秘？

三、救助过程及进一步的问题

毫无疑问，由于区内各国意见相左，特别是德国和法国意见分歧，欧元区和国际社会一直未能就希腊危机及其救助达成共识，希腊债务危机已经错过了最好的救助时机。2010 年 5 月 2 日，经过反复磋商，欧盟与 IMF 正式启动救助机制，他们允诺向希腊政府提供总额为 1100 亿欧元的贷款。5 月 10 日，欧盟财长会议达成总额为 7500 亿欧元的危机救助协议，帮助可能陷入主权债务危机的欧元区成员国，以防止希腊危机向整个欧洲乃至全球蔓延。

高达 7500 亿欧元的巨额救助准备虽然姗姗来迟，但已开始发挥了稳定市场信心的作用，部分欧洲国家主权债券市场进一步下泻（即其收益率的进一步上升）的趋势得到有效遏制。

欧洲金融和经济界人士虽然缓了一口气，但是，3 年惊心动魄的全球金融危机的经历很快便提醒他们考虑更深层次的问题：发端于国家层面的债务危机，有可能向私人部门延伸；恰如 2007～2008 年的美国，发端于私人部门的债务（次贷）危机，很快就让该国的公共部门暴露在前所未有的风险之下。为了防患于未然，欧洲必须采取进一步的措施。

果然，6 月 17 日，一个存在极大不确定性的事态浮出水面。这一天，欧盟峰会通过了"压力测试提案"。与会的欧盟领导人不仅同意对主要的欧洲银行进行压力测试，而且同意在 7 月底发布测试结果。届时，政府将对压力测试结果不良的银行给予资金支持并对之进行重组。这不免让人回忆起美国的"前车之鉴"来：在次贷危机加深的 2009 年 2 月，美联储宣布对全美最大的 19 家银行（集团）进行压力测试，并在 2009 年 5 月正式公布了压力测试结果。由此，全美历史上最大的银行重组活动渐次展开。

显然，欧盟政府决定对主要欧洲银行进行压力测试，是因为他们认识到，随着欧洲主权债务危机的演进，主权债务风险可能在下一阶段从国家层面向区内商业银行层面传递，从而造成整个欧元区爆发新一轮危机。这种信用风险之所以传递，是因为欧洲商业银行普遍持有大量的"欧猪五国"的政府债券及其他相关资产。据 BIS 提供的数据，欧洲银行作为总体，对"欧猪五国"的直接风险敞口为 2.95 万亿美元，相当于其全球债权的 15.1%。在欧元区内部，对"欧猪五国"的直接风险敞口占德国、法国、英国银行全球债权的比重分别为 21.3%、24.2% 与 11.5%。这样，一旦"欧猪五国"政府债券信用等级被显著调降，进而导致其市场价值大幅下滑，则欧洲银行将被迫进行大规模的资产减记并披露亏损；在更严重的情况下，倘若"欧猪五国"政府债券出现违约，那么欧洲银行无疑将遭遇更严重的资产损失，其严重程度尚难估计。

欧洲银行业压力测试结果于 8 月 23 日公布。接受测试的 91 家欧洲银行中仅 7 家不及格。德国房地产抵押银行、西班牙 5 家地方银行和 1 家希腊银行没有通过压力测试，这 7 家银行总计需要 35 亿欧元的资金支持。

说起来，欧洲的投资者们应当可以放心了，但是，测试结果公布后，人们仍然忧心忡忡。对测试方法进行责难者有之，对测试结果怀疑者有之，一些人甚至宣称，压力测试的假定条件过于宽松，实际上没有什么压力。基于此，人们进一步表示担心：压力测试并不会消除市场对银行系统的担忧。

为防止欧洲银行业危机的爆发，欧盟政府将在很短时间内对上述银行提供救助。而救援资金的来源，可能就来自之前欧盟与 IMF 达成的 7500 亿欧元救援方案。根据最新公布的资料，欧盟将成立一家特别目的载体（SPV），接受欧盟各国政府提供的联合担保，在金融市场上发行债券来募集最多不超过 4400 亿欧元的资金。该 SPV 募集的资金除直接用于救援主权国家外，很可能也会用于充实部分欧洲银行的资本金。事实上，这个 SPV 以及相应的管理机构，已经构成了未来欧洲货币基金（EMF）的雏形。这意味着，欧洲的救助计划，除了处理"问题国家"和"问题银行"之外，可能还会衍生出若干制度变化。这些变化，将大大改变全球的金融格局。

被讨论最多的问题是欧元的前景。面对欧元区的严峻局面，欧元失败甚至解散欧元区的议论不绝于耳。针对这一议论，德国总理默克尔近日严辞警告："欧元失败，就是欧洲失败。"这是因为，对欧盟国家来说，欧元不仅仅是货币，更是欧洲模式和欧洲梦想的直接体现，也是挑战美元霸权的最主要武器。诚如法国前总统希拉克就欧元问题曾经说的一段话："实施欧元是欧洲在没有动用枪炮的情况下实现的一次巨大变革，其首要目的在于不受别人摆布。"

事实证明，11 年来，在推动欧盟一体化进程、稳定物价和防止通胀、促进欧元区内部贸易和投资等方面，欧元均发挥了积极作用。目前，欧元已成为重要的国际储备货币。在全球外汇储备中，欧元所占比重已从 1999 年的 17.9% 上升到 2010 年第一季度的 27.2%。

我们有理由认为，经过此次危机，欧元汇率向下调整固然不可避免，它从此走上末路则绝不可能，因此，国际货币体系由美元和欧元主导的基本格局也不会有所改变。相反，从欧盟针对此次危机采取的措施来看，诸如建立欧洲货币基金的努力，乃至进一步推动欧元区财政一体化等，都是十分积极的战略举措。这些举措果若达到预期目标，配之以规划欧洲政治一体化的

《里斯本条约》的实施，欧元危机或能成为欧盟进一步发展的新起点。

四、艰难的调整过程

前已述及，代价高昂的欧洲主权债务危机救助机制，在不发生特别意外的情况下，大约可以阻止希腊危机的进一步恶化。但是，它为全球经济的复苏蒙上新的阴影，却是不可否认的事实。

7500 亿欧元资金的使用均需与 IMF 贷款条件挂钩，而 IMF 的贷款条件一向苛刻，此次也不例外。这意味着，危机国家要获得外部援助，也必须像希腊政府一样承诺实施严格的财政支出削减计划。从目前情况看，危机国家一般必须承诺在 2015 年前后将其财政赤字占 GDP 的比例降至 3% 左右。这对于欧盟各国来说，不仅是经济上的挑战，而且是政治和社会管理的挑战，因此，降低赤字比例的承诺能否顺利执行，尚待观察。进一步说，即便减债计划顺利执行，危机国家的经济复苏进程也将延缓数年。

从危机的金融层面看，发端于美国的全球金融危机是一次私人债务危机。应对这场危机，各国均实行刺激性货币政策和财政政策，其中，政府增加债务并将之货币化，居于刺激计划的核心。从本质上说，2007～2010 年的全球救助行动是用主权债务替代私人债务，或者是用主权债务为私人债务提供担保。从宏观经济的角度看，这种救助是对国民经济进行"名义调整"，其结果则是货币贬值和通货膨胀。

此次欧债危机不同，它径直就是主权债务危机。这时，政府已经没有手段来进行救助，更有甚者，投资人已经将政府借债看成对于市场稳定性和经济恢复的最主要风险。面对此状，各国必须进行更为痛苦的"真实调整"，即必须增加税收、减少支出、缩减需求。这显然会直接降低国民经济的增长率，延缓经济恢复的进程。

对于欧元区而言，调整的过程更为复杂，因为它是由 16 个主权国家用多边国际协议方式组成的国家联盟，而联盟中的国家情况千差万别，各怀心思。

欧元区内部各国的财政状况差异甚大。多数国家，包括意大利、葡萄牙、希腊、冰岛、西班牙、马耳他、塞浦路斯、法国、斯洛伐克、斯洛文尼亚等，财政处于长期赤字状态；另一些国家，包括德国、卢森堡、芬兰、荷兰、奥地利、比利时等，则长期保持着财政盈余。

这两类国家面临的调整任务存在差异，调整的方向可能南辕北辙。赤字国家的主要任务是提高竞争力、提高国内私人储蓄率和加强对外贸易部门。
为完成这些任务，要求它们把国内工资的提高速率严格压低在劳动生产率的
提高速率之下，改革僵化的劳动力市场，通过去杠杆化加强金融部门，将国
内资源更多地配置到具有更高生产率的部门并改变出口结构。对于贸易盈余
国家，它们的主要任务不能是消极地适应赤字国家，更不能削弱竞争能力和
降低国内储蓄率，而需要提高非对外贸易部门，特别是服务部门的劳动生产
率，以提高竞争力。使问题进一步复杂化的因素是，赤字国家为了重新获得
竞争力，需要进行严格的财政制度和经济结构的调整，这不可避免地会使它
们的经济增长率在未来若干年中趋于下降。如果发生这种情况，区域内的盈
余国家将面临需求萎缩的风险。更具挑战性的问题是，欧元区之外的国家的
市场可能比欧元区内的市场增长更快，因此，保持欧元区对欧元区之外的国
家的竞争力，具有更为关键的意义。

欧元区的调整是一项巨大的系统工程。从大结构上看，主要涉及调整财
政架构和调整经济结构两大领域。

首先需要强化财政纪律，使欧元区保持长期的财政稳定。这就需要加强
对各成员国预算政策的监督，更有效地纠正它们的过度赤字和过度的债务。
从正在讨论的情况看，强化财政纪律的行动将沿着如下方面展开：加强对各
国预算和赤字融资计划的事前讨论和审查，提出明确且具有操作性的政策指
导方针。为了加强财政纪律，可能需要建立严格的警告制度，并对不遵从区
内财政原则的成员国实行制裁。在金融制裁方面，将考虑减少不执行财政纪
律的国家获得欧元区资金和转换款项权利的机会；在非金融的制裁手段上，
将限制或暂停这些国家的投票权；作为程序性制裁，将可能要求这些国家更
细致、具体、全面地向欧盟委员会报告调整方案，并通过委员会的特别机构
和欧洲央行进行现场监管。实施更有效的财政监督，依据各国的财政表现，
实施强度不同的财政监督政策。同时，还要考虑加强欧盟委员会内部经济专
员的职责，赋予他们提出调整方案、评估成员国财政政策和借款政策的权
力。为了强化各国的财政联系，将采取各国财经法规一致化的政策，并要求
在各成员国内设立独立的预算办公室或财政监督机构。

其次是进行经济结构调整，实行彻底的单一市场。为达此目的，首先需
要考虑撤除各国对贸易和跨境活动（特别是服务部门）设置的壁垒，彻底实
施服务业指导意见。研究显示，这一措施至关重要。目前在欧元区内，只有
20%服务是跨境提供的，而若彻底实施服务业指导意见，允许服务业自由跨

境配置，将使得欧元区的潜在增长率提高 0.6% ~1.5% 。除此之外，加速新技术的推广使用，培育数字化单一市场，促进共同能源市场形成，加强欧元区的竞争力，并引领绿色增长，促进单一资本市场和金融服务体系形成，以及取消对商业投资的跨境限制等，都在考虑之列。

五、全球经济和金融格局重组：我们应抓住机遇

目前，虽然欧债危机最艰难的时期已经过去，但稍有远见的人们都能认识到：此次危机不是欧元的危机，而是整个发达经济体的危机；它不是希腊甚至欧元区的孤立现象，而是发端于美国的此次百年不遇的全球金融危机的一个组成部分。在根本上，它揭示出 20 世纪 80 年代以来以发达市场经济国家为主导的全球经济和金融体系的严重不合理，并以极端的形式向世界提出了改革的要求。它考验的是整个发达国家是否有能力去应对一个变化了的新的全球经济格局，是否下决心去改变其依靠过度消费和负债（私债和公债），同时依托国际金融体系向广大发展中国家转嫁负担的不合理的国际经济和金融制度；同时，它也考验广大的发展中国家是否有能力抓住机遇，增加自己在国际经济和金融事务乃至国际政治和外交事务的发言权。基于此，全球经济的"再平衡"将不再完全是新兴市场经济国家与发达国家之间的"再平衡"，它也包括发达国家内部的"再平衡"和新兴市场经济国家之间的"再平衡"。经过这样复杂的再平衡，全球经济和金融的格局必将发生新的变化。

总之，欧债危机表明，全球经济和金融格局仍在继续朝着有利于包括中国在内的新兴市场经济国家的方向调整。这样难得的战略机遇，我们当然不应放过。

然而，我们特别需要严肃指出的是：与发达市场经济国家内部存在着严重的经济和金融结构失衡问题一样，包括中国在内的广大发展中国家也存在严重的经济和金融结构失衡问题。如今，以经济长期低迷为代价，发达国家已经开始进行痛苦的调整。面对此状，我们绝不可固步自封，而应坚定改革的决心，加快调整本国的经济和金融结构。否则，一旦发达国家经历了漫长的萧条时期，重新走上稳定发展之路，我们将再次处于被人左右的不利地位。

（本文原载于《中国金融》2010 年第 11 期）

全球金融体系改革及亚洲的选择：
我们需要更深入的思考

李 扬

发端于美国、如今仍在蔓延和深化的全球金融危机，再次暴露出现行国际货币体系的不合理，且再次凸显了改革的必要性和紧迫性。作为处于现行国际货币体系"边缘"地带上的亚洲国家，我们不仅需要积极参与国际货币体系改革的讨论并力争在其中发挥更大的作用，而且需要冷静地认真研究：在走向合意的国际货币体系的漫长期间内，如何建立一种稳定的地区性货币金融安排（不仅是应对危机的机制），有效地防范不合理国际货币体系对本地区经济和金融发展的意外侵扰，最大限度地维护区域内国家的利益。

本文将基于亚洲地区被现行国际货币体系边缘化的判断展开分析。我们首先概述第二次世界大战之后以美元为本位的国际货币体系的演化，重在指出其内在矛盾；其次分析 SDR（特别提款权）和欧洲货币体系这两个业已成型并获得一定成功的摆脱传统国际货币体系的努力；最后，从稳定亚洲国家经济和金融稳定发展的立场出发，探讨建立亚洲区域货币金融合作机制的若干问题。

一、美元本位的国际货币体系已难以为继

第二次世界大战后到 20 世纪 70 年代初期，以资本主义国家为主导，建立了一个以美元为本位的国际货币体系，史称布雷顿森林体系。这一体系以所谓"双挂钩"为基本运行特征，即美国以其巨额的黄金储备为基础，对外国政府允诺以 35 美元/盎司的比价兑换黄金；各成员国则同意将本国货币钉住美元。布雷顿森林体系实行波动幅度很窄的固定汇率制，各国货币当局有义务保持汇率的稳定。这一体系正常运行的基本要素是：美国向世界提供美元作为储备货币并提供黄金清偿力，同时，通过稳定那些代表黄金的贸易品

价格来维持美元价值的稳定。

众所周知，布雷顿森林体系存在着"原罪"性的矛盾。在"双挂钩"制度下，由于世界黄金和美国黄金储备的增长不能适应世界经济和国际贸易发展的需要，美国便陷入了进退维谷的境地：要满足世界经济和国际贸易增长之需，美元的供给必须不断增长。这要求美国的国际收支赤字不断扩大，而美国国际收支赤字的不断扩大和美元供给的持续增长，将使美元与黄金之间的固定比价难以维持，从而动摇布雷顿森林体系的黄金支柱；持续的国际收支逆差将对美元产生贬值压力，从而使美元与他国货币的固定比价也难以长期维持，这将动摇布雷顿森林体系的汇率支柱。显然，这里存在的内在矛盾难以解决，此即"特里芬难题"。由此还进一步引发出另一个问题，就是短期资本流动的冲击。当国际资本意识到"特里芬难题"的存在时，便会利用其中的矛盾和空隙牟利。所以，在20世纪70年代以来的所有国际金融危机中，我们都可看到国际游资的身影。

由于存在着深刻的内生性"原罪"，自20世纪60年代开始，布雷顿森林体系就不断受到冲击，其中最重要的危机有四次。第一次发生于1960年。当年，美国对外短期债务首次超过它的黄金储备，导致各国纷纷抛售美元、抢购美国的黄金和其他硬通货。第二次发生于1968年。美国因侵越战争扩大，其财政金融状况急剧恶化，通货膨胀加剧，外汇市场再次掀起抛售美元、抢购黄金的浪潮。为应对危机，国际货币基金组织一方面采行黄金"双价制"（官价和市场价），试图平抑抢购黄金浪潮；另一方面则于1969年创设了被称为"纸黄金"的特别提款权（SDR），希望部分替代美元的功能。第三次发生于1971年。当年，美国对外短期负债和黄金储备的比率达到战后历史高点，加之发生了第一次石油危机，美国经济和国际货币体系陷入前所未有的混乱。为应对危机，美国总统尼克松于1971年8月15日宣布实行"新经济政策"：对外停止美元兑换黄金，终止美元与黄金的官方兑换关系，并压迫联邦德国、日本等国实行货币升值；对内，则决定冻结工资水平。作为对美元停止兑换黄金的反应，主要发达国家相继放弃了钉住美元的固定汇率制，改行浮动汇率制，布雷顿森林体系已难以为继。其后，虽有1971年12月的史密森协议缔结，以期举主要发达国家之力来维持该体系正常运转，但由于美国贸易赤字继续扩大，外汇市场抛售美元狂潮愈演愈烈，终于也未能力挽狂澜。1973年2月，外汇市场再度爆发美元危机，布雷顿森林体系寿终正寝。

二、摆脱美元的努力：SDR 的创设和欧元的启动

前已述及，用美元充当国际储备货币的基本矛盾之一，就是美元不可能通过不损害美元地位（美元对内和对外价值的贬低）的方式稳定地向国际社会提供。认识及此，国际社会便出现了若干摆脱美元、探寻建立更为合理有效的国际货币体系的努力。在这些努力中，当以创设 SDR 和建立欧元区最有建树。

人们认识到，国际储备资产的存量及其增长，不应仅仅被动地由各国国际收支所决定的储备货币的累积余额来确定，而应当主动地反映全球贸易与经济增长的需要。换言之，国际社会应当根据全球经济、国际贸易和国际投资增长的需要，主动且有预见性地增加国际储备。在这方面，国际货币基金组织应当发挥积极的作用。它应当成为一个国际流动性的主要提供者，这种流动性不仅应有条件地通过提供金融援助来提供，而且应无条件地通过创造某种新的流动性来提供。创设 SDR 体系，便意在无条件地创造流动性。

尽管 SDR 的创设凝聚了大量世界一流专家的心血，其设计不可谓不精巧，国际货币基金组织在推广它的使用方面更是不遗余力，然而，设置它的最初目的，即作为一种世界性储备资产，并取代黄金和美元（以及其他主权或区域货币），至今仍然没有达到，而且，随着全球化的深入发展，这一目标似乎离我们渐行渐远。基本的原因在于，SDR 并不具备作为国际储备货币的基本要素。在实践上，信用货币之被广泛接受，其必要条件是具备国家信用的基础，并因此拥有法律赋予的强制流通权；其充分条件则是需要设立专责的货币当局，用以处理货币流通等事务，并通过有效的宏观调控，保证币值之稳定。反观 SDR，它缺乏信用基础自不待言，就其定价机制而言，依赖四种主权货币"篮子"来定值，依然摆脱不了对那些"中心"国家之经济和金融状况的依赖，依然难以防止这些"中心"国家着眼于维护本国利益的宏观调控政策对全球经济产生"以邻为壑"式的冲击。在这个意义上，SDR 本位实在只是放大了的美元本位而已。

这种缺陷，在 SDR 的分配机制上体现得十分充分。由于缺乏作为信用货币的诸种条件，它便只能因循普通提款权的机制进行分配。2009 年 7 月 IMF 发布的 2500 亿美元特别提款权分配草案，再次挑明了 SDR 本质上只能因循普通提款权基本机制的特征。问题恰恰在于，如果 SDR 无非只是普通提款权的延长和扩大，则与设置 SDR 的目标相悖；而若根据其他机制，例

如根据各国对储备资产的需求强度来进行分配，其经济上的不合理性一目了然，因而也是不可行的。

说到本质上，SDR 要充分发挥作用，须有"世界大同"，并在此基础上建立某种超主权的中央银行。创造这一条件，显然需要长期不懈的努力。

几乎就在美元刚刚取得世界霸权的同时，欧洲便开始了摆脱美元的尝试。与创设 SDR 不同，欧洲的努力从来就是区域化的，其设定的方向，也只是创设某种区域化的统一货币，借以保护区域内各国的利益。在获得广泛政治共识的基础上，从 20 世纪 50 年代开始，欧洲一元化进程便已启程。1950 年，欧洲支付同盟建立。1957 年 3 月，西欧 6 国签订《欧洲经济共同体条约》和《欧洲原子能共同体条约》（通称《罗马条约》），决定成立欧洲经济共同体。60 年代末，欧共体建立了关税联盟，实现了共同农业政策，并开始着手推动劳动力与资本流动的自由化。欧洲货币的一体化问题，就此也正式提上议事日程。1972 年，欧共体 6 国开始实行"蛇形浮动"等一系列货币汇率的联合浮动安排，以共同应对美元的剧烈波动。1979 年，欧共体各国建立了"欧洲货币体系"（EMS），并于 1993 年完成了市场一体化，设立了"欧洲货币单位"（EU）。1999 年 1 月，欧元正式启动。对于欧元启动的重要意义，固然可从多角度进行评价，但笔者更钦服法国前总统希拉克对此所做的精辟论断："实施欧元，是欧洲在没有动用枪炮的情况下实现的一次巨大变革，其首要目的在于不受别人摆布。"

本节简述 SDR 和欧元的创设动机、过程及结果，意在分析迄今为止摆脱美元本位国际货币体系的可能方向。对于亚洲来说，欧元的榜样显然更具现实针对性。我们的发展目标因而也很清楚，这就是，我们希望"不受别人摆布"。

三、亚洲国家的"边缘化"困境

亚洲国家在当前国际货币体系中面临巨大困境。从表 1 列示的各主要货币形成的货币圈所占份额的数据可以明显看出，在本地区内，美元依然占据主导地位，欧元次之。这两个货币所覆盖的 GDP，在 2004～2007 年间达到81% 的水平，而区域内货币（主要是日元）仅仅覆盖了 9.6%。就此而论，亚洲地区是被现行国际货币体系"边缘化"了的。然而，就同期各国 GDP占全球 GDP 的份额而言，美国和欧元区总和占比不足 50%，而亚洲地区则高达 35% 左右。这两个占比的严重失衡，使得亚洲国家长期面临严重的

"双重错配"，即货币错配和期限错配。这种错配，不仅使亚洲国家总会受到来自美欧经济和金融波动的意外侵扰，而且，在汇率安排上以及在外汇储备的管理上，总是面临困难的抉择并总是成为发达国家攻击的对象。因此，亚洲国家，特别是东亚国家实行密切的货币金融合作，便成为基于共同利益的理性追求。

表1 主要货币形成的货币圈份额（%）

	美元区		欧元区		日元区		英镑区		其他	总额
	美国	合计	欧元地区	合计	日本	合计	英国	合计		（10亿美元）
1970～1974年	33.8	54.5	14.1	27.3	8.7	8.7	4.4	7.2	2.2	3675
1975～1979年	29.0	50.5	15.2	30.9	10.5	11.9	4.1	5.3	1.3	7074
1980～1984年	30.8	51.8	12.7	25.4	10.7	12.7	4.5	6.4	3.6	10729
1985～1989年	30.2	48.9	12.6	22.0	14.8	15.3	4.5	5.8	8.0	15753
1990～1994年	26.2	45.9	13.5	28.0	16.0	16.3	4.2	5.7	4.1	24101
1995～1999年	27.6	50.3	14.8	26.2	14.9	16.7	4.4	4.9	2.0	29946
2000～2004年	30.2	48.6	21.5	30.1	12.3	14.4	4.8	5.1	1.7	34929
2005～2007年	26.8	48.4	22.2	33.4	9.0	9.6	5.0	6.7	1.9	49046

注：根据 GDP 计算（市场外汇汇率换算，美元计价）。

资料来源：河合正弘：《国际货币体系与东亚货币金融合作》，吉林大学出版社，2009 年。

事态也正沿着这一理性方向在发展。多年来，东亚地区的经济一体化一直在稳步推进，通过积极的贸易、投资和金融流动，地区内正逐步增强相互间的经济依存度。

在贸易领域，以直接投资为媒介的区域内分工推动了制造业的资本品、零部件、半成品和最终产品的垂直产业内贸易，产生了市场基础上的经济一体化。这种倾向肇始于 1985 年广场协议以后的日元升值。日元升值后，日本企业开始循"雁阵"型向外转移生产基地。转移的对象，先是亚洲"四小龙"，继而是亚洲"四小虎"，然后是中国华南地区和大中华地区。现在，整个东亚地区基本建立了完整的区域内生产和贸易网络。近年来，韩国、中国台湾、马来西亚、泰国等国家和地区的企业开始对外直接投资，主要以中国为新的生产基地在扩大国际分工，进一步加强了这种生产和贸易联系。所有这些努力的结果，使东亚贸易中的区域内贸易占比达到 50% 以上。

在金融领域，通过商业银行的对外融资活动和机构投资者的对外证券投资，东亚各国金融市场之间的相互联动程度大幅度提高。这使得区域内利率和股价相互影响，联动性逐步增强。早在 1997 年亚洲金融危机中，危机在区域内传播的速度之快，范围之广，规模之大，便已出人意料，而此次危机中区域内各国所受影响的特点及程度的相似性，更给人留下深刻印象。不过，亚洲危机之时，中国及多数东盟国家均实行资本流动管制，因此，相比贸易和投资，区域内的金融联动尚不充分。此次全球金融危机中，由于中国及东盟国家近年来逐步放松乃至基本废止了资本项目管制，区域内的金融联动性显然进一步提高。

区域内宏观经济的同步性和联动性也进一步增强。这反映出区域内实体经济领域和金融领域内的密切关联。从可以观察到的实际 GDP 增长率的国际相关系数可以看出，东亚区域内经济活动的联动性越来越高，景气变动的相互同步性和同时性正在提高，其中，日本、中国及其他东亚新兴经济体之间的宏观经济联动性更是显著提升。区域内经济一体化和景气循环相关度的提高，将使外部经济对区域内国家（地区）冲击的对称性相应提高。区域内经济相互依存度的深化，自然要对区域内的汇率稳定提出更高的要求。

然而，尽管东亚国家间的贸易、金融的密切程度日益提高，从而导致宏观经济运行的同步性和联动性日益提高，但东亚各国之间的经济结构和发展水平依然存在着多样性，因而并未如最优货币区所要求的那样，收敛到使整个地区形成单一货币区的程度。我们可以从经济结构（人均收入、产业结构、金融市场发展及深化程度等）指标和宏观经济指标（财政平衡、通货膨胀、利率等）的收敛状况来判断东亚地区的现状与形成单一货币区所要求的条件的差距。从表 2 各国人均 GDP、投资/GDP 等指标的差异可以看出，亚洲国家的经济结构存在较大差异；由表 3 各国政府部门债务/GDP、一般政府部门财政收支差额/GDP 等指标可见，亚洲国家的宏观经济指标亦呈现不一致性；表 4 以中国和日本作对比，反映出区域内贸易结构也存在显著差异；表 5 则列出了东亚各国的外汇汇率制度，反映了这些国家在汇率安排上的步调也不统一。

亚洲地区在国际金融体系中的地位与其经济实力的不匹配，尤其是缺乏主导性的区域货币，使得亚洲金融甚至经济体系均处于全球体系的边缘地带，从而导致区域内经济与金融体系极易受到国际经济和金融波动的传染与冲击。回顾 1997 年亚洲金融危机以及此次全球金融危机中亚洲各国所经历的经济和金融动荡，我们不仅可以明白无误地看到这种被"边缘化"所引发

表2　东亚国家和地区的经济结构存在较大差异

	人均 GDP（美元）	投资/GDP（%）	储蓄/GDP（%）	CA/GDP（%）	产业结构			出口/GDP（%）	进口/GDP（%）	FDI/GDP（%）
					农业	制造业	服务业			
东亚和印度	3327	30.4	34.0	5.2	6.6	36.1	57.3	36.7	32.9	16.9
日本	34182	24.0	25.0	3.9	1.5	29.9	68.6	14.3	13.0	2.5
韩国	18347	29.8	30.9	0.7	3.2	39.6	57.2	43.2	42.1	8.0
中国香港	27507	21.4	32.9	10.6	0.1	9.3	90.6	205.4	194.0	405.2
新加坡	30045	18.8	50.5	27.5	0.1	34.7	65.2	252.6	220.9	159.0
印尼	1636	24.6	29.4	2.7	12.9	27.0	40.1	30.9	26.1	5.2
泰国	3254	27.9	31.8	1.1	10.7	44.6	44.7	73.7	69.8	33.0
中国	2016	44.6	52.5	9.4	11.7	48.4	39.9	40.1	32.2	11.1
印度	822	33.9	31.1	−1.0	17.5	27.9	54.6	23.0	25.8	5.6

资料来源：World Bank, World Development Indicators Database, 2008；IMF, International Financial Statistics, 2008；UNCTAD, UNCTAD Database, 2008.

表3　东亚诸国和地区宏观经济指标亦呈现不一致性

	政府部门债务对 GDP 比率（%）	一般政府部门的财政收支差额对 GDP 比率（%）	通货膨胀率（消费者物价指数）	利率（%）	
				12月期定期存款	12月期银行贷款利率
日本	162.5	−3.2	0.1	0.38	1.88
韩国	33.3	3.8	2.5	5.17	6.55
中国香港	1.7	7.2	2	2.8	6.75
新加坡	−	9	2.1	0.83	5.33
印尼	35.7	−1.2	6.2	8.2	13.86
泰国	37.5	−1.7	2.2	2.32	7.05
中国	17.3	0.7	4.8	3.29	7.47
印度	−	−2.9	6.3	8.4	13.02

资料来源：IMF, International Financial Statistics, 2008；ADB, Key Indicators, 2008.

的各类问题，而且，我们痛苦地看到，只要这种被"边缘化"的格局不改变，我们经济和金融的运行，就不可避免地要受到来自美欧等拥有储备货币发行权的"中心"国家的侵扰。

表4　区域内贸易结构：中国和日本比较

进口国	中国				日本			
出口国	1983 年	1995 年	2000 年	2006 年	1983 年	1995 年	2000 年	2006 年
韩国	NA	7.0	10.2	20.3	13.8	13.0	11.3	7.7
新加坡	1.0	2.3	3.8	9.6	9.2	7.8	7.3	5.4
菲律宾	NA	1.2	1.6	9.3	20.0	15.8	13.4	15.6
泰国	1.7	2.9	3.9	8.8	15.1	16.6	14.2	12.3
马来西亚	1.1	2.6	2.9	7.0	19.7	12.5	12.3	8.5
印尼	0.1	3.8	4.2	7.4	45.8	27.1	22.1	18.5
中国香港	11.4	33.3	34.1	46.7	4.4	6.1	5.5	4.9
中国台湾	NA	0.3	2.9	23.1	6.5	11.8	11.2	7.3

资料来源：IMF, Direction of Trade Statistics, 2008；ADB, Key Indicators database, 2008.

表5　东亚若干国家和地区的外汇汇率制度（2008～2009 年）

外汇汇率制度	国家/经济体（括号内是实行的汇率制度）
完全自由的浮动汇率制	日本（单独浮动制）
中间的外汇汇率制度	
变动幅度较大的管理浮动制	柬埔寨＼印尼＼老挝＼泰国（管理浮动制）
	韩国＼菲律宾（单独浮动制）
变动幅度较小的管理浮动制	马来西亚＼新加坡＼中国台湾（管理浮动制）
变动幅度极小的管理浮动制	中国（2005 年 7 月至 2008 年 6 月，爬行钉住制度）
	越南（管理浮动制）
软钉住制度	中国（2008 年 7 月以后）
硬钉住制度	文莱＼中国香港（联系汇率制）

资料来源：IMF。

四、应对边缘化：亚洲国家需要更深入的思考

意识到区域货币与金融合作的重要意义，亚洲各国针对合作的具体模式提出了各种方案。由于事实上处于国际货币体系的"边缘"地带，迄今为止的东亚金融合作的大部分方案，都把重点置于危机救助方面。

其中最早的一个方案是 1997 年 9 月日本在 IMF 和亚洲开发银行会议上提出的"亚洲货币基金"（AMF）构想。其内容是组成一个由日本、中国、韩国和东盟国家参加的组织，筹集 1000 亿美元的资金，为遭受货币危机的

国家提供援助。在对 IMF 一再失望的环境下，多数东亚国家都对这一方案表示欢迎。但是，这一方案理所当然地招致美国和 IMF 的强烈反对，部分东亚国家也对日本提出方案的真实动机提出质疑，致使这一方案夭折。

亚洲货币合作方面的实质性进展表现在《清迈协议》上。《清迈协议》的前身是东盟 5 国（印度尼西亚、马来西亚、菲律宾、新加坡、泰国）在1997 年 8 月建立的东盟货币安排互换（ASA），其目的是为国际收支困难的成员国提供流动性支持。1999 年 11 月，东盟 "10 + 3"（东盟 10 国加上中国、日本和韩国）峰会在马尼拉通过了《东亚合作的共同声明》，同意加强金融、货币和财政政策的对话、协调和合作。根据这一精神，2000 年 5 月，东盟 "10 + 3" 的财政部长在泰国清迈达成了《清迈协议》。涉及金融合作的协议有：①充分利用东盟 "10 + 3" 的组织框架，加强有关资本流动的数据及信息的交换。②扩大东盟的货币互换协议，同时，在东盟与其他三国（中国、日本和韩国）之间构筑两国间的货币互换交易网和债券交易网。③通过完善亚洲各国货币间的直接外汇市场并建立资金结算体系，扩大亚洲本国货币间的交易。

作为一种危机救助机制，《清迈协议》下的亚洲金融合作得到了快速发展。在 2007 年日本京都召开的东盟 "10 + 3" 会议上，双边互换总额已经达到 800 亿美元，同时各成员国一致同意在整体契约的大前提下建立一个原则上成员国自行管理的储备池，这意味着《清迈协议》框架下的合作机制开始从双边走向多边。全球金融危机的爆发进一步加速了清迈协议合作机制的多边化进程。2008 年 5 月召开的东盟 "10 + 3" 会议决定建立总额 800 亿美元的共同外汇储备基金，其中东盟国家和中、日、韩三国的出资比率为 2∶8。2009 年 2 月召开的东盟 "10 + 3" 特别财长会议公布了《亚洲经济金融稳定行动计划》，将共同外汇储备基金规模扩大到 1200 亿美元，并提议建立独立的区域性监控实体，允许各国将外汇储备中的一部分专款专用。这一行动计划，为更高层次的亚洲货币与金融合作搭建了平台。

亚洲金融合作的另一项重要进展表现在亚洲债券基金的建立上。发展亚洲债券的目的在于调整亚洲地区的融资结构，摆脱对于银行体系的过度依赖，同时解决资金期限结构与币种的错配问题，降低风险，提高资金配置效率。2002 年 6 月，泰国在第一届 "亚洲合作对话（ACD）机制" 下提出 "亚洲债券市场" 的倡议，同年 8 月，在东亚及太平洋地区央行会议（EMEAP）上提出建立亚洲债券基金的建议。上述提议得到了东亚各国和地区的积极响应。2003 年 6 月 2 日，EMEAP 发布公告，宣布与国际清算银行（BIS）合作建立债券基金（ABF），初始规模为 10 亿美元，将投资于 EMEAP 成员（除日本、澳大利亚和新西兰以外）发行的一篮子主权和准主权美元债券。2004 年 12 月，成立了总额为 20 亿美元的亚洲债券基金二期（ABF2），投资方向拓展到主权和准主权本币计值的债券。2004 年以来，已经建立了若干工作小组，分别通过开展政策对话、举办研讨会等形式，从不同方面促进亚洲债券市场的发展。

金融合作的再一个重要方面是政策协调与监督机制。到目前为止，在亚洲金融合作的过程中已经建立了 3 个相应的机制，它们分别是"马尼拉框架小组"（Manila Framework Group）、"东盟监督进程"（ASEAN Surveillance Process）与"东盟 10 + 3 监督进程"（ASEAN + 3 Surveillance Process）。"马尼拉框架小组"建立于 1997 年 11 月，由包括美国、加拿大、澳大利亚以及东亚国家在内的 14 个成员国组成，其主要职责是实行地区监测。它每半年举行一次有 IMF、世界银行、BIS 和亚洲发展银行出席的会议，讨论亚洲地区宏观经济与金融形势。1998 年 10 月，东盟各国财长签署"理解条款"（Terms of Understanding），建立了"东盟监督进程"。作为对 IMF 监督功能的补充，"东盟监督进程"主要是一个相互评议的机制，其成员每年至少举行两次会议，对本地区经济形势和其他相关领域的问题进行监督讨论。"东盟'10 + 3'监督进程"是"东盟监督进程"的扩展，建立于 1999 年 11 月，它的第一次同行意见会议在 2000 年 5 月亚行年会之后召开。"东盟'10 + 3'监督进程"每年举行两次由 13 个国家的财长和秘书长参加的会议，交换对经济问题的看法。目前，建立东盟"10 + 3"早期预警系统是它的重点课题。

由于受到欧元成功启动的鼓舞，很多人都把亚洲金融合作的最终目标定位在"亚元"的设立上，这是很自然的。不过，多数亚洲国家同时也承认，设立亚元恐怕只是一个长期目标。根据最适货币区理论，单一货币区应该满足下列条件：第一，价格和工资能够灵活地做出调整；第二，金融市场高度一体化；第三，要素与商品能够自由流动；第四，具有均匀的经济结构。用这一标准进行衡量，亚洲离单一货币区显然还有相当遥远的距离。亚洲各国与地区的经济发展水平存在着巨大的差异，金融市场发展水平总体较低，尤其是债券市场发展严重滞后，金融一体化程度也较低。同时，在要素流动方面，亚洲各国和地区之间还存在比较多的障碍，尤其是劳动力的流动更受到严格限制。

与经济相对应的是政治层面的问题，即亚洲各国是否有足够的意愿走向欧盟那样的统一经济体。在我们看来，就各种形式的区域一体化进程而言，经济指标向共同目标收敛固然重要，政治的共识更具关键意义。我们看到，在欧洲走向一体化的最初阶段，最适货币区理论还未出现，各个成员国也无法像现在的亚洲国家和地区那样根据某种"标准"经济理论来决定其一体化的目标和路径。相反，它们只能基于既定的政治共识，按照其特定的社会与经济条件来采用某些超国家的制度安排，并在这一过程中不断积累经验，"摸着石头"逐步走向统一。然而，在亚洲金融合作当中，尽管人们对于未来的发展和目标进行了大量讨论，但是各国政府却没有表现出将这一合作坚持下去直至实现单一货币区的坚定决心。实际上，到目前为止，亚洲金融合作的大部分实质性内容仍然停留在危机救助这类"应急措施"上，而在宏观政策协调等更为深入的方面则进展缓慢，甚至没有一个真正具有约束力的正式制度安排。这一现象也说明，很多亚洲国家和地区并没有真正把区域经济一体化视为本国长期经济增长的动力，而更多的只是看做由于面临困境而采取的应急性措施。

令人更为沮丧的是，正当亚洲各国隐隐地依照欧洲的蓝本在艰难地推进区域一体化之时，欧洲地区爆发了主权债务危机。这场危机不啻为世界其他地区的各种统一货币的努力兜头浇上了一盆冷水。它冷酷地告诉我们，即使是在经济发展水平相对均衡，明确的一体化进程已推行了 50 年的欧元区，也依然存在着统一货币政策与分散化的财政政策之间的矛盾；这一问题若不解决，欧元地位下降自不待言，其前景都值得忧虑。

鉴于欧债危机的新鲜教训，我们不得不在继续探索建立区域内货币金融合作机制的同时，转而更为认真地研究这样的问题：可否通过强化某些亚洲国家的货币（例如日元和人民币）在国际货币体系中的地位的途径，来实现突破亚洲地区被国际货币体系边缘化之格局的目的。

基于上述思路，积极推进人民币的国际化，就不仅是中国经济与金融发展的必然选择，而且也是整体性提高亚洲在国际金融体系中地位，提高亚洲在全球经济体系中地位的重要内容。

毋庸讳言，由于现行国际货币体系的历史惯性和我国相对封闭且落后的金融体系，人民币国际化并非易事。到目前为止，人民币在境外仍然主要在周边国家与地区作为交易媒介使用，价值储存功能有限，而且尚未成为任何其他货币的"驻锚"。面对短期内的较大困难，人民币国际化应当选择渐进发展战略。当前，中国应重点在贸易项下扩大人民币的国际影响，在这一过程中，我们不仅要鼓励扩大金融机构开展对外人民币贸易融资，更必须通过保持人民币汇率的相对稳定，为人民币国际化进程的起航维持相对稳定的国际环境。与此同时，中国还可尝试依托外汇储备扩大人民币的国际影响，包括积极参加双边货币互换机制、在亚洲建设外汇储备库以及在 SDR 改革中提出扩大人民币国际影响的方案。更具关键意义的是，中国国内的金融体制改革必须与人民币的国际化步调一致，密切配合，并且要为人民币的国际化创造必要的条件。例如，我们显然必须建立与发展比较发达的人民币债券市场，否则，人民币作为他国价值贮藏手段的功能便基本无从发挥。仅此一例便告诉我们，推行人民币的国际化，采取各种"走出去"的举措固然重要，按照建设社会主义市场经济体系和积极融入全球化金融体系的要求，进一步推动国内金融体系（包括机构、市场、货币政策和金融监管体系）的改革和发展，更具根本性意义。

（本文原载于《国际金融研究》2010 年第 10 期）

关于社会主义政治经济学的若干问题

刘国光

一、社会主义政治经济学的阶级性和科学性

人们通常讲，马克思主义政治经济学体现了科学性和阶级性的高度统一，它代表无产阶级的利益，具有鲜明的阶级性，这是不错的。人们通常又讲，坚持马克思主义立场，就是要始终代表最广大人民的根本利益。一般地讲，这也不错。但是要分析，广大人民是划分为阶级的。社会主义初级阶段也是这样。现阶段，广大人民除了广大工农劳动人民，还包括小部分剥削阶级。应当说，马克思主义和共产党不能代表剥削阶级的利益，只能在一定历史条件下，如民主革命时期、社会主义初级阶段，关怀和照顾一部分剥削阶级（民族资产阶级、合法私营企业主阶层）的正当利益，以团结他们为革命和建设而努力。不能无条件地、毫不动摇地、毫无限制地支持剥削阶级，绝对不能为了迁就或成全他们的利益而损害劳动人民的利益。贫富差距的扩大，两极分化趋势的形成，就是这种损害的表现。这是同马克思主义的立场与共产党的宗旨格格不入的。政治经济学的社会主义部分，也要贯彻这个立场，处处不要忘了这个问题。

马克思主义政治经济学的科学性在于它揭示了经济社会发展的客观规律，运用的基本方法是辩证唯物主义和历史唯物主义的方法，把历史方法和逻辑方法统一起来。过去对于社会主义经济的研究，一般采用规范方法。学者的注意力集中在社会主义经济"应该怎样"，从给定的前提中合乎逻辑地推出结论。现在研究社会主义经济改革时，当然也不能不关心社会主义初级阶段的经济"应该怎样"的规范，但首先要分析清楚初级阶段的经济"实际上是怎样"的问题，即对客观存在的事实及其内在联系和规律表现予以实事求是的分析和说明。没有这种分析说明，就不可能对它面临的问题有明晰的概念和提出可行的方案。我们要注意经济学教学中的一个现实，即实事求

是的实证分析，要比规范原理的说教更能够唤起学习热情和探索兴趣。为什么某些西方资产阶级学教材能在社会主义国家大行其道，吸引了不少学生，而马克思主义政治经济学却在课堂里被边缘化，甚至被学生嘲笑。我想，研究方法和叙述方法上存在的缺点，可能有一定的关系。我希望有关教材能在这方面有所改进，比如说增加一些定量分析，用方块事例解说一些经济原理，等等，以达到更有效地宣传马克思主义。

二、社会主义初级阶段的矛盾

按党的文件论述社会主义初级阶段的主要矛盾，就是人民日益增长的物质文化需要同落后的社会生产之间的矛盾。这一主要矛盾，首先是1956年八大明确宣布的。当时刚完成社会主义改造，把这一矛盾当做进入社会主义建设时期的主要矛盾。十一届三中全会以来，重新确认这一主要矛盾，后来引入了初级阶段概念，就把它当做"社会主义初级阶段所面临的主要矛盾"。由于人民日益增长的需要大于落后的社会生产，才迫切要求我们聚精会神地加紧经济建设，所以作为十一届三中全会全党重点工作转移决策的理论依据，初级阶段主要矛盾的提法是非常重要的。

不过，当前有一个理论上的疑难问题，就是出现了"内需不足"、"产能过剩"的现象，即国内生产能力大于国内需求，这好像同社会生产落后于社会需要的主要矛盾有点脱节，很需要政治经济学从理论上解释一下。

人民日益增长的"需要"，是指生理上和心理上的欲望，还是指有购买能力的需求？如果是前者，即主观欲望，那么社会生产总是赶不上欲望的需要，由此推动社会的发展和人类的前进。如果"需要"是指后者，即有购买能力的需求，那么社会生产和人民消费需求的关系，就要看是什么社会制度了。在资本主义社会制度下，社会生产与有效需求的关系受到资本主义经济基本矛盾的制约，人民的有效需求总是落后于不断扩大的社会生产，因此经常发生生产过剩并爆发周期性经济危机。在社会主义社会制度下，公有制经济和按劳分配制度，再加上有计划地调节和综合平衡，一般不应发生有效需求不足和生产过剩问题。但在过去传统计划经济下，因"大锅饭"、软预算体制导致短缺经济现象，往往出现有效需求过多而生产供应不足。这是传统计划经济的一个缺陷。但无论如何社会主义社会一般不应发生有效需求不足和生产过剩的与社会主义本质宗旨相扭曲的现象。问题在于现在初级阶段不是完整的社会主义。除了社会主义经济成分外，还允许私企、外企等资本主义经济存在和发展，因此资本主义经济规律的作用就渗透到初级阶段社会主义经济中来，发生局部的生产过剩和内需不足的问题。对于在这次世界资本主义周期性经济危机过程中，中国为什么被卷进去，为什么中国在这个危机中表现得比资本主义国家好些，也要从上述道理来解释才讲得通。我在《求是内参》2009 年第 14 期发表的《当前世界经济危机中中国的表现与中国特色社会主义模式的关系》一文中，讲了这个问题。

初级阶段的主要矛盾，决定了十一届三中全会以来我党工作重点转移到以经济建设为中心，这是万分正确的。"经济建设"或"经济发展"要做什么事情？简单地说主要是两件事情，一是把 GDP（或"蛋糕"）做大，经济实力做强；一是把 GDP（或"蛋糕"）分好，让人民共享发展成果。从全局来看，当然要两者并重；但在初级阶段确有先后次序，先做大"蛋糕"，然后分好"蛋糕"，也说得通；但到一定时候就要两者并重，甚至把分好"蛋糕"放在"更加注重"的地位，因为不这样做就难以进一步做大"蛋糕"。政治经济学应该强调现在我们已经到了这个时期。按照邓小平的意见，在 20世纪末初步达到小康水平的时候就要突出地提出和解决贫富差距问题。[①] 就是说，从世纪之交开始，我们就应在做大"蛋糕"的同时，开始注意分好"蛋糕"，并把后者放在经济工作的突出地位。现在，两极分化的趋势远比2000 年时严重得多，更应把这一方面的工作作为经济工作的重点，即中心的重点。当然，做大"蛋糕"还是很重要的，现在我国经济总量已超过日本居世界第二，但是人均还不到日本的1/10，所以还要继续做大"蛋糕"，仍然包含在这个中心里面。不过中心的重点现在应当是分好"蛋糕"，更加重视社会公平。这是全体人民切身关心的问题，也符合社会主义的本质、宗旨。邓小平说，"分配问题大得很"，"解决这个问题比解决发展起来的问题还困难"。[②] 就是说，分好"蛋糕"比做大"蛋糕"更难，所以需要我们全党高度重视，悉心研究这个中心之中的重点的大难题，解决这个大难题。

社会主义初级阶段的主要矛盾不是阶级矛盾。但是不能否认社会主义初级阶段还存在着阶级、阶级矛盾和阶级斗争。在某种条件下还可能激化。当前的许多论述根本不提阶级、阶级矛盾和阶级斗争，变相宣扬阶级消亡和阶级斗争熄灭，这是不正确的。阶级矛盾和阶级斗争仍将"在一定范围内"长

①《邓小平年谱》（1975～1997）（下），2004 年，第 1343 页。
②《邓小平年谱》（1975～1997）（下），第 1364 页。

期存在。在哪些范围？首先，在政治思想领域和意识形态领域存在，这是很明显的，毛泽东早已指出过了。现在在我国很时髦的新自由主义思潮、民主社会主义思潮、历史虚无主义思潮、普世价值思潮……还有"六四风波"、"西山会议"、"零八宪章"等事件，不都是阶级斗争在意识形态和政治思想领域的表现吗？其次，在经济领域，不仅在私有企业中，存在着劳动和资本的矛盾，劳动人民受中外私人资本的盘剥压榨，此起彼伏的劳资纠纷，而且在某些异化了的国有企业中，随着工人阶级的重新被雇佣化，也可以看到高管阶层与普通职工的对立。如果政治经济学回避对中国新资产阶级客观存在的两面性做科学的分析，只讲他们是"社会主义建设者"的积极一面（这是对的），不讲他们具有剥削性的一面，甚至回避"新资产阶级"的名称，那还称什么科学？客观地分析社会主义初级阶段中的阶级、阶级矛盾和阶级斗争，是马克思主义政治经济学这门科学义不容辞、责无旁贷的事情。不错，我们需要社会和谐，社会主义社会基本矛盾的性质是非对抗性的，它的解决不需要像资本主义社会那样采取剧烈的阶级斗争方式，而是可以依靠社会主义制度自身的力量，在社会主义制度的自我完善中得到解决。但是如果根据这一点，就淡化阶级、阶级矛盾和阶级斗争，默默地、变相地宣扬阶级消灭论和阶级斗争熄灭论，这种理论只能掩盖和纵容别人明目张胆地不断地发动对劳动人民的阶级斗争，并使得代表劳动阶级的共产党在这种客观存在的阶级斗争面前陷于被动无力的地位。实际情况不是这样的吗？但愿不是。

三、不同于其他社会制度的社会主义本质特征

社会主义本质是指社会主义制度不同于封建主义和资本主义制度等社会制度的最根本的特征。这个定义就生产关系来说，是正确的，但不能完整地解释邓小平1992年南方谈话提出的社会主义本质。[①] 邓小平那次讲的社会主义本质包含生产力和生产关系两个方面。生产力方面的特征是"解放生产力、发展生产力"。生产关系方面的特征是"消灭阶级、消除两极分化，最终达到共同富裕"。生产关系方面的社会主义特征确实是不同于资本主义等社会制度的特征。而生产力方面的特征则不能这么说，因为其他社会制度在成立的初期也是"解放生产力、发展生产力"。马克思和恩格斯在《共产党宣言》中，就描述过资本主义制度初期发展生产力的巨大功绩，说："资产

---

① 《邓小平年谱》（1975~1997）（下），第1343页。

阶级在它的不到一百年的阶级统治中所创造的生产力，比过去一切世代创造的全部生产力还要多，还要大。"①

邓小平这次谈话之所以把"解放生产力、发展生产力"包括在社会主义的本质特征中，是针对当时中国生产力发展还极其落后，提醒人们注意中国的社会主义更需要发展生产力，以克服贫穷落后的紧迫性。这样讲是必要的。如果设想社会主义革命在生产力高度发达的资本主义国家取得胜利，就不会有把"解放和发展生产力"当做社会主义的本质特征和根本任务的说法，而只能是"消灭剥削，消除两极分化，达到共同富裕"。

邓小平还有一篇讲话涉及社会主义的"本质"问题。1990 年 12 月 24 日他同江泽民、杨尚昆、李鹏谈话时指出："社会主义最大的优越性就是共同富裕，这是体现社会主义本质的一个东西。"② 这是与南方讲话中讲的"消灭剥削、消除两极分化"是相通一气的，都是讲生产关系，但是不包括生产力方面的东西。

邓小平讲社会主义"本质"的地方并不多，只找到上面两例。他大量讲的是社会主义的"性质"、"原则"、"两个最根本的原则"、"最重要的原则"、"两个非常重要的方面"。③ 概括起来一个是以公有制为主体，一个是共同富裕，不搞两极分化。他反复地讲这两点，而这两点同 1992 年南方谈话所谈社会主义本质的生产关系方面，又是完全一致的。

邓小平之所以反复强调社会主义本质、性质、原则的生产关系方面的东西，就是因为不同社会制度相区别的本质特征是在生产关系方面，不是在生产力方面。马克思主义政治经济学的研究对象是，联系生产力和上层建筑，来研究生产关系；着眼于完善生产关系和上层建筑，来促进生产力的发展。所以在社会主义本质问题的研究和阐述上，主要的工夫应该下在生产关系方面，强调社会主义区别于资本主义的本质在于消灭剥削和两极分化，它的根本原则在于以公有制为主体和共同富裕。

事实上，目前的许多教材在社会主义性质问题分析上，对于发展生产力方面阐述比较周详，这当然是必要的；但对于生产关系方面的阐述偏弱，这是不足之处。为什么会有这种偏向？其原因大概是由于社会主义初级阶段的实践，实际上不能消除一切剥削，并且出现两极分化的趋向。一些就其性质

---

① 《马克思恩格斯选集 》（第 1 卷），1995 年，第 277 页。
② 《邓小平年谱》（1975～1997）（下），第 1324 页。
③ 《邓小平年谱》（1975～1997）（下），第 1033、1069、1078、1075、1091 页等处。

来说不是社会主义的生产关系，只要适应社会主义初期阶段的生产力水平，能够推动生产力的发展，也应该存在和发展。这是容许资本主义剥削因素存在于初级阶段社会主义的理论依据。这样，为了发展生产力，我们必须容忍剥削关系和它所带来的两极分化后果，甚至回避谈论剥削关系和两极分化趋势的存在。但这是同社会主义本质论是不相容的。社会主义本质论同社会主义初级阶段实践的矛盾，使得这个理论的阐述者只好强化它的生产力方面，弱化它的生产关系方面。但是，邓小平社会主义理论的重点核心，还是在生产关系方面。不然，为什么他说"如果我们的政策导致两极分化，我们就失败了"，① 这个理论上的假设，也是就生产关系来说的。"失败"是指在假设的情况下，社会主义生产关系就要遭受挫折。并不是指生产力，即使在那样假设的情况下，生产力短期内仍可能有很大的发展。

我们怎样才能解决社会主义本质论和社会主义初级阶段实践之间的矛盾呢？这是需要政治经济学来研究和解答的问题。

政治经济学对社会主义本质的内涵，应根据前述邓小平在众多场合所讲的精神，恢复其不同于其他社会制度的最根本特征，即生产关系方面的含义，而淡化邓小平仅仅在一处（南方谈话）顺便提及的生产力方面的含义。当然发展生产力不论对于贫穷落后的中国建立社会主义来说，还是对于准备为未来共产主义社会奠定物质基础来说，都是非常非常之重要的，邓小平对这些问题也多有丰富的论述。② 可以另辟一个范畴，用邓小平自己概括的"社会主义的根本任务是发展生产力"，来专述发展生产力的重要性方面的问题，而让"社会主义本质论"专论生产关系的内涵。

在明确了社会主义本质就是区别于资本主义的特征即"消灭剥削，消除两极分化，最终达到共同富裕"之后，就可以进一步解决本质论与初级阶段实践之间的矛盾。社会主义本质是适用于整个社会主义历史时期的，包括初级阶段。在社会主义初级阶段，除了社会主义的主导因素包括公有制和按劳分配，还必须容许资本主义因素，如私有制和按资分配存在。因为有资本主义私有制和资本积累规律发生作用，所以必然有剥削和两极分化趋势的出现。社会主义就其本质来说是不容许这些东西存在的，但在初级阶段一时还做不到，为了发展生产力，只能兼容一些资本主义因素。社会主义就其本质

---

① 《邓小平文选》（第3卷），第111页。
② 《邓小平文选》（第3卷），第137、199、157、225、227页等处。

来说，又是不能让剥削和两极分化过分发展的。所以要对资本主义因素加以适当的调节和限制。如果我们细心考察我国的根本大法就会发现，宪法已经对这个事情有了规定和对策。就是对基本经济制度规定了以公有制为主体，对分配制度规定了按劳分配为主。这些规定就是为了节制私有经济和按资分配的资本主义因素的过度发展，使其不至于超过公有制为主体和按劳分配为主的地位，并演变为私有化、两极分化和社会变质。只有认真、坚决、彻底贯彻实行宪法的这两条规定，我们才能够在社会主义初级阶段保证社会主义本质的逐步真正实现。不然的话，就会发生前述邓小平假设的前景之后果，那是我们必须防止出现的。

四、社会主义市场经济是有计划的

马克思主义认为，在共同的社会生产中，国民经济要实行有计划按比例的发展。"有计划按比例"并不等于传统的行政指令性的计划经济。改革后，我们革除传统计划经济的弊病，适应初级阶段的国情，建立了社会主义市场经济体制。但是不能丢掉公有制下有计划按比例的经济规律。政治经济学尤其不能忘记这一点。

1992年十四大提出建立社会主义市场经济体制的改革目标，是在邓小平"计划与市场两种手段都可以用"的南方谈话精神下制定的。江泽民十四大前在党校讲话，列举了改革目标的三种提法：①社会主义有计划的市场经济；②计划与市场相结合的社会主义商品经济；③社会主义市场经济。这三种提法当时并无高下之分，都可以选择。当时中央总书记选择了"社会主义市场经济"，把"有计划"三个字去掉了。但是他随即说："有计划的商品经济也就是有计划的市场经济，社会主义经济从一开始就是有计划的，这在人们的脑子里和认识上一直是很清楚的，不能因为提法中不出现'有计划'三个字，就发生了是不是取消了计划性的问题。"① 十四大之所以在改革目标的文字上取消了"有计划"三个字，而由会前的口头解释中讲明这并不意味着取消社会主义的"计划性"，这与当时传统计划经济的影响还相当严重，而市场经济的概念尚未深入人心的情况有关；为了提高市场在人们心中的地位，推动市场经济概念为社会公众所接受，才这样提出来的——删掉了"有计划"三个字，加上"社会主义"这四个字极有分量的定语，而"社会主

---

① 《改革开放30年重要文献》（上），2008年，第647页。

义从一开始就是有计划的"！这样，十四大改革目标的精神就很完整了。我当时就认为党中央这样做用心良苦，非常正确。可是今天对十四大改革目标提法的精神能够真正理解的人却不多了。

现在市场经济在我国已实行将近 20 年，计划离我们渐行渐远。由于历史原因，我们过去过于相信传统的计划经济；时过境迁，一些同志从迷信计划变成迷信市场，从一个极端走到另一个极端。"十一五"计划改称为"规划"，一字之差就大做文章，说我们离计划经济更远了。我并不反对"计划"改称"规划"，反正都是一样，但是难道只有"规划"才有指导性、战略性、灵活性，"计划"不是也有指令性计划、指导性计划、战略性计划、预测性计划？

本来我们要建立的市场经济，如中共十四大所说，就是国家宏观调控下的市场经济。这些年国家对经济的宏观调控在不断完善前进。特别是十四大以来，我们在短期宏观调控上，先后取得了治理通胀和治理通缩的成功经验。但在宏观调控工作中，国家计划对短期和长期的宏观经济的指导作用明显减弱；计划本身多是政策汇编性的，很少有约束性、问责性的指标任务；中央计划与地方计划脱节，前者控制不了后者的追求 GDP 情结；计划的要求与实际完成的数字相差甚远，完全失去了导向的意义。所有这些，影响到宏观经济管理的实效，造成社会经济发展中的许多失衡问题。

在这样的情况下，政治经济学教材重申社会主义市场经济也有"计划性"，很有必要。2008 年十七大重新提出"发挥国家规划、计划、产业政策在宏观调控中的导向作用"，① 就是针对我国经济实践中计划工作削弱和思想意识中计划观念的淡化边缘化而提出的。我们不仅要在实践中切实贯彻十七大这一方针，而且要在理论宣传工作中重新强调社会主义市场经济的计划性，恢复前述十四大关于改革目标的整体精神。这首先是政治经济学教材的任务。

社会主义市场经济必须有健全的宏观调控体制，这当然是正确的。但是1985 年巴山轮会议上，匈牙利经济学家科尔奈建议我国建立宏观调控下市场经济体制的时候，法国经济学家阿尔伯特说他们法国就实行这种体制。所以宏观调控下市场经济并非社会主义国家经济体制独有的特色，资本主义国家也有。那么我们社会主义国家宏观调控下的市场经济怎样区别于资本主义

① 《改革开放 30 年重要文献》（下），2008 年，第 1726 页。

国家呢？除了基本经济制度的区别外，就在于社会主义市场经济还有计划性，还有国家计划的指导。少数市场经济国家如日、韩、法曾设有企划厅之类的机构，编有零星的预测性计划。英、美等多数市场经济国家只有财政货币政策等手段，没有采取计划手段来调控经济。但我们是以公有制经济为主体的社会主义大国，有必要也有可能在宏观调控中运用计划手段，指导国民经济有计划按比例发展。这也是社会主义市场经济的优越性所在。

宏观调控有几项手段，最重要的是计划、财政、货币三者。十四大报告特别指出"国家计划是调控的重要手段之一"，[①] 没有指财政、货币政策。不是说财政、货币政策不重要，而是财政、货币政策是由国家宏观计划来导向的。十七大也强调国家计划在宏观调控中的导向作用。所以，国家计划与宏观调控不可分，是宏观调控的主心骨。宏观调控下的市场经济也可以称为国家宏观计划调控下的市场经济，这就是社会主义有计划的市场经济，不同于资本主义在宏观调控下的市场经济的地方。

国家计划在宏观调控中的导向作用，不同于"传统计划经济"。现在我们在理论上说明了社会主义市场经济是有计划性的，实践上十七大又重新强调国家计划在宏观调控中的导向作用，这是不是如同某些人责难的，"又要回到传统的计划经济去呢"？我认为不是这样的，这是计划与市场在改革更高层次上的结合。第一，现在的国家计划不是既管宏观又管微观，无所不包的计划，而是主要管宏观，微观的事情主要由市场去管。第二，现在资源配置的基础性手段是市场，计划是弥补市场缺陷不足的必要手段。第三，现在的计划主要不再是行政指令性的，而是指导性的、战略性的、预测性的计划，同时必须有导向作用和必要的约束、问责功能。就是说，也要有一定的指令内容，不是编制了以后就放在一边不闻不问了。

"十二五"规划是十七大后第一次编制和执行的中长期计划，对扭转我国发展方式和社会关系存在的问题有十分重大的意义。要在规划的制定和执行过程中，真正落实十七大和十七届五中全会精神，在"十二五"期间，努力改进国家计划和宏观调控工作，使其名副其实地对国民经济社会发展起指导作用。我们要在转变发展方式的前提下保持经济的适度增长，在巩固社会主义基本经济制度的前提下促进公、私经济的发展，在更加重视社会公平的原则下扭转贫富差距两极分化的趋势。实现这些目标，单靠市场经济是做不

① 《改革开放30年重要文献》（上），2008年，第660页。

到的，要借助于国家宏观计划调控。宏观计划调控的权力必须集中在中央手里，地方计划必须服从全国统一计划。我赞成一些同志的建议，地方不再制定 GDP 为牵头和无所不包的地方国民经济计划，而以地方财力和中央转移支付的财力为主，编制地方经济社会建设计划，加强地方政府的市场监督、社会管理、公共服务的功能。政府配置资源的作用仍要有，尤其是重大的结构调整、重大基础建设等。资本主义国家在危机时刻，也不排除暂时实行所谓"社会主义的政策"如国有化，何况社会主义国家，更不能一切交给市场，还要讲市场与计划两种手段相结合。

五、关于社会主义基本经济制度问题

社会主义市场经济与资本主义市场经济的又一个根本区别在于基本经济制度不同。前者以社会主义初级阶段的基本经济制度为基础，不同于资本主义私有经济制度。社会主义初级阶段的基本经济制度是公有制为主体、多种所有制经济共同发展的经济结构。坚持这一基本经济制度是维系社会主义市场经济的前提。十七届五中全会又再次重申"要坚持和完善基本经济制度"。坚持这一基本制度必须既不能搞私有化，也不能搞单一公有制。这是十七届四中全会提出要划清四个重要界限里面的一条，十分重要。不过要进一步研究，私有化和单一公有化这两个错误倾向，哪一个目前是主要的。单一公有制是过去片面追求"一大二公三纯"时代的产物，现在似乎没有人主张那一套，有也是极其个别的极"左"人士。当前主要错误倾向不是单一公有制，而是私有化。有大量的言论和事实证明，当前私有化的危险倾向确实严重存在。马克思主义的政治经济学不能不看到这些大量的言论和事实。对私有化和单一公有化两种倾向各打"五十大板"，不中要害，实际上是把私有化错误倾向轻轻放过。

马克思主义评价所有制的标准，并不只看所有制成分的比重。这是对的。但是马克思主义也不主张不看比重。公有制在国民经济中的比重不断降低，降得很低，以至趋于零，那还算是什么社会主义。现在连国家统计局局长都在讲我国的经济成分一直是"公"降"私"升，国有经济比重不断地下降，宏观上并不存在右派精英攻击的所谓"国进民退"；微观上"有进有退"，案例多是"国退民进"，局部个别案例中的所谓"国进民退"，也并非没有道理。总之，客观上我国经济这些年来一直是"公"降"私"升。"国退民进"究竟要退到什么地步才算合适？记得江泽民讲过，公有制比重的减少也是有限制、有前提的，就是不能影响公有制的主体地位。现在有不少人对公有制是否还是主体有疑虑。解除人们疑虑的办法之一就是用统计数字来说明。马克思主义政治经济学应当负起这个责任，解除公众的疑虑，坚定人们对社会主义初级阶段基本经济制度的信心。

基本经济制度不但要求公有制经济占主体地位，而且要求国有制经济起主导作用。而要对经济起主导作用，国家应控制国民经济命脉，国有经济的控制力、影响力和竞争力应得到增强。在社会主义经济中，国有经济的作用不是像资本主义制度那样，主要从事私有企业不愿意经营的部门，补充私人企业和市场机制的不足，而是为了实现国民经济的持续稳定协调发展，巩固和完善社会主义制度。为了实现国民经济的持续稳定协调发展，国有经济就应主要集中于能源、交通、通信、金融、基础设施和支柱产业等关系国民经济命脉的重要行业和关键领域，在这些行业和领域应该为"绝对的控制力"、"较强的控制力"，"国有资本要保持独资或绝对控股"或"有条件的相对控股"。国有经济对这些部门保持控制力，是为了对国民经济进行有计划的调控，以利于它的持续稳定协调发展。

除了帮助政府实行对国民经济有计划的协调外，国有经济还有另一项任务，即保证社会正义和公平的经济基础，对那些对于政府调控经济不重要，但是对于保障正义和公平非常重要的竞争性领域的国有资产，也应该视同"重要"和"关键"的领域，要力争搞好。所以，不但要保持国有经济在具有自然垄断性的关系经济命脉部门领域的控制力，而且同时要保障国有经济在竞争性领域的发展，发挥它们在稳定和增加就业、保障社会福利和提供公共服务的作用，增强国家转移支付和实行公平再分配的经济能力和实力。有竞争力的国有企业为什么不能在竞争性领域发展，利润收入只让私企独占。所以，中央对竞争性领域的国有经济一向坚持"有进有退"，发挥其竞争力的政策，而绝不是"完全退出"竞争性领域的政策，像一些新自由主义的精英们和体制内的某些追随者喋喋不休地叫嚷的那样。当然，竞争性领域应当对私营企业完全开放，尽量让它们相互竞争并与国企竞争。这些都要在政治经济学教科书中斩钉截铁地讲清楚。

私有化的主张者不仅要求国有经济完全退出竞争领域，他们还要求国有经济退出关系国民经济命脉的重要行业和关键领域。他们把国有经济在这些行业领域的控制和优势地位冠以"垄断行业"、"垄断企业"，不分青红皂白地攻击国有企业利用政府行政权力进行垄断。有人主张垄断行业改革措施之一就是创造条件鼓励私有企业进入这些"垄断行业",这正是私有化主张者梦寐以求的。因为这些垄断行业一般都是高额利润行业。应当明确,在有关国家安全和经济命脉的战略性部门及自然垄断产业,问题的关键不在于有没有控制和垄断,而在于谁来控制和垄断。一般说来,这些特殊部门和行业,由公有制企业经营要比私有制企业能更好地体现国家的战略利益和社会公众利益。

行政性垄断的弊病是应当革除的。革除的办法与一般国企改革没有太大的差别,就是实行政企分开、政资分开、公司化改革,建立现代化企业制度,收入分配制度的改革,健全法制和监管制度,等等。恢复企业利润上交国库,和调整高管薪酬待遇,是当前国企收入分配改革中人们关注的焦点。另外还有一个完善职工代表大会制度的改革,使之成为真正代表劳动者权益的机构。如果职工真正有权监督国企重组,像吉林通钢那样的悲惨事情也就不会发生了。

私有经济在社会主义初级阶段的基本经济制度中有其地位,应当充分阐述包括私有经济在内的非公经济对促进我国生产力发展的积极作用。但是,私营经济具有两面性。即除了有利于发展生产力的积极一面外,还具有剥削性消极的一面。这后一面在初级阶段是容许的,但它应当受到社会的约束。由于剥削追逐私利这一本质所带来的一系列社会后果,如劳资纠纷、两极分化等,马克思主义的政治经济不可不察,不可不研究。

针对私营经济和私营企业主、客观存在的两面性,除了引导它们在适当的行业合法经营、健康发展外,还要对其不合法、不健康经营的行为进行限制,对其经营的领域进行节制,如不允许控制命脉重要部门,不允许进入垄断部门。这些部门天然是高利润部门,而且关系国家和公众利益,应当由公有制经济来承担,不能让私人资本来发财,孙中山还有节制资本的口号呢。

六、关于收入分配

生产决定分配,不同的所有制关系决定不同的收入分配制度,只有在生产资料社会占有的基础上,才能形成按劳分配为主体的分配关系,这是马克思主义政治经济学的原理。个人收入划分为"劳动收入"和"非劳动收入",这一对概念的引入很重要,它是与另一对概念"按劳分配收入"和"按要素分配收入"相对应的,但有些交叉。人们讲按生产要素分配时,生产要素包括资本、知识、技术、信息、管理、土地等项。但马克思主义政治

经济学是把技术和管理当做"复杂劳动"来看待，其所得收入也应看做
"劳动收入"或"复杂劳动的收入"。知识、信息、专利等可以是资本化的
产权，可以转让，属于资本的范畴，其所得收入也应视为资本收入。房地租
收入也可以资本化，其性质可以等同视之。所以，个人收入划分为"劳动收
入"和"非劳动收入"，按要素分配收入实质上是按资本分配收入。这一概
念的澄清十分重要。它立刻把初次分配的核心，带到劳动与资本的关系，即
V∶M 的关系问题上来。由于国民收入初次分配中不同经济主体的收入获得
是与生产要素的占有状况相联系的，尤其是非劳动生产要素（主要是资本）
参与分配，在个人拥有非劳动生产要素的差异逐渐扩大，少数人财产性收入
不断叠加累积的情况下，初次分配的结果必然产生越来越大的收入差距，出
现分配的不公平现象。

在分析我国贫富差距不断扩大的原因时，人们列举了很多缘由，诸如城
乡差异扩大、地区不平衡加剧、行业垄断、腐败、公共产品供应不均、再分
配措施落后，等等，不一而足。这些缘由都言之有理，也是必须应对的。但
这些原因不是最最主要的。收入分配差距扩大的根本原因被有意无意地忽
略了。

收入分配不公源于初次分配，而初次分配中影响最大的核心问题在于 V∶M
的关系，即劳动收入与资本收入的关系。这就涉及生产关系和财产关系问题
了。财产占有上的差别往往是收入差别最重大的影响因素。即使西方资产阶
级经济学家萨缪尔森都承认，"收入差别最主要的是拥有财富多寡造成的，
和财产差别相比，个人能力的差别是微不足道的"。他又说，"财产所有权是
收入差别的第一位原因，往下依次是个人能力、教育、培训、机会和健
康"。[①] 西方经济学大师的这一说法是科学的。如果用马克思主义政治经济学
的语言，可以说得更加透彻。分配决定于生产，不同的生产方式、生产关
系，决定了不同的分配方式、分配关系。与资本主义私有制生产方式相适应
的分配方式是按要素（主要是按资本）分配，而与社会主义公有制生产方式
相适应的分配方式则是按劳分配。马克思主义政治经济学历来是这样讲的。
在社会主义初级阶段，由于我们在坚持社会主义道路前提下允许一些资本主
义因素在一定范围内存在，所以允许同时实行按资本和其他非劳动要素分
配，但这种分配方式只能处于从属地位，为主的应是按劳分配。这是由所有

---

① 萨穆尔森：《经济学》（下卷），高鸿业译，商务印书馆，1979 年，第 231 页。

制结构以公有制为主决定了的。

以上是规范的政治经济学所论。但实证的政治经济学却发现，"现在我国国民收入分配已由按劳分配为主转向按要素（即资本）为主"①。另一篇文章提出，"从资本主义市场经济一般规律和我国市场经济发展的实际进程可以知道，这一分配方式的变化所带来的后果，就是随着私人产权的相对扩大，资本的收入分配也相应扩大，劳动收入的份额相对缩小，从而扩大收入差距。绝对富裕和相对贫困的并行，秘密就在这里"②。我国贫富差距的扩大，除了前述的一系列重要原因外，跟所有制结构的变化，跟公降私升，跟化公为私的私有化和过度市场化过程，有着解不开的紧密联系，这已是不争的事实。

讲清了收入差距扩大形成的原因，就可以找到治理途径和政策措施。今年以来，调整收入分配一词以前所未有的密集度出现在我国官方表述中。政府领导人多次讲了改革分配制度的决心和方案思路。总的看来，在考虑调整收入分配关系和缩小贫富差距时，人们往往倾向于从分配领域本身着手，特别是从财政税收转移支付与再分配领域着手，改变低收入者的民生状况，完善社会保障公共福利，等等。这些措施是完全必要的，我们现在也开始这样做了，但做得还很不够，还要加多措施，加大力度。如个人所得税起征点和累进率的调整，财产税、遗产税、奢侈品消费税的开征，并以此为财源，增强对社会保障、公共福利和改善低收入者生活的支付等等。但仅仅从分配和再分配领域着手，还是远远不够的，不能从根本上扭转贫富收入差距扩大的问题。还要从所有制结构，从财产关系上直面这一问题。也就是说，我们要从巩固社会主义初级阶段基本经济制度的角度来接触这一问题，强化公有制的地位，发展多种经济成分，同时弱化私有趋势来解决这个问题，才能最终地阻止贫富差距继续扩大向两极分化推进的趋势，实现共同富裕。这就是邓小平所说的"只要我国经济中公有制占主体地位，就可以避免两极分化"，又说"基本生产资料归国家所有，归集体所有，就是说归公有，""就不会产生新资产阶级"，这是非常深刻的论断。政治经济学教科书不能丢了这个论断。它指明社会主义初级阶段容许私人产权的发展，容许按要素（主要是资本）分配收入，但这一切都要以公有制和按劳分配为主为前提，不能让私

---

① 武力、温锐：《1992 年以来收入分配变化刍议》，《中国经济时报》2006 年 5 月 26 日。
② 刘国光：《关于分配与所有制关系若干问题的思考》，《红旗文稿》2007 年第 24 期。

有制代替公有制为主体，也应该扭转按资分配代替按劳分配为主的趋势。那种让私人资本向高利行业渗透（关系国民经济命脉的重要部门和关键领域，连孙中山节制资本口号也反对这样做），那种突出鼓励增加"财产性收入"（只能使富人财产越来越富，而大多数工农大众从微薄财产获得什么蝇头小利）之类的政策，只能促使收入差距和财富差距进一步扩大，都应该调整。只要保持和强化公有制这个主体，贫富差距就不会恶性发展到两极分化的程度，可以控制在合理的限度以内，最终走向共同富裕的目标，否则，两极分化、社会分裂是不可避免的。

（本文原载于《政治经济学评论》2010 年第 4 期，2010 年 12 月做了补充）

实现市场经济与社会主义的有机统一

——21 世纪世界政治经济学杰出成果奖获奖感言

刘国光

　　我经历了新中国社会主义建设事业的曲折过程，参与了改革开放 30 年来许多重大经济理论探讨，和一些决定改革开放前途命运的重大决策、中央文件和中长期规划的起草工作。我在这篇获奖论文《试用马克思主义哲学方法总结改革开放三十年》一文中，以一个亲历者的身份，运用马克思主义的基本观点、方法对中国改革开放 30 年做了全方位的思考。

　　我在该文中提出，改革开放各项政策经历了一个否定之否定的正、反、合过程，只有不断地对一些新矛盾进行新的反正，才能在更高层次上转向新的综合。辩证地看待改革开放 30 年，我们既要充分肯定 30 年取得的伟大成就，也要正视存在的问题和潜在的风险，包括生产力与生产关系之间的矛盾、经济基础与上层建筑之间的矛盾、生产力内部的矛盾、生产关系内部的矛盾以及社会意识形态与社会存在的关系，等等。概括起来，就是要实现市场经济和社会主义的有机统一。关于社会主义市场经济体制，一方面是"社会主义"，着眼于强调生产关系；另一方面是"市场经济"，着眼于发展生产力，二者有机统一，不可偏废。改革的成败要看社会主义生产关系最终巩固了没有，所谓改革的失败，不是指生产力的失败，而是指社会主义生产关系丧失了，两极分化，产生了什么新的资产阶级，邓小平同志说这是改革的失败。不是什么都讲姓"社"姓"资"，如生产力就不能讲姓"社"姓"资"，生产关系中一些共性的东西，也不必去问什么姓"社"姓"资"。但是，生产关系中非共性的东西，就不能不讲姓"社"姓"资"，一定要具体分析，辨明是非。

　　我在该文中根据辩证唯物论和历史唯物论的基本原理，从新形势出发针对深化改革提出一系列基于马克思主义经济学的见解。

　　比如，计划与市场有机结合论。我始终坚持两点论而不是偏执于其中的一点，根据具体实际辩证地摆正二者的关系。在改革开放初期，有些人将市场视做洪水猛兽，我是比较早地倡导市场取向改革的；而当市场经济体制基本建立，面对市场体系中出现的这样那样的问题，我则更加关注市场缺陷，坚持合理而有效的政府干预。我始终坚持计划与市场的结合论，认为尽管不同阶段侧重点不同，但目标都是指向让"看得见的手"和"看不见的手"相得益彰，各自发挥应有的作用。单纯靠计划或者市场调节都是不完善的。市场作为资源配置的基础性方式，是历史的必然，但市场经济也有许多缺陷，不能迷信市场。在坚持市场取向改革的同时，政府必须实施合理而有效的宏观调控。社会主义市场经济是一个完整的概念，在继续坚持市场取向改革的同时，需要加强宏观计划调控的作用，强调国家计划在宏观调控中的指导作用。强调社会主义市场经济下也要加强国家计划在宏观调控中的作用，而且是十分必要的，不能把"计划性"排除在社会主义市场经济含义之外。

比如，公平与效率并重论。改革过程中围绕计划与市场争论而展开的另一条主线，就是如何协调公平和效率关系。在改革开放初期，在重公平、轻效率的大背景之下，我赞成效率优先的提法，以此改变吃"大锅饭"和平均主义的利益格局；而当改革进行了30年之后，当效率问题不如公平问题突出、公平问题愈益表现出影响效率和稳定的新形势下，我则极力呼吁效率与公平兼顾并重，更加重视社会公平。认为完全让"看不见的手"来调节，不能保证社会公正和协调发展。要防止因两极分化而导致改革失败。不强调社会主义，忽视共同富裕的根本方向，那么，在中国这样一个法治不完善的环境下建设市场经济，必然会是人们所称谓的权贵市场经济。

比如，所有制和分配关系统一论。在调整收入分配差距关系、缩小贫富差距时，从分配关系入手，特别是从财政税收、转移支付等再分配领域入手，完善社会保障，改善低收入者的民生状况，这些措施都是完全必要的。但是，光从分配和再分配领域着手是远远不够的，不能从根本上扭转贫富差距扩大的问题，还需要从所有制结构，从财产制度上直面这一问题，延缓"公"降"私"升的速度和程度，阻止化公为私的所有制结构转换过程，从根本上阻止贫富差距扩大、向两极分化推进的趋势。

比如，解放思想与改革开放的辩证关系论。要看到有两种不同的思想解放观，一种是以马克思主义、科学社会主义为指导的思想解放，这是促进我们的改革开放向社会主义自我完善的方向前进的；另一种是以新自由主义、民主社会主义为指导的思想解放。不能天真地认为凡是思想解放都能正确引导推动我们的改革开放，要警惕有人想利用思想解放来误导改革开放。

　　辩证地看待改革，反思改革的得失，及时地总结改革的经验教训并不等于反改革；相反的，只有这样才能始终把握正确的改革方向，及时地消除隐患。消除隐患最好的、最聪明的办法就是防微杜渐、防患于未然，而不是掩盖错误或粉饰失误。30 年之后回来头来看，改革开放各项政策经历了一个否定之否定的正、反、合过程，现在到了对一些新的矛盾进行新的反正的时候了，正是着手解决现实的问题和矛盾，才能使得改革开放和社会主义建设事业在更高层次上达到新的综合。具体来说，关于经济运行机制，要继续坚持市场改革，同时要重新强调国家宏观计划调控的作用；关于所有制结构，要坚持多种所有制共同发展，同时要重新强调"公有制为主体"，在此前提下毫不动摇地发展公、私两种经济；关于分配关系，要从"让一部分人先富起来"转向"更加重视社会公平"。这可以说是中国经验、中国特色社会主义市场经济的应有之义。

　　应该看到，改革开放的很长一段时期，我们只注意到了政治上的资产阶级自由化，没有从经济上解决资产阶级自由化，那时还没有发展到这一步。私有化的观点、完全市场化的观点、政府"守夜人"的观点，都是经济领域里资产阶级自由化的表现。防止经济领域资产阶级自由化，就是防止经济领域变质。经济领域如果变质，政治领域也会跟着变质。这是经济基础决定上层建筑和社会存在决定社会意识的作用。那种认为经济领域没有意识形态问题的观点，是政治上的幼稚。坚持正确的改革方向，当前最紧要的是要与新自由主义划清界限。新自由主义是一种国际资产阶级思潮。它不是两点论，而是执其一端，即主张一切要由"纯粹的"、"看不见的手"来指挥，反对政府对市场的干预与管制。新自由主义的核心理论体系和价值观念是"三化"，即市场化、私有化、自由化。与之相对应的，要达到"三个否定"的目的，即否定公有制、否定社会主义、否定国家干预。这种观念也被称为"市场原教旨主义"，其实践的结果又如何呢？它必然是导向权贵资本主义方向的"改革"，贫富分化将会达到不堪忍受、难以收拾的地步。因此，新自由主义不是什么社会的福音，而是干扰改革的杂音，必须从改革的起步阶段就努力加以抵制和反对。

　　新自由主义的国际战略政策，就是主张以超级大国为主导的全球经济、政治、文化一体化，即全球资本主义化，因而成为了损害发展中国家和社会主义国家利益的理论工具和舆论工具。事实表明，新自由主义没有给发展中国家带来福音。早在 20 世纪 90 年代就有拉美教训，许多国家搞自由化、私有化、放松国际金融管制最终都出了大问题，现在觉悟了，毅然决然地抛弃了"欧美自由市场经济模式"而向左转。俄罗斯过去听信新自由主义搞"休克疗法"，结果一蹶不振，现在也跌醒了。诚如美国纽约大学教授塔布（William K. Tabb）所指出的："新自由主义就其所许诺的目标而言，已经失败了。它没有带来快速的经济增长，没有消除贫困，也没有使经济稳定。事实上，在新自由主义霸权盛行的这些年代里，经济增长放慢，贫困增加，经济和金融危机成为流行病。"

这次由美国次贷危机引发的全球性金融危机就是自由放任政策给世界带来的恶果。西方大资本、金融资本、虚拟资本都需要自由放任的体制，美国等强国利用手中极其雄厚的资本对发展中国家的经济自由出入也需要这种"便利"。自 20 世纪七八十年代以来，撒切尔夫人、里根陆续上台，开辟了新自由主义长达近 30 年的主流经济学地位。这次大的金融危机，再次宣告了新自由主义的破产，不得不更多地乞灵于凯恩斯主义国家干预之类的手段，不得不借助于类似于社会主义国家的计划手段。当然，这并不意味着新自由主义的终结。一旦经济形势变暖，它还会死灰复燃——只要大的垄断资本集团存在，特别是大金融资本存在，它们还会大肆鼓吹和利用新自由主义蛊惑人心。

在这次世界经济大动荡中，中国政府为稳定经济采取了诸多重大措施，取得了良好的实效，再次有力地证明了社会主义市场经济是不能离开国家宏观协调的。国民经济许多重要领域也都不能完全交给"看不见的手"的市场去管。如教育、卫生、住宅、社会保障、收入分配等民生领域，交通运输、资源开发、环境保护、农村设施等基本建设领域，以及扩大内需和调整结构，乃至宏观总量平衡等问题，都不能完全交给自由市场去调节，而不要国家的协调和安排。新自由主义关于市场万能的迷信、自由放任的神话，越来越多的人已开始认识其本质、其用心而不再相信了。

（本文曾在《中国社会科学报》2010 年 6 月 29 日、《北京日报》2010 年 12 月 13 日、《文献与研究》2010 年第 64 期等刊物发表）

2010 年我国经济发展的国内外环境分析

刘树成

如果说 2008 年是我国发展进程中很不寻常、很不平凡的一年，2009 年是新世纪以来我国经济发展最为困难的一年，那么 2010 年则是国内外经济环境极为复杂的一年。温家宝总理在十一届全国人大三次会议上所作的《政府工作报告》中指出："今年发展环境虽然有可能好于去年，但是面临的形势极为复杂。"复杂在于：各种积极变化和不利条件、短期问题和长期矛盾、新问题和老问题、国内因素和国际因素等相互交织，相互影响。本文拟对今年我国经济发展面临的国内外环境进行一些具体分析。

一、国际经济环境分析

总的看，今年我国经济发展的国际环境具有"两面"或"双向"的特点，即向好趋向和不利趋向相互交迭，表明外部环境的不稳定、不确定因素依然很多。

1. 世界经济有望恢复性增长，但复苏的基础仍然脆弱

在百年不遇的严重的国际金融危机冲击下，2009 年，世界经济出现了第二次世界大战以来首次负增长，即出现了全球性的经济衰退。按照国际货币基金组织 2010 年 1 月公布的最新统计数据，2009 年，世界产出的增长为 -0.8%（见表 1）。各国在应对危机中，采取了一系列金融救援政策或经济刺激政策。这些应急政策的规模和力度都是空前的。这些政策的效应正在显现，到现在，可以说已经避免了像 1929 ~ 1933 年那样的世界经济大萧条的再现。具体看，世界经济在经历了 2008 年下半年至 2009 年上半年的大幅下滑后，从 2009 年下半年起开始出现复苏的迹象。如果国际经济、金融领域不发生重大的意外事件，2010 年世界经济增长有望转负为正，实现恢复性增长。按照国际货币基金组织 2010 年 1 月公布的最新预测，2010 年世界产出预计增长 3.9%（见表 1）。其中，先进经济体的经济增长将由 2009 年的 -3.2%

回升到 2.1%。美国经济增长率去年为 -2.5%，是 1947 年以来 62 年中的最大降幅，2010 年预计回升到 2.7%。欧元区将由 2009 年的 -3.9% 回升到 1%。日本将由 2009 年的 -5.3% 回升到 1.7%。而新兴和发展中经济体的回升情况有可能会好于发达国家，其经济增长将由 2009 年的 2.1% 回升到 6%。中国将由 2009 年的 8.7% 回升到 10%。印度将由 2009 年的 5.6% 回升到 7.7%。巴西将由 2009 年的 -0.4% 回升到 4.7%。俄罗斯将由 2009 年的 -9% 回升到 3.6%。

表 1　世界和主要经济体的经济增长率

	2009 年统计（%）	2010 年预测（%）
世界产出	-0.8	3.9
先进经济体	-3.2	2.1
美国	-2.5	2.7
欧元区	-3.9	1.0
日本	-5.3	1.7
新兴和发展中经济体	2.1	6.0
中国	8.7	10.0
印度	5.6	7.7
巴西	-0.4	4.7
俄罗斯	-9.0	3.6

资料来源：IMF：World Economic Outlook Database.

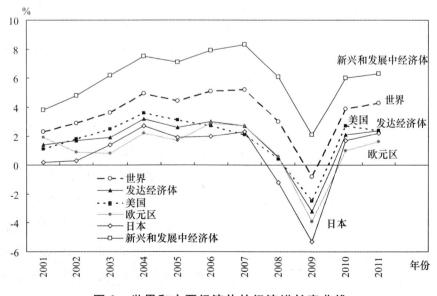

图 1　世界和主要经济体的经济增长率曲线

在世界经济有望实现恢复性增长的同时，其复苏的基础仍然脆弱，因为世界经济的复苏主要是依托各国政府超常的强力政策的刺激。特别是在发达国家，实体经济的回升尚面临较多困难，而经济复苏也尚未带来就业的增长。目前，美国失业率仍处于10%左右的高位，达到26年来的最高水平。2009年第四季度，美国就业岗位净减少20.8万个。在经济衰退比较严重的西班牙，失业率已高达18%。由于发达国家的复苏还没有恢复到潜在经济增长水平，中短期内失业率仍将居高不下。在国际金融危机中，以美国为代表的发达国家原有的过度负债消费模式受到巨大冲击，面临深度调整，加之失业率居高难下，致使私人消费依然疲软，又使企业投资意愿低迷。国际市场需求不振可能会在一个较长时期内存在。世界经济的复苏将会是一个曲折、缓慢的过程。

2. 国际金融市场渐趋稳定，但风险没有完全消除

2008年春、夏，美国次贷危机愈演愈烈，迅猛演变为金融海啸。当时，美国许多著名的大型金融机构纷纷陷于严重亏损的困境，或宣布破产，或被收购、接管。如2008年1月，美国第一大商业银行花旗集团和第二大商业银行摩根大通银行，均宣布因次贷而出现巨额亏损。2008年3月，美国第五大投资银行贝尔斯登公司被摩根大通银行收购。2008年9月，先是美国最大的两家住房抵押贷款融资机构（"房利美"和"房地美"）因资金短缺而濒临破产，被美国政府接管；紧接着，美国第三大投资银行美林证券公司被美国银行收购；美国第四大投资银行雷曼兄弟公司宣布破产保护；美国第一大投资银行高盛公司和第二大投资银行摩根士丹利公司，双双宣布业务转型，转为商业银行，接受政府监管。一时间，国际金融市场激烈震荡。一年多来，国际金融市场渐趋稳定，全球股市自2009年3月以来在震荡中反弹，信贷市场的各项风险指标相继回落或接近危机前的水平。但金融风险并未完全消除，国际金融危机余波未了。

美国等发达国家金融机构的资产损失严重，去杠杆化和清理坏账的过程尚未结束，新的资产泡沫和金融风险还在积聚，不排除再度出现局部性金融震荡的可能。美国联邦储蓄保险公司的一份最新报告表明，2009年，美国的"问题银行"数量由年初的252家增至年底的702家。"问题银行"的数量及其资产总额均创1993年以来17年中的最高峰。2009年，美国共有140家银行倒闭或被接管；今年以来至2月中旬，又有20家银行倒闭或被接管。预计今年美国银行业破产数量可能会超过去年。2009年，美国银行业的放贷骤降7.5%，为1942年以来67年中的最大降幅。

特别是一些国家的政府债务危机或主权信用危机事件接连发生。如近期发生的迪拜债务危机，特别是欧元区债务危机。2009 年 4 月爱尔兰财政债务危机曝光，到年底希腊债务危机走上前台，接着葡萄牙、西班牙、意大利、比利时等主权信用评级下调，也频频登上"问题国家"名单。据英国《每日电讯报》报道，国际媒体将问题较为严重的葡萄牙（Portugal）、爱尔兰（Ireland）、希腊（Greece）、西班牙（Spain）戏称为欧元区的"猪四国"（PIGS，即四国首字母的缩写）。欧盟成员国中有 2/3 以上国家出现财政赤字和公共债务超标而偿债能力严重不足的问题。国际信用评级机构穆迪公司警告说，主权信用危机将成为 2010 年全球经济发展的最大包袱，并在金融市场上频频制造余震。

3. 各国经济刺激政策取得一定成效，但退出抉择艰难

在应对百年不遇的国际金融危机中，各国纷纷出台的超常规的扩张性财政政策和货币政策，对于世界经济复苏、稳定金融市场，起到了一定的重要作用。但这些巨额经济刺激政策的退出却遇到了"三维"难题。其一，如果过早退出，收紧财政政策和货币政策，有可能导致复苏的夭折，引发新一轮经济衰退。最近，在国际金融危机中债台高筑的希腊政府，刚刚出台了削减社会保障、裁员减薪、增加税收等一系列财政紧缩措施之后，就爆发了数千名抗议者的示威游行。公众担心，政府的财政紧缩措施可能导致失业率大增和工薪待遇降低。在西班牙、葡萄牙等国，工会为反对政府的紧缩政策而不断组织和呼吁进行罢工与抗议活动。其二，如果过晚退出，有可能诱发政府债务危机、通货膨胀、资产泡沫等风险。各国过度宽松的货币政策已使市场流动性大量增加，有可能导致石油、原材料等国际市场大宗商品价格的震荡走高和剧烈波动。其三，如果各国在退出的时机和力度上不一致，又有可能导致大规模的国际套利，加剧国际投机资本的游动，引发国际资本市场、主要货币汇率的剧烈波动。这使各国宏观经济政策的协调难度加大。

2009 年末，澳大利亚、印度、越南等国已将通货膨胀视为经济发展的头号敌人。部分国家已开始退出过度宽松的货币政策。如 2009 年 8 月，以色列央行在全球第一个宣布加息。2009 年 10～12 月，澳大利亚连续 3 次加息，使其成为二十国集团中最早开始退出经济刺激政策的国家。2009 年 10 月，印度央行提高了银行法定流动资金比率，开始收紧货币供应。2010 年 2 月，美联储向社会公布了其宽松货币政策的退出计划，发出政策收紧信号，但并没有给出具体的时间表；随后，提高了商业银行贴现率。由此，引起金

融市场的担心和动荡。

4. 经济全球化深入发展的大趋势没有改变，但贸易保护主义明显抬头

国际上有舆论认为，此次国际金融危机对世界经济、金融等造成严重冲击和带来极大混乱，世界经济增长格局也将有所变化，因此经济全球化有可能发生逆转，或面临停滞，甚或崩溃终结。我们认为，经济全球化，即生产、贸易、投资、金融等经济活动在全球范围内的拓展，是当代科学技术发展、生产力发展和国际分工发展到较高水平的必然结果，其深入发展的大趋势不会改变。此次国际金融危机不会从根本上改变世界经济中长期发展的趋势。然而，国际金融危机及其所引发的全球经济衰退，也在一定程度上导致了贸易保护主义的抬头和急剧升温。欧美等发达国家为了解决国内就业问题，迫于国内政治和经济等压力，以解决"全球经济失衡"为借口，对包括我国在内的发展中国家采取了许多贸易保护主义措施，对世界经济的持续复苏造成巨大威胁。而且这些贸易保护主义的形式更加多样化，包括反倾销反补贴措施、一般保障和特殊保障措施、提高进口关税、设立技术性贸易壁垒，等等。在后国际金融危机时期，各国政府都有责任继续推动经济全球化朝着均衡、普惠、共赢方向发展。

5. 世界经济格局大变革大调整孕育着新的发展机遇，但产业竞争、气候变化等全球性问题仍错综复杂

世界经济发展史表明，每一次大的经济危机往往孕育和催生出一场新的科技革命。正是科技上的重大突破和创新，推动着世界经济结构的重大调整，推动着新一轮的世界经济繁荣。后国际金融危机时期，世界经济格局大变革、大调整的一个重要内容就是新的科技革命与产业革命的酝酿和兴起。如以绿色和低碳技术为标志的新能源革命，电动汽车、新材料、信息网络、生命科学和生物技术的研发与市场开拓，空间、海洋和地球的深部开发利用等。这将使人类社会进入空前的创新密集和产业振兴时代，孕育着新的重大发展机遇。但各国在抢占经济科技制高点的过程中，围绕战略型新兴产业而展开的科技竞争、人才竞争也将会日趋激烈。谁能在科技创新方面占据优势，谁就能够掌握未来发展的主动权。与此同时，气候变化、粮食安全、能源资源安全等一些全球性问题错综复杂，也会形成新的挑战。如在应对气候变化方面，国际斗争曲折复杂，发展中国家和发达国家的交锋十分激烈。一些发达国家企图否定"共同但有区别的责任"原则，要求发展中国家特别是我国承担超出自身能力和发展水平的量化减排指标，以此为发展中国家的经济正常发展制造障碍。

二、国内经济环境分析

总的看，今年我国经济发展的国内环境也具有"两面"或"双向"的特点，即有利条件和突出矛盾并存，表明前进的道路并不平坦，决不能把经济回升向好的趋势等同于经济运行的根本好转。

1. 当前经济回升向好的基础进一步巩固，但经济增长的内生动力不足，就业形势依然严峻

在国际金融危机冲击下，我国经济从 2008 年下半年起受到严重影响，实体经济增长明显下滑。从国内生产总值季度增长率来看，2008 年第一季度和第二季度时，还处在略高于 10% 的位势，而到第三季度和第四季度就分别下降到 9% 和 6.8%，到 2009 年第一季度更下降到 6.2% 的谷底；但从 2009 年第二季度起扭转了下滑趋势，开始逐季回升，第二、三、四季度分别增长 7.9%、9.1% 和 10.7%（见图2）。从全国规模以上工业增加值月同比增长率来看，从 2008 年 6 月的 16% 猛降到 2008 年 11 月的 5.4% 和 12 月的 5.6%，短短的半年内就下降了 10 多个百分点；到 2009 年 1 月、2 月合计，又下降至 3.8% 的谷底；但从 2009 年 3 月起扭转了下滑趋势，开始回升，到 11 月和 12 月分别回升至 19.2% 和 18.5%（见图3）。无论是从国内生产总值季度增长率来看，还是从全国规模以上工业增加值月同比增长率来看，都走出了一个标准的 V 字形反转，在全球率先实现经济形势总体回升向好。

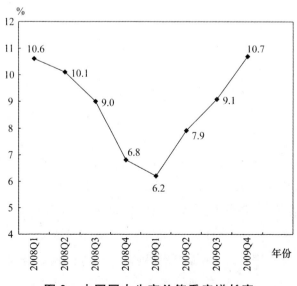

图2　中国国内生产总值季度增长率

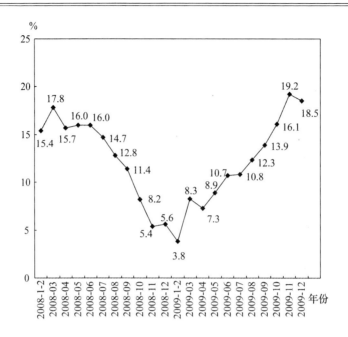

图 3　中国工业生产月度增长率

当前，我国国内生产总值已连续 3 个季度回升，工业生产已连续 10 个月回升，经济回升向好的基础进一步巩固，但经济增长的内生动力仍然不足。因为经济的回升主要是依靠政府实施了应对国际金融危机的一揽子计划等政策发挥作用的结果，而社会投资意愿尚未明显跟进，居民消费后劲亦感不足，进一步扩大内需难度加大，而外需的萎缩和低迷状态又难以在短期内改变。

与此同时，就业形势依然严峻，就业压力总体上持续增加和结构性用工短缺的矛盾并存，即总体上的"求职难"与结构性的"用工荒"并存。一方面，从劳动力供求总量看，一定时期内仍处于供大于求的局面，城镇新成长劳动力和高校毕业生的规模很大，农村剩余劳动力转移的任务也还很大；另一方面，在就业上又存在着一定的结构性供不应求的用工短缺情况。今年新春伊始，珠三角、长三角等沿海地区就出现了"用工荒"问题。据人力资源和社会保障部近期调查，东部沿海地区有 70% 被调查的企业存在"用工荒"。这一来是因为经济回升向好，企业特别是沿海外贸企业的订单增多，因此用工需求旺盛，更需要具有一定经验和技能的熟练工、技术工；二来农民工特别是新生代农民工自身对工作选择、生活待遇、未来前途等有了新要求。这就使得用工需求方与劳动供给方二者出现不匹配。

2. 扩大内需和改善民生的政策效应继续显现，但财政金融领域潜在风险增加

在应对国际金融危机的过程中，我国及时、果断地实施了积极的财政政策和适度宽松的货币政策，全面实施并不断完善一揽子计划，有效扩大了内需，并与扩大居民消费、改善民生相结合，很快扭转了经济增速明显下滑趋势，这些政策的效应将会继续显现。但与此同时，也积累了一定的财政金融风险。2009 年，货币信贷超常增长，人民币新增贷款高达9.6 万亿元，是上年的2 倍，接近国内生产总值的30%。这对房地产等资产价格上涨和滞后的消费物价上涨产生了很大压力。以银行为主渠道的地方政府融资平台迅速发展，潜伏的财政信用风险不容忽视。

3. 企业适应市场变化的能力和竞争力不断提高，市场信心增强，但自主创新能力不强，部分行业产能过剩矛盾突出，结构调整难度加大

我国企业在应对突如其来的国际金融危机中，顽强拼搏，化危为机，通过提高管理水平、加快创新步伐、调整发展战略、推进兼并重组等对策，使企业适应国内外市场变化的能力和竞争力有了新的提高。一些具有自主品牌、自主知识产权和高新技术的企业，显示出较强的抗御风险能力和市场竞争力。据世界知识产权组织公布的数据，2009 年我国共申请国际专利7946 项，比上年增长29.7%，专利申请总数排名世界第五。在2009 年世界500 强排名中，中国内地入选的企业数量已达34 家，首次超过英国。随着经济回升，市场信心逐步增强。企业家信心指数在2008 年第四季度高台跳水，猛降到94.6 点，创近年来新低，之后从2009 年第一季度起逐季回升，到2009 年第四季度提升到127.7 点。可以反映市场信心的另一指标——新订单指数，2008 年11 月曾下降至32.3%的最低点，远低于临界值50%，表明市场需求的低迷和信心不足。2009 年2 月之后至今年2 月，各月的新订单指数均回升到50%以上，其中2009 年12 月还达到61%的高点。

但是，总体上说，我国自主创新能力还不强。目前，我国已有近200 种产品的产量位居世界第一，但具有国际竞争力的品牌却很少。在出口产品中，拥有自主知识产权的品牌尚不到10%。由于我国出口产品大量是贴牌产品，处于国际产业分工价值链的低端，附加值很低，导致利润大量流失。据统计，在我国出口的通信、半导体、生物医药和计算机等高新技术产品中，外国公司获得授权的专利数占到90%以上。2009 年我国共申请国际专利7946 项，比上年增长29.7%，专利申请总数排名世界第五，但其中"发明

专利"所占比例偏低，而"外观设计"和"实用新型"的专利申请居多，表明我国企业自主研发投入的力度远远不够。据中国企业评价协会 2009 年发布的中国企业自主创新评价报告，目前我国企业的自主研发经费占销售收入的比例平均仅为 3.8%。而发达国家的经验表明，这一比例只有在 5% 以上的企业，才有竞争力；而在 2% 的企业，只能勉强生存；若在 1%，则企业很难生存。以家电企业来说，我国家电行业的研发投入占销售额的比例仅为 1%，致使我国家电企业基本不具有基础技术和核心技术，在液晶面板、半导体、芯片等核心技术领域一直受制于人。由于我国缺乏自主品牌，主要靠大量消耗资源来进行生产，因此单位资源的产出水平仅相当于美国的1/10、日本的 1/20。在新兴产业发展方面，我国总体上也缺乏核心技术和领军人才。目前，我国还仅是"制造大国"、"贸易大国"，而远非"制造强国"、"贸易强国"。由"中国制造"走向"中国创造"还需付出很大努力。

　　与此同时，我国部分行业产能过剩问题严重，而淘汰落后产能和兼并重组又面临就业压力大、体制机制不健全等制约。据中国企业家调查系统 2009年 10 月的调查显示，有 63.4% 的企业认为，其所在行业产能过剩，其中有18.6% 的企业认为是"严重过剩"，有 44.8% 的企业表示是"有些过剩"。另外，有 37.1% 的企业反映，其整个行业的产能过剩是当前企业发展碰到的最主要困难。据悉，截至 2009 年第三季度，我国 24 个工业行业中，已有 21个行业出现产能过剩，其中钢铁、水泥、平板玻璃、煤化工、多晶硅、风电设备 6 个行业是重点。不仅一些传统产业仍在盲目扩张，而且一些新兴产业也出现重复建设倾向。

　　4. 粮食连续丰收和农民收入提高，但农业稳定发展和农民持续增收的基础不稳固

　　在我国，"三农"工作作为重中之重，不断得到加强。2009 年，面对国际金融危机的严重冲击，面对严重自然灾害的挑战，面对国内外农产品市场价格的剧烈波动，经过艰苦努力，我国整个农业农村形势好于年初预期。2009 年，粮食总产量达到 53082 万吨，再创历史新高，实现连续 6 年增产（见图 4）。这对保持农产品市场供给、稳定整个物价水平起到了不可忽视的重要作用。2009 年，农村居民家庭人均纯收入首次突破 5000 元，达到 5153元，实际增长 8.5%，也实现了连续 6 年的较高速度增长。在 1997 ~ 2003 年的 7 年间，农村居民家庭人均纯收入的实际增长仅为 2% ~4%；而在 2004 ~2009 年的近 6 年中，上升到 6% ~9%。农村的水、电、路、气、住房、教

育、卫生、社会保障等生产、生活条件也都有了新的改善和发展。但是，农业稳定发展和农民持续增收的基础并不稳固。一是农田水利等基础设施薄弱，农业抗灾能力不强，农业生产受气候变化的影响还很大；二是农业科技推广等社会化服务的基层体系尚不健全，其对农业生产的支撑不足；三是粮食生产基数不断提高，农业种植、养殖的比较效益又偏低，农产品价格下行压力亦较大，粮食持续增收和农民持续增收的难度都在加大；四是农村各项公共事业的发展还很滞后，工业化和城镇化的快速推进也使统筹城乡经济社会发展出现一些值得关注的新情况和新问题，如保护耕地问题、保障农民权益问题、新生代农民工问题等。

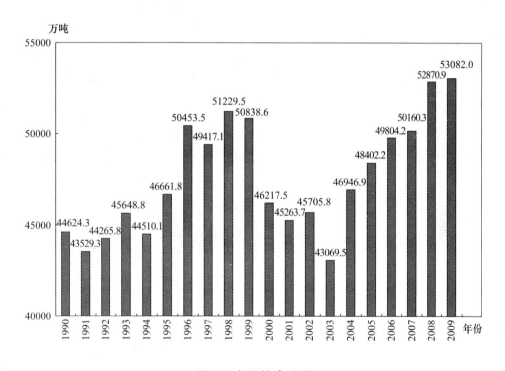

图 4　中国粮食产量

5. 我国仍处于重要战略机遇期，但医疗、教育、住房、收入分配、社会管理等方面的突出问题亟待解决

后国际金融危机时期，我国仍处于重要战略机遇期。此次国际金融危机并没有根本改变世界经济的中长期发展趋势，也没有改变我国经济社会发展的基本面和长期向好趋势。从国内的各种因素看，一是工业化和城镇化的快速推进，将为今后经济发展提供强大的内需动力；二是我国人均国民总收入

水平的不断提高和相应的消费结构升级，将为今后经济发展提供新的消费需求动力；三是科学技术发展和战略性新兴产业的兴起，将为今后经济发展提供新的增长源泉；四是东、中、西部各地区在应对国际金融危机中的调整和新崛起，将为今后经济发展提供广阔的地理空间；五是社会主义市场经济体制在改革中的不断完善，以公有制为主体的多种所有制经济的共同繁荣和相互促进，将为今后经济发展提供重要的制度基础；六是改革开放 30 年来我国经济的快速增长，将为今后经济发展提供必要的物质条件；七是我们党和政府在领导社会主义现代化建设过程中，以及在应对亚洲金融危机，特别是应对此次国际金融危机过程中所积累起来的丰富经验，将为今后经济发展提供宝贵的政策支持。

但是，在今后一定时期内，也是我国社会矛盾凸显期。以改善民生为重点的社会建设任务还很艰巨，医疗、教育、住房、收入分配、社会管理等方面的突出问题不少，亟待解决。据新华网、人民网今年"两会"前夕分别所做的民意调查显示，医疗卫生、教育公平、调控房价这"三难三贵"问题（看病难、看病贵，上学难、上学贵，买房难、买房贵）仍被选入前十大热点问题，其中，特别是房价过快上涨问题从来没有像今年这样备受关注。同时，收入分配差距过大也被选为前十大热点问题，而且在新华网调查结果中还被列为榜首。调查认为，我国目前绝大多数居民并不是没有消费意愿，而是收入分配差距过大，一些居民收入水平较低，消费能力不足。另外，户籍改革、养老保险、反贪反腐、司法公正、民主监督、网络问政等社会管理方面的问题也受到广大网民的高度关注而被选为前十大热点问题。

综合上述，今年我国经济发展的国内外环境虽然有可能好于去年，但是面临的形势极为复杂。我们必须全面、正确地判断形势，增强忧患意识，充分利用各种有利条件，做好应对各种风险的准备，努力实现经济社会又好又快发展。

参考文献：

［1］陈佳贵、李扬主编，刘树成、汪同三副主编：经济蓝皮书《2010年中国经济形势分析与预测》，社会科学文献出版社，2009 年。

［2］刘树成：《繁荣与稳定——中国经济波动研究》，社会科学文献出版社，2000 年。

［3］刘树成：《经济周期与宏观调控——繁荣与稳定Ⅱ》，社会科学文

献出版社，2005 年。

　　［4］ 刘树成：《中国经济增长与波动 60 年——繁荣与稳定Ⅲ》，社会科学文献出版社，2009 年。

　　［5］ 刘树成：《新中国经济增长 60 年曲线的回顾与展望——兼论新一轮经济周期》，《经济学动态》2009 年第 10 期。

　　［6］ 中国社科院经济所宏观调控课题组：《宏观调控目标的"十一五"分析与"十二五"展望》，《经济研究》2010 年第 2 期。

　　［7］ IMF：World Economic Outlook Database.

（本文原载于《经济学动态》2010 年第 3 期）

2010 年中国经济走势特点与
"十二五"时期经济增速分析

刘树成

一、2010 年中国经济走势的五大主要特点

特点一，在继续应对国际金融危机中，中国经济开始进入新一轮经济周期的上升阶段。

中国的上一轮经济周期，即新中国成立以来的第 10 轮经济周期，是从 2000 年至 2009 年，走出了一个 "8 + 2" 的良好轨迹，即 8 年的上升期，2 年的回落期，共历时 10 年（见图 1）。从上升期看，2000～2007 年，国内生产总值（GDP）增长率连续 8 年处于 8%～14% 的上升通道内，这是新中国成立以来历次经济周期波动中都从来没有过的最长的上升轨迹。在过去的前 9 轮经济周期中，上升期往往只有短短的一两年。从回落期看，2008 年，在国内经济调整和国际金融危机冲击的叠加作用下，GDP 增长率从 2007 年的 14.2% 下降到 9.6%，一年间回落了 4.6 个百分点，回落的势头较猛。2009 年，GDP 增长率下降到 9.1%，仅比上年回落 0.5 个百分点。2010 年，GDP 增长率有可能回升到 10% 左右（9.8%～10.2%），高于 2009 年，从而进入新一轮（即第 11 轮）经济周期的上升阶段。

从季度 GDP 增长率看，2008 年第 1 季度至第 4 季度，呈现出显著的下降趋势，分别为 10.6%、10.1%、9.0% 和 6.8%，一直到 2009 年第 1 季度，下滑至 6.5%（见图 2）。2009 年，在应对国际金融危机的严重冲击中，从第 2 季度起，GDP 增长率越过谷底，走出了一个典型的 V 字形回升，在全球率先实现经济形势的总体回升向好。2009 年第 1 季度至第 4 季度，GDP 增长率呈上升趋势，分别为 6.5%、8.1%、9.1% 和 10.7%。2010 年第 1 季度，GDP 增长率继续上升至 11.9%，第 2 季度略有回落，为 10.3%，上半年为 11.1%。

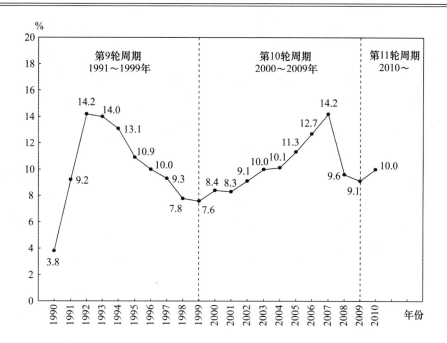

图 1   中国 GDP 增长率的周期波动

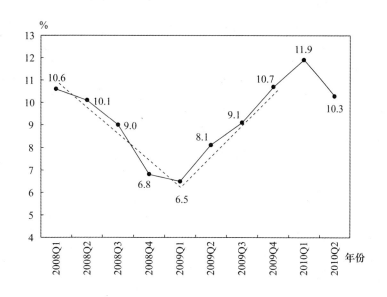

图 2   中国季度 GDP 增长率的 V 字形回升

特点二，工业生产等经济指标的增速适度放缓，高位回调回稳。

工业生产、固定资产投资、货币供应量等经济指标的增速有所减缓，在高位回调并回稳，呈现"前高后低"态势，由应对国际金融危机中的"回升向好"向正常的"平稳增长"转变。

首先，考察工业生产的运行态势。全国规模以上工业增加值月同比增长率在经历了 2008 年 7 月至 2009 年 1~2 月的迅速下滑，以及 2009 年 3~12月的回升向好而走出一个 V 字形轨迹之后，2010 年 1~2 月达到了 20.7% 的新高点（见图 3）。从 2010 年 3 月至 7 月，增速回调至 13.4%。8 月又略升至 13.9%。6 月、7 月和 8 月这三个月，回稳在 13% 的水平上。工业增速的适度回调主要有两方面的原因：一方面，上年高基数的影响。2009 年工业生产的增速是"前低后高"，即上年同期基数逐月上升，影响到今年月同比增速出现"前高后低"的情况。另一方面，国家宏观调控等政策主动调整的结果。工业生产增速在回升中达到一定高点之后，为避免经济大起大落，为节能降耗和淘汰落后产能，为防止物价过快上涨，就需要对经济增速有所调控。特别是 2009 年第 3 季度至今年第 1 季度，在工业生产迅速回升中，六大高耗能行业（黑色金属冶炼及压延加工业、有色金属冶炼及压延加工业、非金属矿物制品业、化学原料及化学制品制造业、石油加工炼焦及核燃料加工业、电力与热力的生产和供应业）出现增长势头过快、产能释放过快、能耗上升过快的不良情况。2010 年 4 月 28 日国务院常务会议部署进一步加大节能减排工作之后，5 月以来，加大了节能减排、淘汰落后产能的力度，使工业生产增速有所下降。目前，工业生产的适度减速是正常的。从 2010 年 1月至 8 月全国规模以上工业增加值的累计同比增速来看，比上年同期增长16.6%，仍处于较高水平。

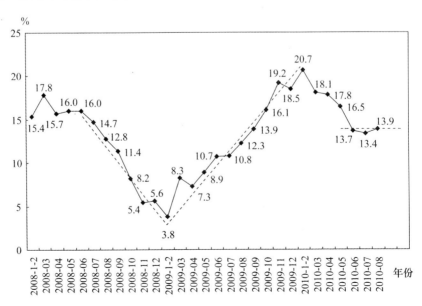

图 3　全国规模以上工业增加值月同比增长率

其次，考察固定资产投资的运行态势。全国城镇固定资产投资各月累计同比增速从 2010 年 1 ~ 2 月的 26.6% 略回落至 1 ~ 8 月的 24.8%（见图 4）。此前，在应对国际金融危机冲击而实施一揽子投资计划中，2009 年 1 ~ 4 月累计至 1 ~ 12 月累计，全国城镇固定资产投资增速均在 30% 以上。而从 2005 ~ 2008 年的各月累计同比增速来看，25% ~ 28% 属于一般正常范围。2010 年，投资增速的适度回落除上年基数较高的因素外，主要是国家加强宏观调控的结果。一方面，国家严格控制新上项目，原则上不再增加新项目。另一方面，六大高耗能行业的投资增速有较大回落。2010 年 1 ~ 8 月，六大高耗能行业投资累计同比增长 14.5%，比上年同期回落 9.6 个百分点。而 8 月当月，六大高耗能行业投资增长仅 9.2%。值得注意的是，民间投资正在加快。1 ~ 7 月，民间投资增长为 31.9%，比城镇固定资产投资增长（24.9%）高出 7 个百分点。此外，2010 年以来，房地产开发投资和住宅投资增速较快，近几个月累计同比增速分别处于 35% ~ 38% 和 33% ~ 35% 的较高和较稳定的水平上。

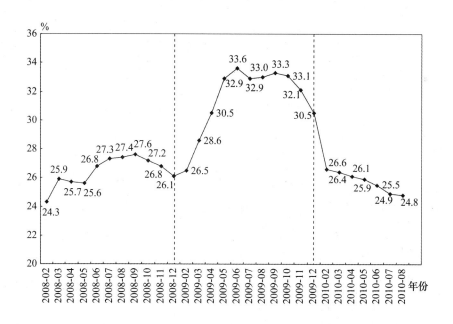

图 4 全国城镇固定资产投资累计同比增速

再次，考察货币供应量的变化态势。广义货币（M2）和狭义货币（M1）的供应量在经历了 2009 年各月的上升后，2010 年 1 ~ 8 月各月末的同比增速基本上呈适度回落之势。M2 由 1 月末同比增长 26.1% 回落到 7 月末的 17.6%，8 月末略有回弹，为 19.2%。M1 由 1 月末同比增长 39% 回落到 8 月末的 21.9%。货币供应量的适度回落体现了国家在宏观调控中主动调整的结果；同时，也与外汇占款的增速放缓有关。

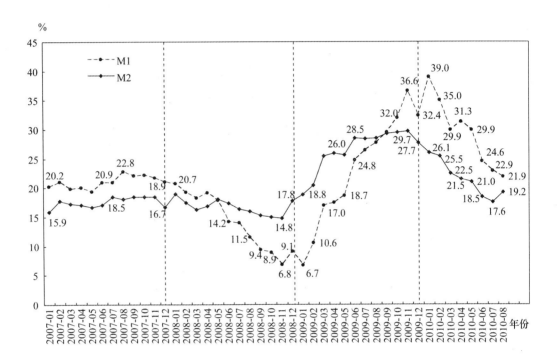

图 5　货币供应量 M1 和 M2 月末同比增速

特点三，物价小幅上扬，但温和可控。

居民消费价格月同比上涨率从 2010 年 1 月的 1.5% 上升到 8 月的 3.5%，这是自 2008 年 11 月以来 22 个月中的最高点（见图 6）。8 月份，环比上涨 0.6%。居民消费价格上涨的原因主要是两个方面：一方面，受上年翘尾因素的影响。上年物价走势是"前低后高"，这对今年物价产生了一定的翘尾影响。在 8 月份同比增长 3.5% 中，有 1.7 个百分点是由翘尾因素形成的。另一方面，是新涨价因素。在 8 月份同比增长 3.5% 中，有 1.8 个百分点是由新涨价因素引起的。在新涨价因素中，主要是由于食品价格上涨带动的。近几个月来，我国从南到北天气多变，洪涝等自然灾害频发，造成蔬菜、粮食、鸡蛋等一些产品价格较大幅度上涨。8 月份，鲜菜价格同比上涨了 19.2%，粮食价格同比上涨 12%。从环比看，8 月份，猪肉价格环比上涨 9%，鲜菜价格环比上涨 7.7%，鸡蛋价格环比上涨 7.5%。

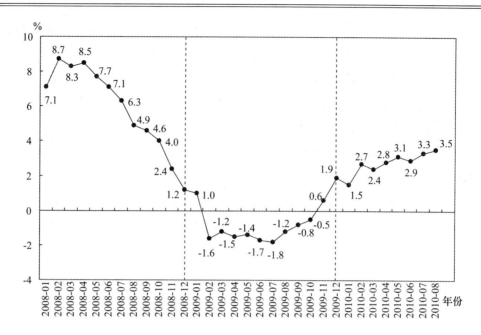

图6　居民消费价格月同比上涨率（2008 年 1 月～2010 年 8 月）

　　关于价格的后期走势，仍然具有一定的不确定性，因为推动价格上涨的因素与抑制价格上涨的因素同时存在。推动价格上涨的因素主要有：第一，农产品价格的变化具有一定的不确定性，特别是国际粮价上涨会对国内市场产生一定的刺激。近期，受全球极端恶劣天气影响，俄罗斯、哈萨克斯坦、乌克兰、加拿大、澳大利亚等主要产粮国的粮食大面积减产，国际粮价出现新一轮上涨行情。第二，劳动力工资成本上升、生产资料价格上涨，在一定程度上也可能会传导到居民消费价格上。抑制价格上涨的因素主要有：第一，经济增速的适度回调。从我国物价变动的一般规律来看，物价的过高上涨主要与经济增长率的过高上升密切相关。近几年来，我国 GDP 增长率较为平稳，物价的波动也就较为平缓。图 7 给出了 1990 年 1 月至 2010 年 8 月居民消费价格月同比上涨率曲线。从图 7 可以看出，在 1994 年 10 月达到 27.7% 的最高峰之后，近些年来，只有两次程度不同的上涨。一次是 2004年 7 月，达到 5.3%；另一次是 2008 年 2 月，达到 8.7%。这均与当时经济增长率上升有关。这两次物价上涨也均由于当时经济增长率被调控在一定范围内而没有出现物价持续上涨局面。历史经验表明，只要经济增长不过热，物价上涨就好控制。第二，加强了对通胀预期的管理。2010 年 1～8 月各月末，广义货币（M2）和狭义货币（M1）供应量的同比增速基本上呈适度回落之势，有利于缓解通货膨胀压力。有关部门也加强了对市场秩序的管理，加强了对市场价格行为的监管。第三，粮食供求总量基本平衡。2004～2009年，我国粮食生产连续 6 年丰收。今年，夏粮仍是丰收年，秋粮亦丰收在望。第四，大部分工业品仍然是供大于求，对其价格的上升产生了一定的抑制作用。工业品出厂价格的月同比上涨率已由 5 月份的 7.1% 回落到 8 月的4.3%，这有利于缓解对后续产品的价格传导压力。第五，上年物价翘尾因素逐渐减弱。今年 7 月翘尾影响为 2.2 个百分点，8 月减少到 1.7 个百分点，9 月将减少到 1.3 个百分点。综合以上对各种因素的分析，总的看，抑制价格上涨的影响可能要大于推动价格上涨的影响，全年物价温和可控，可维持在 3% 左右。

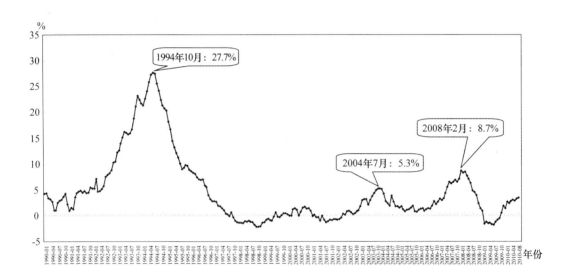

图 7　居民消费价格月同比上涨率（1990 年 1 月～2010 年 8 月）

　　特点四，经济社会发展中的"两难"问题较多。

　　这与经济波动处于新一轮经济周期的上升初期有关。一些问题既带有上一周期下降阶段的特点，又带有新一轮周期开始上升阶段的特点。其中，既有当前突出的紧迫问题，亦有长期存在的结构性问题。经梳理，主要"两难"问题有：

　　（1）宏观调控政策松紧度面临的"两难"。在应对国际金融危机中出台的一系列扩张性刺激政策取得一定成效后，有个退出问题。但如果退出得过早，经济增速就有可能重新大幅下滑；如果退出过晚，通胀压力就会很大。

（2）房价调控面临的"两难"。对于高房价，若不有效调控，容易引发社会问题。但如果房地产业迅速下滑，也直接影响经济增速，影响在房地产业就业的大批农民工。

（3）收入分配改革面临的"两难"。要提高消费对经济增长的贡献，要缩小收入分配差距，就要增加中低收入者的收入。但这将增加企业的成本，给企业经营带来困难。同时，要在国家、企业、个人之间分好"蛋糕"，涉及重要的税制改革，难度也很大。

（4）物价调控面临的"两难"。为了转变经济发展方式、促进节能减排，有必要对原来比较低的资源价格进行改革。但当前通胀压力较大，要把握好调价力度，否则将加大物价上涨压力。

（5）人民币汇率面临的"两难"。如果升值过快，将面临出口形势恶化、农民工就业困难的压力；而且，将来一旦有风吹草动，有金融冲击，也容易造成大幅度贬值，使币值大起大落，影响整个经济稳定。如果不升值，国际上的压力大。持续小幅上调，也容易造成热钱大量流入。

（6）外贸出口面临的"两难"。一方面，随着国际金融危机的大浪潮过去，世界经济进入复苏，要借有利时机扩大出口。另一方面，世界经济复苏的步履艰难，特别是欧洲主权债务危机目前看是小风小浪，如果处理不好就会引起大风大浪，所以，外需形势不容乐观。

特点五，中国经济总量首次超过日本，成为世界第二大经济体。

2009年，中国GDP总量为4.9092万亿美元，日本为5.0675万亿美元，中国比日本少0.1583万亿美元。2010年第2季度，中国GDP总量为1.33万亿美元，日本为1.28万亿美元，中国超过日本0.05万亿美元，首次成为世界第二大经济体。这是今年中国经济发展中一件具有标志性的大事。今年全年中国GDP总量超过日本已无悬念。对此，海外媒体纷纷报道和发表评论。《纽约时报》2010年8月16日报道说，中国经济在经历了几十年令人炫目的发展之后，在今年的第2季度终于超过日本成为世界第二大经济体，这是中国经济发展的一个里程碑。中国经济超过日本早在意料之中，但成为现实后还是让人们感受到震动。美国世界新闻网（www.chinesedailynews.com）早在2010年5月13日发表文章，题目是《中国经济的"超日"喜忧参半》，认为：中国经济一旦"超日"，成为全球第二大经济体之后，可以带来之喜显而易见。但重点应看的，可能还是由此带来之忧。一定要认清楚的是，总量的全球第二大经济体，不等于人均的第二大经济体，也绝非第二经济强国，现在中国经济发展到了转折关头，迫切需要转变发展方式。

二、"十二五"时期中国经济增长速度分析

"十二五"时期（2011～2015 年），是我国全面建设小康社会的关键时期，是深化改革开放、加快转变经济发展方式的攻坚时期。综合判断国际、国内形势，我国发展仍处于可以大有作为的重要战略机遇期，既面临难得的历史机遇，也面对诸多可以预见和难以预见的风险挑战。"十二五"规划的主线，无疑是加快经济发展方式转变。加快经济发展方式转变将贯穿于我国经济社会发展的全过程和各领域。在这种大背景下，"十二五"时期，我国经济增长速度将会是一个什么趋势，会出现一些什么特点，这是大家都很关注的问题。

（一）各五年计划中经济增长速度的预期目标和实际值

先回顾一下"七五"计划以来到"十一五"规划这 5 个五年计划或规划中，经济增长速度的预期目标与实际执行的情况（见表 1）。"七五"计划中，经济增长速度的预期目标为 7.5%，实际增速为 7.9%，超出 0.4 个百分点。"八五"计划中，经济增长速度的预期目标原定为 6%，后修订为 8%～9%，实际增速为 12.3%，超出原目标 6.3 个百分点，超出修订目标 4.3～3.3 个百分点。"九五"计划中，经济增长速度的预期目标为 8%，实际增速为 8.6%，超出 0.6 个百分点。"十五"计划中，经济增长速度的预期目标为 7%，实际增速为 9.8%，超出 2.8 个百分点。"十一五"规划中，经济增长速度的预期目标为 7.5%，实际增速为 11%（2010 年 GDP 增速暂按 10% 计算），超出 3.5 个百分点。

表 1　各五年计划中经济增长速度的预期目标和实际值

	起止年份	年均经济增长速度预期目标（%）	年均经济增长速度实际值（%）	实际值高于预期目标（百分点）
"七五"计划	1986～1990	7.5	7.9	0.4
"八五"计划	1991～1995	8～9（6）	12.3	4.3～3.3（6.3）
"九五"计划	1996～2000	8	8.6	0.6
"十五"计划	2001～2005	7	9.8	2.8
"十一五"规划	2006～2010	7.5	11.0	3.5

注："年均经济增长速度预期目标"中，"七五"计划、"八五"计划和"九五"计划为 GNP 增速预期目标；"十五"计划和"十一五"规划为 GDP 增速预期目标。"年均经济增长速度实际值"，均为 GDP 增速。

从年度经济增长预期目标来看（见表2），自2005年至2010年，连续6年均确定为8%左右（均为GDP增速），而各年均超过了预期目标（2010年GDP增速暂按10%计算）。总的看，无论是五年计划还是年度计划，实际经济增速都超过预期目标。

表2　年度经济增长预期目标和实际值

	年度经济增长速度 预期目标（%）	经济增长速度 实际值（%）	实际值高于预期 目标（百分点）
2005 年	8	11.3	3.3
2006 年	8	12.7	4.7
2007 年	8	14.2	6.2
2008 年	8	9.6	1.6
2009 年	8	9.1	1.1
2010 年	8	10.0	2.0

早在1983年，邓小平曾指出："根据最近的统计，一九八二年工农业总产值增长百分之八左右，大大地超过了原定的增长百分之四的计划。前两年还没有发生这种情况，一九八二年是头一次出现。这里就提出一个问题，如果我们的年度计划定低了，而实际增长速度高出很多，会产生什么影响？对这个问题，要抓紧调查研究，作出符合实际的分析。现在不是说要改变原定的'六五'计划，长期计划留的余地应该大一些，年度计划可以打得积极一点，当然也要留有余地，重视提高经济效益，不要片面追求产值、产量的增长。总结历史经验，计划定得过高，冒了，教训是很深刻的，这方面的问题我们已经注意到了，今后还要注意。现在我们要注意另外一个方面的问题。"[①] 从1983年邓小平指出这一问题至今已过去27年了，仍然是实际经济增速高出预期目标，有时高出很多。现在，大家都习惯了这一情况，改起来也难。

（二）"十二五"时期我国经济增长速度可能会呈现的特点

从目前情况看，"十二五"时期我国经济增长速度可能会呈现出如下三

---

① 《邓小平文选》第3卷，人民出版社，1993年，第22页。

个主要特点。

1. 从经济周期波动中的位置看，将处于新一轮经济周期的上升阶段

"七五"时期（1986～1990年）的第一年，正值经济增长率的低谷年，随后，进入新中国成立以来的第8轮周期，经济增长率两年高起两年下落，起伏较大（见图8）。

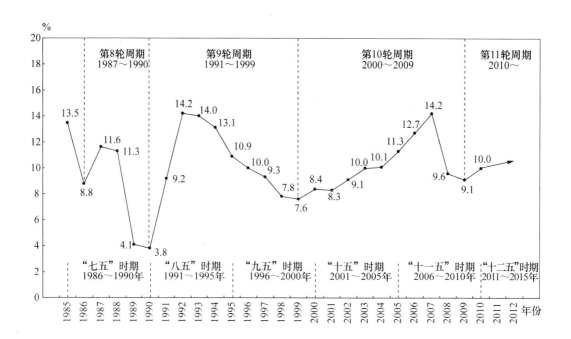

图8　中国 GDP 增长率的波动曲线

"八五"时期（1991～1995年），进入第9轮周期，经济增长率大起而过热，之后平稳回落。

"九五"时期（1996～2000年），处于第9轮周期的继续回落中，最后一年开始转入第10轮周期的上升阶段。

"十五"时期（2001～2005年）的5年一直处于第10轮周期的上升通道内，这是各五年计划中波动态势最好的5年。

"十一五"时期（2006～2010年）处于第10轮周期的继续攀升中，随后，在国内经济周期调整和国际金融危机冲击的叠加作用下，经济增长率回落，最后一年开始进入第11轮周期的上升阶段。

这样，"十二五"时期（2011～2015年）正像"十五"时期那样，处于新一轮经济周期的上升阶段。这时，经济增长既不处于过热之中，也不处

于下滑之势。可以借助这一有利态势，推动经济发展方式转变和经济结构调整，为全面建成小康社会打下具有决定性意义的基础。

2. 从基年看，经济增长率的位势较高，继续加速上升的空间不大，宏观调控的主要关注点是经济走稳，防止经济增长由偏快转为过热

"七五"时期开始前的基年，1985 年，GDP 增长率高达 13.5%（见图8），因此，刚进入"七五"时期就面临着国民经济调整，经济增长率需回落。

"八五"时期开始前的基年，1990 年，GDP 增长率下落至 3.8%，这就使"八五"时期经济增长率有较大的上升空间。

"九五"时期开始前的基年，1995 年，GDP 增长率正在从前期高点回落至 10.9%，使"九五"时期难以有上升的空间。

"十五"时期开始前的基年，2000 年，GDP 增长率刚开始回升，为8.4%，这使"十五"时期经济增长率有一定的上升空间。

"十一五"时期开始前的基年，2005 年，GDP 增长率已上升到 11.3%，面临经济增长由偏快转为过热的风险。

"十二五"时期开始前的基年，2010 年，GDP 增长率预计为 10% 左右，位势较高，继续加速上升的空间不大，宏观调控的主要关注点应该是经济走稳，防止经济增长由偏快转为过热。"十二五"时期的宏观调控可以借助"十五"时期和"十一五"前期的经验，即为了延长经济周期的上升阶段，或者说延长国民经济在适度高位的平稳运行，需要根据经济波动的具体态势，采取多次性或多阶段性的微调，使经济增长率不"冒顶"，即不要过高地突破适度经济增长区间。[①]

最近，我们课题组曾利用趋势滤波法和生产函数法，根据我国改革开放以来的有关数据进行了计算，得出：改革开放以来，我国适度经济增长区间为 8%～12%，潜在经济增长率中线为近 10%。[②] 在"十二五"时期，要考虑三大因素的变化：一是国际经济环境发生了很大变化。国际金融危机后，外需在一定时期内仍将处于萎缩和低迷状态。经济全球化的大趋势虽然不会改变，但全球的资源和市场的争夺将更加激烈，贸易保护主义也明显加剧。

───────────────

[①] 当时笔者曾撰文具体阐明这一问题，见《多次性微调：使经济增长率不"冒顶"》，载《经济学动态》2006 年第 10 期；并见《把握本轮周期中宏观调控的多阶段性特点》，载经济蓝皮书《2007 年中国经济形势分析与预测》，社会科学文献出版社，2006 年。

[②] 中国社科院经济所宏观调控课题组：《宏观调控目标的"十一五"分析与"十二五"展望》，《经济研究》2010 年第 2 期。

二是资源、能源、环境等各种约束不断强化。三是要更加注重提高经济增长的质量和效益，更加注重经济发展方式转变和经济结构调整。因此，在"十二五"时期，适度经济增长区间的上限可下调 2 个百分点，即适度经济增长区间可把握在 8% ~ 10%，潜在经济增长率中线可把握为 9%。

3. 从经济发展阶段看，人均国民总收入开始进入中高收入国家行列，仍处于较快发展时期

世界银行按照人均国民总收入（人均 GNI），将世界各经济体划分为 4个组：低收入组、中低收入组、中高收入组和高收入组。每年的具体划分标准有所增减变化。世界银行对各经济体人均国民总收入的统计，也经常有增减修订。按照世界银行的统计和分组，中国人均国民总收入首次由低收入组进入中低收入组有两个年份。

一个年份是 1997 年。按照世界银行当时的统计，该年中国人均国民总收入为 860 美元，高于该年中低收入组的下限 786 美元。由此，中国首次进入中低收入组。但后来世界银行修订数据，将该年中国人均国民总收入调减为 750 美元，这样，又低于该年中低收入组的下限 786 美元，中国仍属于低收入组。

另一个年份是 1998 年。按照世界银行当时的统计，该年中国人均国民总收入为 750 美元，低于该年中低收入组的下限 760 美元，中国被列为低收入组。后来世界银行修订数据，将该年中国人均国民总收入调高为 790 美元，这样，又高于该年中低收入组的下限 760 美元。从世界银行的最后修订数据看，1998 年中国首次进入中低收入组。

1999 年之后到现在，无论是从世界银行的最初统计看，还是从最后修订看，中国一直处于中低收入组行列。2009 年，根据世界银行公布的数据，中国人均国民总收入为 3620 美元。预计在"十二五"时期内，中国人均国民总收入将突破 4500 美元，届时将开始进入中高收入组。

人均国民总收入水平是一国经济发展所处阶段的重要标志性指标之一。人均国民总收入处于不同水平，或者经济发展处于不同阶段，对经济增长速度会有不同的影响。一般说来，在人均国民总收入由较低水平向中等水平提高时，伴随着消费结构升级和相应的产业结构升级，经济增长速度可能会呈现较快局面；当人均国民总收入提高到一定的较高水平时，随着消费结构的稳定和基本消费需求的饱和等因素影响，经济增长速度有可能呈现放缓趋势。但这个"一定的"较高水平究竟是多少，各国情况会有不同。

　　同时，各国在低收入水平、中等收入水平或高收入水平各不同阶段，也会遇到各种不同的经济和社会问题，如果处理得好，会继续推动经济和社会发展；如果处理不好，有可能使经济发展处于停滞状态，这就产生出所谓的"低收入陷阱"（"贫困陷阱"）、"中等收入陷阱"、"高收入陷阱"等问题。"中等收入陷阱"问题又可分为"中低收入陷阱"和"中高收入陷阱"问题。"中低收入陷阱"说的是，人均国民总收入由低收入组进入中低收入组之后，在向中高收入组迈进时，在这一阶段可能会遇到的经济和社会问题。"中高收入陷阱"说的是，人均国民总收入由中低收入组进入中高收入组之后，在向高收入组迈进时，在这一阶段可能会遇到的经济和社会问题。其实，不论在低、中、高哪个收入阶段，都有可能存在相应的经济和社会问题，也就是存在一定的所谓"陷阱"问题；而不论在低、中、高哪个收入阶段，也都有可能顺利跨越"陷阱"。

　　中国在 2004 年最初发布 2003 年人均 GDP 突破 1000 美元时，学术界曾集中讨论过如何跨越"中低收入陷阱"问题。中国在"十二五"时期内人均国民总收入将进入中高收入组，因此，现在需要讨论的则是如何跨越"中高收入陷阱"问题。但从国际经验看，顺利跨越"陷阱"或一时跌入"陷阱"的例子都有，各国情况不一，关键是看经济和社会发展战略是否得当。同时，我国在"十二五"时期内人均国民总收入刚刚突破 4500 美元而开始进入中高收入组，距离高收入组（届时预计高收入组的下限将会在 13000 美元以上）还有很大的发展空间。所以，在当前和今后一个时期，我国发展仍处于可以大有作为的重要战略机遇期，国民经济保持一定的较快发展仍然是可能的。

　　韩国和日本是成功跨越"中等收入陷阱"的例子。从韩国的情况看（见图 9，左坐标为人均 GNI，右坐标为 GDP 增长率[①]），20 世纪 60 年代初，韩国人均国民总收入仅有 110 美元。从 1978 年突破 1000 美元，到 1987 年突破 3000 美元，再到 1995 年突破 10000 美元，仅用了 17 年时间。也就是说，韩国顺利地跨越了"低收入陷阱"、"中低收入陷阱"和"中高收入陷阱"，一路攀升到高收入组。但随后，在 20 世纪 90 年代中后期亚洲金融危机的冲击下，在 1997 年人均国民总收入到达 12190 美元后，迅速下跌到 1998 年的 9200 美元，直到 2003 年才恢复到 12680 美元的水平，历时 6 年的调整。近几年来，又上升到 20000 美元以上。

---

　　① 数据来源：图 9 ~ 图 13 的数据，均来自世界银行数据库。

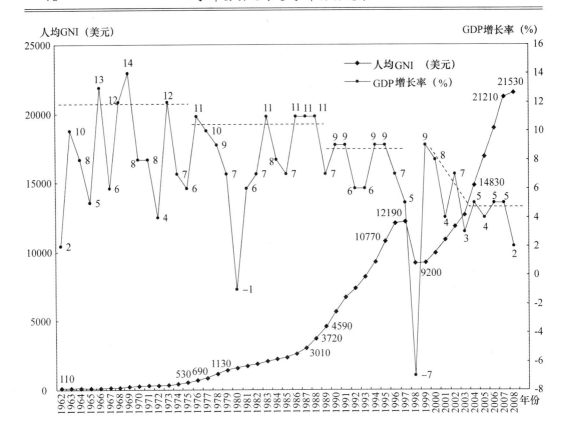

图9　韩国人均国民总收入和 GDP 增长率

在韩国，从相对应的 GDP 增长速度看，大体经历了 5 个阶段：

（1）在人均国民总收入从 110 美元过渡到 500 美元期间，即从 1962 年至 1975 年期间，GDP 增长速度较高，经常高达 12% 以上。

（2）在人均国民总收入从 600 美元过渡到 3700 美元期间，即从 1976 年至 1988 年期间，GDP 增长速度也较高，经常高达 11%。

（3）在人均国民总收入从 4500 美元过渡到 12000 美元期间，即从 1989 年至 1997 年亚洲金融危机前，GDP 增长速度仍维持在较高水平，经常高达 9%。

（4）在人均国民总收入达到 12000 美元后，在亚洲金融危机冲击下，下跌到 9200 美元，经过 6 年调整，恢复到 12000 美元的水平，即从 1998 年至 2003 年，GDP 增长速度明显回落。

（5）在人均国民总收入从 14000 美元到 20000 美元期间，即从 2004 年至 2008 年，GDP 增长速度处于 5% 左右。

　　总的看，韩国在人均国民总收入从 1962 年的 110 美元到 1997 年达到 12000 美元期间，在长达 36 年间，均保持了较高的经济增长速度。

　　从日本的情况看（见图 10，左坐标为人均 GNI，右坐标为 GDP 增长率），20 世纪 60 年代初，日本人均国民总收入为 610 美元。从 1966 年突破 1000 美元，到 1973 年突破 3000 美元，再到 1984 年突破 10000 美元，仅用了 18 年，成功地跨越了"中低收入陷阱"和"中高收入陷阱"，迅速攀升到高收入组。然后，到 1988 年又突破 20000 美元，1993 年突破 30000 美元，1995 年突破 40000 美元。从 1984 年突破 10000 美元，到 1995 年突破 40000 美元，仅用了 11 年。在 1996 年达到 41350 美元之后，至今，徘徊在 40000 美元以下至 32000 美元之间。也可以说，日本陷入了"高收入陷阱"。

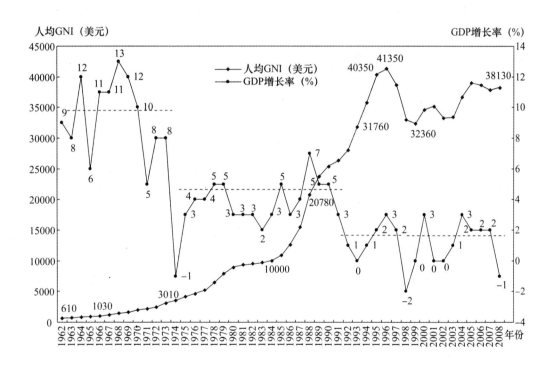

图 10　日本人均国民总收入和 GDP 增长率

　　在日本，从相对应的 GDP 增长速度看，大体经历了 3 个阶段：

　　（1）在人均国民总收入从 610 美元过渡到 3000 美元期间，即从 1962 年至 1973 年期间，GDP 增长处于高速区，经常高达 8%～13%。

　　（2）在人均国民总收入从 3000 美元过渡到 25000 美元期间，即从 1974 年至 1990 年期间，GDP 增长处于中速区，经常为 3%～5%。

（3）在人均国民总收入达到 26000 美元以上，即从 1991 年至今，GDP
增长处于低速区，经常为 0～3%。

总的看，日本人均国民总收入在 1984 年上升到 10000 美元之后，又在
11 年间以适中的速度，顺利上升到 1995 年的 40000 美元，并在 1988 年～
2001 年的 12 年间，人均国民总收入超过了美国。

巴西和泰国是曾陷入"中等收入陷阱"的例子。从巴西的情况看（见
图 11，左坐标为人均 GNI，右坐标为 GDP 增长率）。20 世纪 60 年代初，巴
西人均国民总收入为 230 美元，到 1976 年突破 1000 美元。然而，1980 年上
升到 1890 美元，即接近 2000 美元时，陷入了"中低收入陷阱"，人均国民
总收入回落到 1570 美元，直至 1988 年，连续 8 年徘徊，没有突破 2000 美
元。1989 年达到了 2000 美元，到 1997 年突破 5000 美元，但又陷入了"中
高收入陷阱"，人均国民总收入回落到 2970 美元，连续 9 年徘徊，没有突破
5000 美元。近几年，上升到 7300 美元。

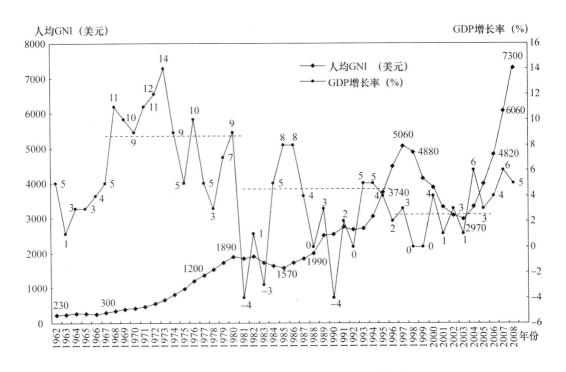

图 11　巴西人均国民总收入和 GDP 增长率

在巴西，从相对应的 GDP 增长速度看，大体经历了 4 个阶段：

（1）在人均国民总收入达到 300 美元以下时，即从 1962 年至 1967 年，

GDP 增长速度较低，经常处于 3% ~ 5% 。

（2）在人均国民总收入从 300 美元上升到 1890 美元期间，即从 1968 年至 1980 年期间，经济增长速度较高，经常高达 9% 以上。

（3）在人均国民总收入从 1890 美元过渡到 4000 美元之前，即从 1981 年至 1995 年期间，GDP 增长速度回落，经常在 4% ~ 5%，且多次出现负增长。

（4）在人均国民总收入突破 5000 美元之后，即从 1997 年后，GDP 增长速度进一步回落，经常处于 3% 左右。近几年来，经济增长速度又有所回升。

从泰国的情况看（见图 12，左坐标为人均 GNI，右坐标为 GDP 增长率）。20 世纪 60 年代初，泰国人均国民总收入为 110 美元，到 1988 年突破 1000 美元，1993 年突破 2000 美元，1996 年接近 3000 美元。但随后陷入了"中低收入陷阱"，人均国民总收入又回落到 1900 美元，直至 2007 年才突破 3000 美元，这期间连续 11 年徘徊。

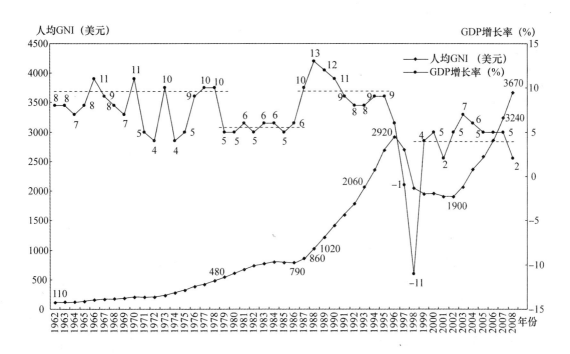

图 12　泰国人均国民总收入和 GDP 增长率

在泰国，从相对应的 GDP 增长速度看，大体经历了 4 个阶段：

（1）在人均国民总收入从 110 美元达到近 500 美元期间，即从 1962 年至 1978 年，GDP 增长速度较高，经常处于 8% ~11% 。

（2）在人均国民总收入从 500 美元上升到近 800 美元期间，即从 1979 年至 1986 年期间，GDP 增长速度有所下落，经常处于 5% ~6% 。

（3）在人均国民总收入从 800 美元过渡到近 3000 美元期间，即从 1987 年至 1996 年期间，GDP 增长速度又上升到 8% ~13% 。

（4）在人均国民总收入接近 3000 美元之后，即从 1997 年后，GDP 增长速度又回落至 5% 左右。

现将韩国、巴西、泰国、中国总的做一些比较（见图 13）。在 1962 年，韩国人均国民总收入为 110 美元，巴西为 230 美元，泰国与韩国一样为 110 美元，中国为 70 美元。

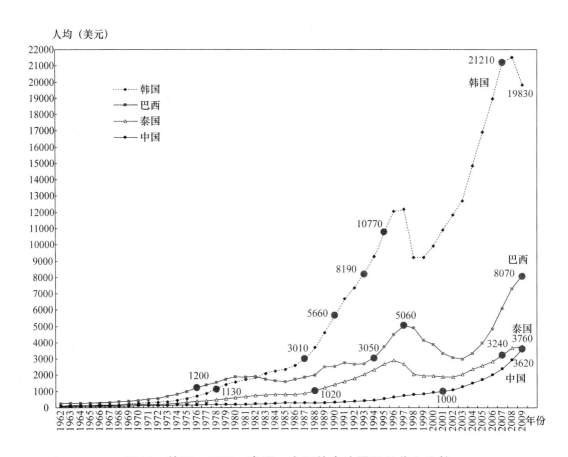

图 13　韩国、巴西、泰国、中国的人均国民总收入比较

从突破人均 1000 美元的时点看，巴西最早，在 1976 年；韩国紧随其后，在 1978 年；泰国则在 1988 年，比韩国晚了 10 年；而中国则在 2001 年，

比泰国又晚了 13 年。

从突破人均 3000 美元的时点看，韩国最早，在 1987 年；巴西在 1994 年，比韩国晚了 7 年；泰国则在 2007 年，比巴西晚了 13 年；而中国则在 2009 年，比泰国又晚了 2 年。

从突破人均 5000 美元的时点看，韩国最早，在 1990 年；巴西在 1997 年，比韩国晚了 7 年；而泰国、中国目前尚未达到人均 5000 美元的水平。

从突破人均 8000 美元的时点看，韩国最早，在 1993 年；巴西在 2009 年，比韩国晚了 16 年。

从突破人均 10000 美元的时点看，韩国在 1995 年；而巴西目前尚未达到人均 10000 美元的水平。

在 2009 年这一时点上，韩国人均国民总收入已高达 19830 美元；巴西为 8070 美元；泰国为 3760 美元；中国已非常接近泰国，为 3620 美元。

图 13 的对比说明，各国在自己的发展中都会有顺利的时候，也都会遇到不同的问题，而中国目前人均国民总收入的水平还较低，发展的空间还很大。最近，世界银行行长佐利克在中国与世界银行合作 30 周年座谈会上致辞，指出："英明的领导人和官员开始提出中国如何以最佳方式规避'中等收入陷阱'。经验证明，从中等收入过渡到高收入比从低收入过渡到中等收入更难。……中国从中低收入经济转向高收入社会的经验，也可能为其他中等收入经济体提供借鉴。"①

参考文献：

［1］陈佳贵、李扬主编，刘树成、汪同三副主编：经济蓝皮书《2010 年中国经济形势分析与预测》，社会科学文献出版社，2009 年。

［2］陈佳贵、李扬主编，刘树成、汪同三副主编：《中国经济前景分析——2010 年春季报告》，社会科学文献出版社，2010 年。

［3］刘树成：《多次性微调：使经济增长率不"冒顶"》，《经济学动态》2006 年第 10 期。

［4］刘树成：《把握本轮周期中宏观调控的多阶段性特点》，载经济蓝皮书《2007 年中国经济形势分析与预测》，社会科学文献出版社，2006 年。

［5］刘树成：《中国经济增长与波动 60 年——繁荣与稳定Ⅲ》，社会科

---

① 佐利克：《在中国与世界银行合作 30 周年座谈会上的致辞》，2010 年 9 月 13 日，世界银行网站。

学文献出版社，2009 年。

　　［6］刘树成：《新中国经济增长 60 年曲线的回顾与展望——兼论新一轮经济周期》，《经济学动态》2009 年第 10 期。

　　［7］刘树成：《2010 年我国经济发展的国内外环境分析》，《经济学动态》2010 年第 3 期。

　　［8］中国社科院经济所宏观调控课题组：《宏观调控目标的"十一五"分析与"十二五"展望》，《经济研究》2010 年第 2 期。

　　（本文原载于经济蓝皮书《2011 年中国经济形势分析与预测》，社会科学文献出版社，2010 年 12 月）

对"十二五"时期我国经济发展若干问题的探讨

吕　政

中共中央十七届五中全会通过的《关于制定国民经济和社会发展第十二个五年规划的建议》（以下简称《建议》）是指导我国"十二五"国民经济和社会发展的纲领性文件。本文根据《建议》提出的以加快转变经济发展方式为主线的思想，对"十二五"我国经济发展的任务及其面临的矛盾进行一些探讨和分析。

一、关于经济增长速度问题

《建议》提出要继续抓住和用好我国发展的重要战略机遇期，促进经济平稳较快发展。较快发展的数量指标如何确定，仍然是各级政府关注的问题。从总体趋势上考察，我国经济继续保持较快增长具有客观必然性。一是我国工业化、城镇化仍处于加快发展的阶段；二是积累率仍能够保持在35%~40%，固定资产投资的平均增长率可保持在20%以上；三是2010年人均 GDP 超过4000美元，在世界上属于中等偏下水平，提高人均收入水平还有较大的增长空间；四是国内市场需求潜力巨大；五是缩小城乡差距和区域发展差距的任务艰巨；六是社会事业发展将成为拉动经济增长重要动力；七是产业结构的多层次性决定了我国在保持劳动密集型产业的比较优势的同时，技术密集型产业的竞争优势将逐步增强。

另外，也必须看到，未来5~10年我国经济已经不可能继续保持过去10年 GDP 年均增长9.5%以上、工业增加值年均增长16%以上的高速增长的局面，经济增长速度的回落也是必然的。这是因为我国经济发展的国际和国内条件发生了变化。主要表现在：资源性产品供给不足的矛盾更为突出，特别是能源供求矛盾仍是制约我国经济增长的瓶颈；劳动力成本上升是必然趋势；市场供求关系的变化，除少数资源性产品供给不足外，大多数制造业生产能力相对过剩；国际贸易条件的变化，包括人民币升值的压力，贸易保护主义抬头，世界经济复苏和增长的不确定性等。

基于以上分析，在规划经济增长速度时，既要积极进取，也要实事求是，量力而行。"十二五"时期，国内生产总值年均增长 8%，工业增加值年均增长 10% 左右，第三产业的增速略高于第二产业，到 2020 年经济总量比 2010 年再翻一番，可能较为合理。

当 GDP 年均增长速度从 9.5% 以上回落到 8% 左右以后，要保证企业利润、居民收入和财政收入的较快增长，关键是降低转移的物化劳动成本，即降低能源原材料的消耗。目前我国工业产值构成中，工业增加值全国平均为 26.5%，转移的能源原材料的成本占 73.5%，比工业发达国家至少高出 15 个百分点。如果今后 10 年，工业增加值平均每年上升 1 个百分点，到 2020 年达到 36%，这样既可减轻资源性产品供给不足的矛盾，又能保证国家、企业和劳动者收入的较快增长。

二、关于积累与消费的关系问题

最近几年，我国积累率平均在 45% 以上。积累主要是由以下几个途径聚集形成的：一是企业利润转化为投资，进行扩大再生产；二是企业从资本市场上直接融资；三是银行将居民储蓄通过贷款转化为投资；四是政府投资支出。降低积累率，提高消费率，需要从积累的源头上找出路：一是在国民收入初次分配的层次上，应提高劳动者的报酬；二是改善居民消费预期，适当降低储蓄率，增加即期消费；三是保持资本市场的平稳运行，抑制资本投机行为；四是约束地方政府的负债投资行为。

根据经济增长的一般原理，经济增长速度与积累率或投资率成正比，与投入产出系数成反比。投入产出系数是由经济发展阶段、产业结构演变趋势和投资的有机构成决定的。1980～1995 年的 15 年，我国固定资产投资的主要方向是支持有机构成较低的消费品工业的发展，这一时期的投入产出系数在 3 左右。从第九个五年计划开始，我国重化工业再度进入加快发展的阶段，投资的重点也转向重化工业和基础设施建设，投入产出系数显著上升，平均为 5 左右。

作为仍处于工业化和城镇化加速发展阶段的发展中国家，保持适度的积累水平是必要的。从理论上测算，"十二五"时期要实现经济平均每年增长

8%的目标，在投入产出系数为 5 的情况下，积累率保持在 40% 的水平上比较合理，比"十一五"期间降低 5~8 个百分点。2015 年以后的积累率再进一步调整到 35% 左右。

三、关于产业结构调整问题

产业结构反映了资产存量的比例关系，是前期固定资产投入的结果，又决定着社会再生产过程中市场供给结构和生产要素的利用效率。产业结构调整的目的，一是保持社会再生产过程的供求平衡，避免严重短缺或严重过剩，二是提高生产要素的配置效率，以较小的投入实现更大的有效产出。产业结构调整和升级的主要任务是：

第一，要加强对资产存量的调整，重点是加快淘汰落后产能，严格抑制低水平重复建设。低水平重复建设就是新建项目的规模和生产技术水平低于现有企业的生产规模和技术水平，这些新建项目从局部看，可能具有一定的合理性和必要性，如短期内能够扩大就业，增加地方财政收入；但从全局考察，这些新建项目投入生产后，并不能增加新产品的供给，而是进一步加剧一般性产品供大于求的矛盾，出现污染环境、浪费资源等外部非经济性，还导致企业之间的恶性竞争，降低了生产要素的综合配置效率。

第二，促进资源密集型产业的生产集中化。在竞争机制的作用下，必然会出现生产要素集中化的趋势。我国企业组织的主要问题是多数行业的市场集中度不够，并导致过度竞争。在资源密集型行业，如钢铁、有色金属、基础化工、水泥、造纸等行业的主要矛盾是生产集中度不够。生产集中化代表着先进生产力的发展方向。例如，30 万千瓦以上的大型机组发电煤耗平均低于 320 克/千瓦时，小型火力发电机组的单位发电煤耗平均为 380 克/千瓦时；大型钢铁企业的吨钢综合能耗为 640~680 公斤，小型钢铁企业平均在800 公斤以上。在能源供给不足的情况下，必须淘汰能耗高的小电厂、小钢厂、小水泥厂等。

第三，以技术创新为支撑，推进制造业的产业升级。制造业的升级既包括发展战略性新兴产业，也包括对传统制造业的改造和产品的升级换代。发展战略性新兴产业，对改善我国在国际分工体系中的地位和贸易条件，降低对自然资源和劳动力数量的依赖程度，提高国家综合实力，具有战略意义。发展战略性新兴产业必须突出重点，在加强技术创新及其成果转化的基础上，培育新的产业增长点。我国传统产业有广阔的市场需求，要继续发展。

必须正确认识和处理发展技术密集型产业与劳动密集型产业的关系。我国产业结构调整和升级应遵循我国生产力发展水平多层次的特点，既要不断提高技术密集型产业的比重及其国际竞争力，又要在现阶段继续发挥我国的比较优势，保持劳动密集型产业的发展，形成"高亦成、低亦就"的产业结构。

四、关于扩大国内消费需求问题

《建议》提出建立扩大消费需求的长效机制。把扩大消费需求作为扩大内需的战略重点，进一步释放城乡居民消费潜力。20 世纪 90 年代以来，我国全社会消费品零售总额平均每年增长 10% 左右，略高于同期国内生产总值的增长速度。特别是最近两年，消费品零售总额的增长率显著高于经济增长率，为什么国内消费需求仍然不足，大多数消费品的生产能力明显高于有效需求？

决定和影响有效需求的主要因素，除了国民收入中积累与消费的比例关系这一宏观因素外，首先取决于城乡大多数居民的收入水平，其次取决于社会产品的分配结构，最后取决于城乡居民的消费预期和消费文化传统。

扩大消费需求的难点首先在于农民的有效需求不足。2009 年我国农民纯收入为 5153 元人民币，其中 50% 是农民自给自足的非商品交换收入，是实物折算的纯收入。另外 50%，即 2500 元是现金收入，其来源包括农民出售农副产品的收入、外出务工农民扣除生活消费后剩余的工资性收入，以及少量的赠予性质的收入。9 亿农民实际的现金收入只有 2.25 万亿元。假定全部用于购买消费品，也只占当年全社会消费品零售总额的 19%，不到全国消费品零售总额的 1/5。农民占有的生产资料少、劳动生产率和现金收入低是我国消费需求不足的主要原因。所以，增加农民收入是扩大国内消费需求的着力点。

调整收入分配关系，提高低收入群体的收入水平是扩大消费需求的重要途径。调节和理顺收入分配关系的重点是调节国民收入初次分配。第一，调节国家与企业的分配关系。近 7 年来，我国国内生产总值年均增长 9.6% 左右，国家财政收入年均增长率平均在 20% 以上，高出国内生产总值增长率 1 倍多。2009 年实行了结构性减税政策，有利于增强企业进行技术改造的能力。但是还需要进一步实行减税政策，以增强企业自我积累能力和增加职工工资。第二，建立和谐的劳动关系。由于所有制结构的变化，事实上存在着劳资关系问题。必须从提高法定最低工资标准、工会参与职工工资协商、完善失业、养老、医疗等社会保障制度和机制，通过劳动力市场供求关系等多种途径，努力提高包括农民工工资在内的劳动报酬在初次分配中的比重。必须正视由于所有制关系的变化和市场机制的作用所导致的一边是财富的积累，一边是贫困的积累这一社会问题。第三，理顺不同行业的分配关系，调节垄断行业的过高收入。办法一是推行国有独资和国有控股企业的复式预算，即这些企业既要缴税，也要上缴一部分利润，使因垄断而产生的超额利润归国家财政；二是加强对垄断行业的工资、福利待遇的监管。

改善消费环境的当务之急是抑制房地产价格过快上涨，把房地产行业的利润水平调节到全社会资本平均利润率水平，能够获得超额利润的只能是那些依靠技术创新的企业。如果大多数中等收入阶层被高额的购房贷款所套住，那么必然会抑制对其他产品和服务的消费需求，也就抑制了其他产业的发展。

五、关于区域经济协调发展问题

区域协调发展包含资源配置过程的协调、区际经济关系的协调和社会产品分配的协调等几个方面的要求。区域经济发展不平衡是国土辽阔国家的普遍现象。由于自然环境、交通运输条件、市场机制、国际贸易关系以及国际资本流动等因素的影响，沿海国家生产要素的空间配置和经济活动向靠近海岸线的地区集聚具有一定的客观必然性。

区域经济协调发展的基本要求：一是不同地区经济增长的差距控制在社会可承受的范围内。由于地区之间既有的经济规模不同，增长的起点不同，实际的差距仍然较大，这种差距也只能在发展的过程中逐步缩小。地区之间经济增长速度的高低由于受资源禀赋、经济基础、运输条件、社会文化传统等因素的影响，不完全具有可比性，因此不应相互攀比速度和经济总量的位次。二是每个地区不必追求完整的工业体系，而是要着力培育和发展本地区最具有竞争优势的特色产业。应当把市场竞争机制的自动调节与政府的引导扶持结合起来，培育更多的具有特色和优势的企业和产业。三是建立全国统一、开放的市场体系，消除地方保护主义，使生产要素能够顺畅流动。在市场竞争机制的作用下，地方保护主义将导致地区经济发展付出更大的投资沉没成本。为此，必须进一步改革价格体系和税收体制使资源性产品调出地区和加工制造业基地都能获得合理的税收和利润。四是经济布局的疏密程度与人口分布以及自然生态环境承载能力相适应。实行产业疏导政策，在加快东部地区产业升级的同时，促进企业分布过密地区的产业向中西部地区转移。

五是在经济持续快速增长的同时，实现人与自然的和谐，严重污染的状况得到有效治理，生态脆弱地区的环境得到切实保护。六是各个地区的城乡居民都能够均等地享受到与现阶段我国经济总体发展水平相适应的教育、医疗卫生、社会保障、文化等基本的公共服务。

我国区域经济发展的突出问题是区域产业特色不突出，生产要素配置过于分散，生产集中度没有达到规模经济的要求。生产力布局和产业组织结构的调整，应适应生产要素集中化趋势的客观要求，坚持代表先进生产力发展方向的标准，以及市场供需之间的合理运输半径的标准。

六、关于节能减排问题

我国处于加快工业化和城镇化进程的发展阶段，由于需求结构的变化导致生产结构的重化工业比重不断上升。在工业增加值的构成中，1998 年重工业与轻纺工业的比例为 55：45，2008 年已演变为 69：31。生产结构的变化导致对能源、产品需求的持续增长，加剧能源供给不足的矛盾。

2001 ~ 2009 年，我国经济年均增长 9.7%，能源消费年均增长 9%，能源消费弹性系数平均为 0.9。如果 2011 ~ 2020 年能源消费弹性系数仍保持 0.9 不变，在经济年均增长率为 7.2% 的情况下，2015 年能源消费总量需 39 亿吨标准煤，2020 年将达 51.47 亿吨，比 2010 年的能源消费量增长 65%，平均每年增长 6.48%。很显然，无论是资源供给条件，还是环境约束条件，都是难以承受的。因此，未来 10 年我国的经济增长必须建立在节约能源、降低消耗的基础上。比较合理的选择是到 2020 年能源消费总量应控制在 40 亿吨标准煤左右，即 2020 年能源消费量比 2010 年增长 28% ~ 30%，年均增长 2.7%，能源消费弹性系数为 0.375。每亿元 GDP 消费的能源从 2010 年的 0.89 万吨下降到 2020 年的 0.57 万吨，即单位 GDP 的能源消耗下降 36%。

2001 ~ 2010 年我国能源消费高速增长的主要原因，一是由于经济速度与 20 世纪 90 年代相比显著加快，二是由于生产结构的变化，资源密集型的高耗能工业持续高速增长。例如，2009 年与 2000 年相比，生铁产量增长了 280%，钢材增长 325%，电解铝增长 470%，水泥增长 168%，平板玻璃增长 200%，火力发电量增长 192%。高耗能工业的高速增长是我国能源消费需求快速增长的主要原因。因此，节能减排必须首先抓重点领域和关键环节，即强化结构性节能。

在我国能源的消费中，工业生产消费的能源占 70%，其中石油加工、炼焦及核燃料加工业，化学原料及化学制品制造业，非金属矿物制品业，黑色金属冶炼及压延加工业，有色金属冶炼及压延加工业，电力、热力的生产和供应业等六大高耗能工业的能源消费占工业能耗的79%，即占能源消费总量的55%。

德国能源消费总量只有6亿吨标准煤，但其出口额和我国的出口额基本持平；日本消耗7亿吨标准煤，相当于中国能源消耗总量的23%，但2010年按汇率换算的中国国内生产总值略高于日本。这说明德国和日本的工业品是以附加值高、能源消耗低的产品为主导。

按美元计算的单位GDP能源消费量进行国际比较并不能真实地反映我国的能源利用效率。但用产品物理量计算的能源消耗量则比较真实地反映了我国与发达国家先进水平的差距。如果单位产品能源消耗都能达到国际先进水平，我国能源消费强度和二氧化碳排放强度将显著下降。

一个国家的能源消耗及其二氧化碳排放水平，要受资源禀赋条件、经济发展阶段、人口规模、产业结构、生产技术水平、生产的社会化程度以及消费模式等多方面的因素制约。中国是一个人口众多的发展中国家，并处在向工业化和城市化转变的发展阶段，因此在未来20年，二氧化碳排放总量继续增加的趋势仍难以逆转。根据国际能源署的计算，2005年中国的二氧化碳排放总量是50.99亿吨，GDP总额是183217.5亿元，每万亿元GDP的二氧化碳排放量是2.78万吨。

2009年国家发改委提出到2020年单位GDP的二氧化碳排放量比2005年减少40%~45%的目标。如果减排40%，2020年我国每万亿元GDP的二氧化碳排放量应为1.668万吨。如果未来10年我国GDP年均增长7.2%，2020年GDP总额约为70万亿元，按与2005年可比的价格计算，为58万亿元，比2005年增长216.5%，二氧化碳排放总量应为96.7亿吨，比2005年增长89.6%。如果到2020年我国能源消费总量控制在40亿吨左右，并且能源消费结构得到优化，非化石能源的消费比重达到15%的预期目标，2020年实现二氧化碳减排目标是有把握的。

七、关于加快城镇化进程问题

1980年以来，我国城镇人口在总人口的比重平均每年上升1个百分点，即从18%上升到2009年的46.5%。预计到2020年，我国人口的城镇化率将接近60%，平均每年再上升1.35个百分点。但是我国农村人口向城市和非农产业的转移是不稳定的。20世纪80~90年代中期农村劳动力转移的特点是离土不离乡。当时曾经认为发展乡镇企业，带动农业劳动力的转移，为中国推进工业化和城镇化找到了一条独具特色的道路。但是90年代中期以后，大批乡镇企业停产、倒闭，一部分有竞争力的企业虽然继续存在，但逐步向县城集中。这说明分散的乡村工业不符合建立在社会化大生产基础上的现代工业发展的客观要求。

20世纪90年代中期以来，1亿多农民又离开农村、离开家乡进城务工。但是这种转移虽然被统计为城镇人口，但实际上离乡并没有真正离开土地，离乡也并没有真正融入城市。转移出来的1亿多农民，大多是游离于乡村和城市、农业和非农产业之间的群体，并不是真正意义上的、稳定的转移。

最近，一些地区提出城乡一体化的口号。城乡一体化的确切含义是什么？实现形式是什么？实现条件和路径是什么？在社会主义初级阶段仍然存在城乡差别的情况下，不可能实现真正意义上的城乡一体化。户籍制度固然阻碍了农业人口向城镇的转移，但仅仅取消户籍制度的限制并不能解决城镇化过程中面临的各种问题。首先是比较稳定的就业机会和就业岗位。这种机会需要有城市的产业集聚和扩张，即非农产业的发展是农业人口转移的必要条件。其次是失业、养老、医疗等社会保障范围和水平能否一体化？很显然，除了沿海少数经济发达的大城市有可能逐步缩小城乡社会保障范围和保障水平的差别，全国大多数地区的经济发展水平都难以做到城乡一体化。推进城乡一体化要解决的突出问题有：①取消限制和歧视农民向非农业转移和向城镇转移的各种做法，通过产业集聚和完善社会保障体系促进农村人口向城镇转移。②新农村建设必须与农村人口的转移和减少农民相结合。稳步推进农民工市民化。③促进城乡基本公共服务均等化。④积极探索农村土地的有偿流转制度，在保证农村土地集体所有和家庭承包制度基本稳定的前提下，实现土地的相对集中和规模化经营。通过土地整理和置换，解决城镇化和发展工业的土地供应问题，实现占补平衡。对现行的农村土地征用补偿机制进行调整：例如，在城镇近郊区，试行以宅基地换城镇住房，以承包田换城镇就业和社保。⑤对进城务工的农民，用工单位应当为他们缴纳养老保险基金，同时建立可以跨地区领取的社会养老金个人账户制度，即社保基金跨地区"漫游"，以解决离开土地的农民的养老保险问题。为务工农民建立社会保障体系是促进农村土地流转和农村劳动力转移，推进城镇化的关键。

（本文原载于《国家行政学院学报》2010年第6期）

积极培育和发展战略性新兴产业

吕　政

战略性新兴产业是以科技创新为基础的技术密集、能够形成新的经济增长点并对国民经济发展具有带动作用的产业。战略性新兴产业的基本特征是附加值高、消耗的能源原材料少、产业关联度高、技术渗透性强、有广泛的和潜在的市场需求。

发展战略性新兴产业是世界科技进步、生产力发展和国际竞争的必然趋势。国际金融危机使工业发达国家重新认识实体经济与虚拟经济、先进制造业与服务业的关系，提出了再工业化的政策主张，力图在新能源、环境保护、新一代电子信息技术、生物工程与生命科学等新兴技术及新兴制造业领域，巩固和增强竞争优势，抢占未来高新技术产业的制高点，以保持在未来全球先进制造业发展中的领先地位。

发展战略性新兴产业是我国调整产业结构、推进产业升级的重要途径。首先，改革开放以来，我国工业生产能力和产品产量迅速增长，已经成为工业生产大国，寻找新的经济增长点是企业面临的共同难题。其次，我国经济发展条件出现了许多变化，即资源与环境约束强化，劳动力成本不断上升，大多数加工制造业产品供大于求。再次，我国在国际产业分工体系中，仍然以劳动密集和资源密集型产业为主导，即使是高新技术产业，也大多处于产业链的低端。为了解决我国经济发展中资源性产品供给不足的矛盾，提高我国产业在国际产业分工体系中的地位，增强先进制造业的竞争力，培育引领产业升级的新的经济增长点，必须重视发展战略性新兴产业。

发展战略性新兴产业的重点领域主要集中在五个方面：一是新能源、环境保护与治理技术及设备制造产业；二是新一代电子信息技术及其应用，包括具有国际竞争力的关键元器件、软件及其在下一代互联网、三网融合、物联网等领域的应用；三是发展现代农业以及与生命健康相关的生物工程技术及其产业；四是高端装备制造业，包括航空航天装备、智能制造装备、新兴交通运输装备、新能源汽车、海洋工程装备等；五是新能源、生物工程、高端装备制造业和消费品工业所需要的各种新材料。

发展战略性新兴产业，需要明确发展方向，确立经济主体，形成技术创新成果转化的有效途径，建立以社会化分工为基础的产业组织方式，发挥市场机制和政策扶持的不同作用。

第一，以需求为导向明确产业定位。需求导向是把能够解决制约国民经济发展的突出矛盾和瓶颈障碍，并形成新的经济增长点的产业作为选择战略性新兴产业的出发点。应当对国民经济产业体系的发展趋势、技术进步前景、未来国际科技与产业竞争格局进行深入分析判断，以作为选择战略性新兴产业的依据。每个地区选择战略性新兴产业，应当从本地区的产业基础和科技创新优势出发，突出重点，培育和发展特色产业。

第二，以科技创新为支撑。科技创新是发展战略性新兴产业的基础。以科技创新为支撑的新兴产业的竞争将成为各国相互竞争的着力点。具有科技创新优势的国家以专利、技术标准等手段，加大对高新技术的控制和市场垄断，减缓产业链的高端环节及其核心技术向发展中国家转移的进程，以巩固发达国家在全球产业格局中利益最大化的地位。发展中国家在全球高新技术产业链分工体系中仍然采取代工模式难以培育起本国的战略性新兴产业。因此，我国发展战略性新兴产业，必须立足于增强自主创新能力。科技创新及其产业化的重点既要以国家中长期科技发展规划中的重大专项为主导，同时每一个地区、企业和科研机构，也要从自身的基础和优势出发，围绕重大科技创新专项及其发展方向，找到切入点，从而形成多层次的创新体系。

第三，以企业为主体。企业是产业的微观基础。企业作为以盈利为目的的经济组织，具有通过科技创新实现利润最大化的内在推动力；在市场经济条件下以及经济国际化的大环境中，企业始终面临着竞争的压力，不搞创新，企业就难以发展，企业具有重视技术创新的外在压力；企业在生产经营活动的实践中，能够使技术创新方向和目标的选择更符合市场需求；企业具有把科技成果转化为产品的生产设备、工程技术能力以及社会化的配套能力。企业能够把科技要素、工程要素、资金要素、市场要素直接结合起来。因此发展战略性新兴产业必须坚持以企业为主体。产、学、研相结合，也应当以企业为中心，研究机构的科技创新应围绕产业化过程中需要解决的科技难题而展开。

第四，采取社会化分工的产业组织方式。由于现代科学技术及其产业化的综合性和复杂性，任何创新主体都难以单独完成。科技创新及其产业化必须建立在社会化分工的基础上。在计划经济体制条件下，政府通过垂直的和行政的手段，组织攻关和会战。由于科技创新和产业发展的条件和环境发生了变化，依靠自上而下的行政力量进行组织和动员已难以适应市场经济运行机制的要求。在市场经济条件下，必须遵循市场经济规律，特别是需要处理好各个方面的利益关系。战略性新兴产业的发展，必须善于利用社会化分工体系。龙头企业应具有系统集成能力和对社会化分工的协调能力，把不同部门、不同企业和不同科研机构的力量组织起来，充分发挥产业链条中每一个环节的优势。这种社会化分工不同于计划经济条件下的集中力量，而是通过市场机制实现优势互补。

第五，市场驱动与政策支持相结合。一是加强科技政策与经济政策的协调，为自主创新提供良好的政策环境；二是在不断增加对战略性新兴产业科技创新财政投入的同时，增强调动全社会资源的能力，形成多元化科技投入格局；三是积极建立科技公共基础设施和技术创新平台，整合和提高科技基础设施资源，运用共享的机制推动科技资源的社会化；四是创造有利于科技人才向企业集聚的机制，壮大企业科技队伍，增强企业技术创新能力；五是促进创新投资，培育和建立科技创业服务体系、科技投融资体系，发展和规范创业板市场，为战略性新兴产业的发展开辟直接融资渠道。

（本文原载于《人民日报》2010 年 12 月 28 日）

中国人口发展战略"三步走"

田雪原

研究人口发展战略，首先要弄清它的含义。人口（population）是总体的同义语，指一定时间、一定地域人的总体而言；发展（development）指事物由小到大、由简单到复杂、由量变到质变的过程；战略（strategy）为指导全局的计划和策略。人口发展战略，指一定时间、一定地域总体人口变动、发展的计划和策略，具有长期性、宏观性、总体性、全局性的显著特点。

"三步走"总体思路

中国是世界上人口最多的发展中国家，中国人口问题属人口压迫生产力即人口和劳动力过剩性质。因此从根本上说，中国人口发展战略就是要改变这种过剩状况，促进人口与经济、社会以及资源、环境的可持续发展。即以科学发展观为指导，将人口数量控制、素质提高、结构调整结合起来，实施不同时期重点有所不同的"三步走"人口发展战略。第一步，以人口数量控制为重点，兼顾人口素质的提高和结构的调整，实现由高出生、低死亡、高增长向着低出生、低死亡、低增长人口再生产类型转变为主要目标的发展战略。20 世纪 90 年代中期生育率下降到更替水平以下，标志着这一战略阶段的完成。第二步，由以人口数量控制为主转变到数量控制与素质提高、结构调整并重，后期再转变到以素质提高和结构调整为主，实现人口零增长，同时人口健康、教育、文明素质大幅度提高，人口年龄、性别、城乡、地域分布等结构得到比较合理的调整。预测表明，这一步可在 2030 年前后达到。第三步，2030 年转变到以素质提高和调整结构为主并兼顾人口的数量变动以后，实现由人口和人力资源大国向人力资本强国的转变，人口与资源、环境、经济、社会可持续发展的转变，即实施以全方位适度人口为目标的人口发展战略。所谓全方位适度人口，是指人口的数量是适当的，人口素质居于世界较高水平之列，人口结构得到比较科学的调整，人口对社会经济以及资源、环境可持续发展的促进作用得到充分的发挥。21 世纪下半叶是实现这一步的关键时期，百年后中国人口基本国情有望从根本上改观。

当前的人口发展战略，应锁定在以人口零增长为主要目标，包括人口数量、素质、结构的全面性和合理性上，为下一步全方位的理想适度人口目标的实现创造条件。

要使人口发展战略成为今后主导人口变动发展的行动纲领，既要有宏观的思路，也要从实际出发，从目前的人口态势和特点出发。纵观 21 世纪上半叶我国人口态势和特点，可以概括为"五大人口高峰"的相继到来。

一是人口总量高峰将在 2030 年前后到来。人口学评价一个国家或地区的人口增长势能（population momentum），主要依据该国家或地区人口的年龄结构，将其区分为年轻型（增长型）、成年型（稳定型）和老年型（减少型）三种基本类型。中国 20 世纪 70 年代以来生育率长期持续下降，不仅减少出生人口 3 亿左右，有效地将"世界 50 亿人口日"向后推迟 2 年，"60 亿人口日"向后推迟 3 年；而且从根本上改变了人口的年龄结构，完成由年轻型向成年型、成年型向老年型的转变，增长势能或增长惯性大为减弱。1970 年与 2000 年比较，全国 0 ~ 14 岁少年人口比例由 39.7% 下降到 22.9%，15 ~ 64 岁成年人口比例由 56.0% 上升到 70.1%，65 岁以上老年人口比例由 4.3% 上升到 7.0%，人口年龄中位数由 19.7 岁上升到 30.0 岁，标志着人口年龄结构已跨进老年型门槛；总和生育率（TFR）由 6.0 下降到 1.72 左右，增长势能削弱许多。我们以 2000 年全国人口普查数据作为基础资料，并对 1.81% 漏报人口按年龄分布回填后所做的预测表明，中位预测方案 2030 年全国人口达到 14.65 亿即可实现零增长[①]。这比国内外以往的预测峰值人口数量减少近 1 亿左右，时间也提前许多。

二是"十三五"期间劳动年龄人口即可达到峰值。从 20 世纪 80 年代开始，15 ~ 64 岁劳动年龄人口便急剧上升，进入劳动力增长高峰期。预测劳动年龄人口绝对数量，可由 1980 年的 6.44 亿、2000 年的 8.67 亿，增加到

---

① 参见田雪原、王金营、周广庆：《老龄化：从"人口盈利"到"人口亏损"》，中国经济出版社，2006 年。

2017 年峰值时的 10.00 亿，分别增长 55.28% 和 15.34%；其后呈减少趋势，2030 年可减至 9.89 亿，2050 年可减至 8.62 亿，相当于 21 世纪初的水平。劳动年龄人口所占比例，可由 1980 年的 64.47%、2000 年的 68.70%，上升到 2009 年峰值时的 72.30%，分别升高 7.9 个和 3.6 个百分点。其后转而下降，2020 年可下降到 68.97%，回落到 2000 年的水平；2030 年可下降到 67.36%，相当于 20 世纪 90 年代初期的水平；2050 年可下降到 61.29%，相当于 20 世纪六七十年代的水平。中方案预测劳动年龄人口以及总体人口年龄结构变动，如图 1 所示。

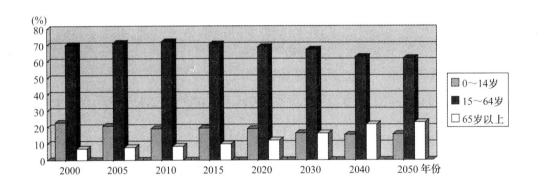

图 1　2000～2050 年中位预测人口年龄结构变动

三是 21 世纪中叶将迎来人口老龄化高峰。目前界定老年人口，发展中国家多采用 60 岁以上、发达国家多采用 65 岁以上标准。立足于人口寿命不断延长、经济不断发展和社会不断进步，我国采用 65 岁以上标准。中位预测表明，我国 65 岁以上老年人口数量可由 2000 年的 0.87 亿增加到 2010 年的 1.16 亿、2020 年的 1.74 亿、2030 年的 2.38 亿、2050 年的 3.23 亿。分别比 2000 年增长 33.33%、100.00%、173.56%、271.26%，增长速度很快。与总体人口变动比较，2000～2030 年间，老年人口年平均增长率达到 3.41%，总体人口仅为 0.51%，老年要高出 2.9 个百分点；2030～2050 年间，老年人口年平均增长率为 1.54%，总体人口年平均增长率为 −0.21%，老年要高出 1.75 个百分点。老年人口与总体人口增长速度的这种差异，直接导致老年人口比例的上升。图 1 人口年龄结构变动预测显示，65 岁以上老年人口所占比例可由 2000 年的 7.00%，上升到 2005 年的 7.85%、2010 年的 8.50%、2020 年的 12.02%、2050 年的 22.97%。虽然这一水平与发达国家 2050 年 25.9% 比较尚有 2.93 个百分点的差距，但是与世界 15.9%、发展中国家 14.3% 的水平比较[1]，分别高出 7.07 个百分点和 8.67 个百分点，居于世界较高水平和发展中国家最高水平。

四是流动人口激增已临近峰值。改革开放初期，全国有流动人口二三百万。2000 年人口普查，现住地与户口登记地不一致的流动人口为 14439 万，其中 11732 万为跨省或省内的流动人口。其中流入市镇的流动人口占 78.6%，流入农村的占 21.4%，农村人口流入城镇扮演着流动人口主力军的角色[2]。随着人口城市化的加速进行，21 世纪头 10 年将是流动人口增长的高峰期；目前由农村流入城镇的农业人口在 1.5 亿～2.0 亿，待到几年后城市人口所占比例上升到 50% 以上，以农业剩余劳动力转移为主旋律的流动人口高潮行将过去，将出现跌落的走势。

五是出生人口性别比达到新的高峰。出生性别比指一定时间（一般为一年）活产男、女婴之比，以活产女婴为 100 活产男婴多少表示，正常值在 103～107。20 世纪 80 年代以来我国出生性别比持续攀升，90 年代攀升更为显著。依据"五普"和近年来的抽样调查提供的数据资料回推，1990～2000 年逐年的出生性别比在 111、114、115、115、117、118、119、120、122、123、118 左右[3]。进入 21 世纪以后，在 120 上下波动。这一水平在世界各国中属严重偏高，成为率先来临表现为人口结构上面的一个高峰。

"软着陆" 方案选择

人口发展战略研究可分为两个层次进行：一是就人口数量、素质、结构——立足于人口自身协调发展的战略；二是将人口的变动和发展置于社会经济发展之中，寻求人口与资源、环境、经济、社会可持续发展的战略。这里首先讨论第一个层次的人口发展战略。

从多种人口预测中，我们选择低、中、高三种不同的方案，人口变动趋势如图 2 所示。

---

① 资料来源：参见 United Nations：*World Population Prospects the 2002 Revision*，pp. 38～42。
②③ 资料来源：依据国务院人口普查办公室、国家统计局人口和社会科技统计司编《中国 2000 年人口普查资料》第 726 页数据计算。中国统计出版社，2002 年。

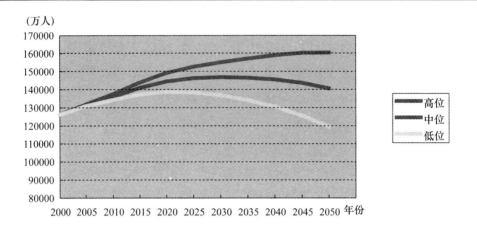

图2　2000~2050年低、中、高三种方案人口预测

　　如前所述，下一步的人口发展战略以人口零增长为第二步战略目标，可视为人口发展战略的"着陆"点。但是"着陆"的方式不同，分别称为"硬着陆"、"软着陆"和"缓着陆"。

　　"硬着陆"低位预测方案。生育率在现在基础上略有下降，没有更多顾及到生育率的继续下降对人口结构以及对经济、社会发展的影响，故称之为"硬着陆"。总和生育率（TFR）假设：2000~2005年平均为1.65，2005~2010年平均为1.56，2010~2020年平均为1.44，2020~2050年平均为1.32，则2010年全国人口为13.43亿，2020年为13.86亿，2021年达到峰值时为13.87亿；其后出现逐步减少趋势，2030年可减至13.67亿，2040年减至13.02亿，2050年减至11.92亿。如果1.32的总和生育率一直保持下去，2100年全国人口将减至5.56亿。

　　"软着陆"中位预测方案。生育率保持相对稳定，稍有回升后即基本稳定在略高于现在的水平。总和生育率假设：2000~2005年平均为1.75，2005~2010年平均为1.80，2010~2020年平均为1.83，2020~2050年平均为1.80，则2010年为13.60亿，2020年为14.44亿，2030年达到峰值时为14.65亿；其后转为缓慢下降，2040年可降至14.51亿，2050年可降至14.02亿。如果1.80的总和生育率一直保持下去，2100年全国人口可降至10.24亿。

　　"缓着陆"高位预测方案。生育率逐步有所回升，达到更替水平后保持在相对稳定状态，人口零增长目标推迟到来。总和生育率假设：2000~2005年平均为1.90，2005~2010年平均为2.00，2010~2020年平均为2.13，

2020～2050 年平均为 2.15，则 2010 年为 13.75 亿，2020 年为 14.90 亿，2030 年为 15.48 亿，2040 年为 15.85 亿，2050 年达到峰值时为 16.05 亿。如果 2.15 的总和生育率一直保持下去，总人口将在 16 亿上下波动，2100 年为 16.00 亿。

比较上述三种方案，无疑低位预测"硬着陆"方案控制人口数量增长最为有效，达到峰值时的人口数量分别比中方案、高方案减少 0.78 亿、2.13 亿，时间也分别提前 9 年、29 年；到 2050 年则分别减少 2.10 亿、4.08 亿，数量之差很大，优点突出。最大的缺点是人口年龄结构变动过于急速，造成老龄化过于严重：2020 年 65 岁以上老年人口比例将分别高出中方案、高方案 0.50 个、0.88 个百分点，2050 年将分别高出 4.07 个、6.91 个百分点；特别是 2045 年该低方案老年人口比例将上升到 25.62%，高出届时发达国家 25.30% 水平 0.32 个百分点，其后还要升高，这对于我们这样一个"未富先老"的发展中国家说来，无论如何也是不能接受的。此外，劳动年龄人口减少过快也值得关注。该低方案 2020 年 15～64 岁劳动年龄人口将分别比中方案、高方案减少 488 万、864 万，2050 年将分别减少 1.21 亿、2.25 亿；而且，劳动年龄人口中 50～64 岁占 15～64 岁比例，即劳动年龄人口的相对高龄化也要严重得多。虽然总体上说中国不至于发生劳动力短缺，但是劳动年龄人口减少过快和相对高龄化，则会导致劳动力的结构性短缺和人力资本活力的减退，给经济、社会发展带来不利影响，因而是不宜采纳的。

"缓着陆"高方案预测同"硬着陆"低方案预测相反，最大的优点是人口年龄结构变动比较平缓，老龄化来得比较缓慢，程度也要低一些；劳动年龄人口所占比例较高、从属年龄比较低的人口年龄结构变动的"黄金时代"或"人口盈利"、"人口红利"、"人口视窗"可维持较长时间，有利于保持中国劳动力充裕和廉价的优势。最突出的缺点是人口数量控制较差，2020 年将分别比中方案、低方案多出 0.46 亿、1.05 亿，2050 将分别多出 1.97 亿、4.07 亿。显然，这对于人口和劳动力过剩的国家说来，是难以接受的。

相比之下，"软着陆"中方案预测兼顾了"硬着陆"低方案人口数量控制比较有效，"缓着陆"高方案人口结构比较合理的优点；同时较好地克服了低方案人口结构不尽合理，高方案人口数量控制较差方面的缺点，人口总量 2030 年达到 14.65 亿峰值以后出现缓慢下降趋势，人口老龄化 65 岁以上老年比例 2050 年达到 23.07% 峰值以后逐步缓解，劳动年龄人口比例和结构比较适当，是适应我国目前人口态势和未来数量变动走势，兼顾人口结构合理化，促进人口与经济、社会以及资源、环境协调发展的比较理想的方案。

全面建设小康社会 20 年和更长远一些时间的人口发展战略，应建立在该"软着陆"中方案基础上。这一方案的指导思想和基本点，可表述为：在以人为本科学发展观指导下，实行控制人口数量、提高人口素质、调整人口结构相结合，促进"控制"、"提高"、"调整"协调发展，人口与资源、环境、经济、社会可持续发展的战略。这一人口发展战略与 20 世纪 80 年代初确定的"控制人口数量、提高人口质量、调整人口结构相结合并以数量控制为重点"的战略相比，有表现历史继承性的一面，也有展现当今时代和人口变动新特点不同的一面。一是指导思想不同，那时主要是将高生育率和高增长的人口尽快降下来，缓解和逐步消除人口和劳动力过剩的压力；现在是要将控制人口增长纳入科学发展观视野，推进人口与可持续发展战略的实施。二是那时突出"以数量控制为重点"，现在是在继续有效控制人口数量增长同时，还要兼顾其他方面，尤其是人口年龄结构的变动。三是战略目标不同，那时是人口发展战略伊始的"第一步"，以生育率下降到更替水平以下为第一目标；现在是"第二步"的零增长，还要涉及更长远一些的百年理想适度人口目标。继往开来，承上启下，准确定位 21 世纪的人口发展战略，才能有效地推进这一战略的实施。

瞻前顾后决策选择

实现第二步以人口零增长为着陆点的"软着陆"发展战略，无疑经济、社会的发展是基础，资源、环境保护是前提。无论是人口的数量控制、结构的调整还是素质的提高，都离不开整个社会的发展。所幸的是，中国改革开放 30 多年来，打造了经济快速发展的基础，发展的良好势头有望继续保持下去，从而为人口发展战略提供一个十分有利的外部环境。就人口自身而言，实现上述"三步走"发展战略和"软着陆"方案，同当前人们的生育意愿还有一定的距离，生育率具有一定的反弹势能；但是上述"软着陆"方案并不要求生育率继续下降。相反，在稍有回升后才保持相对的稳定。这就为实现这一战略目标提供了可靠的保证，只要保持政策的相对稳定甚至略有升高，便可以达到。具体的生育政策选择，建议如下：

（1）全国不分城乡，双方均为独生子女者结婚一律允许生育两个孩子。

这一步现在即可实施。当前，已婚育龄妇女独生子女领证率在 22% 左右，城镇远远高于农村，实行"双独"结婚后生育两个孩子，生育率升高极其有限，可不附加任何条件。

（2）农村一方为独生子女者结婚，允许生育两个孩子，现在也可以开始实施；城镇可稍后一些，"十一五"期间组织实施为宜。对于农村来说，由于独生子女率较低，"一独生二"影响有限；对于城镇来说，由于独生子女率普遍很高，一方为独生子女结婚者比例不会很高，对生育率的影响也不会很大，特别是推延到 2011 年 30 岁以下育龄妇女进一步减少以后实施。但是实行"一独生二"的生育政策，对于"一独"方的父母家庭养老和改变家庭人口年龄结构来说，却起到不可替代的作用。

（3）在有效制止三孩及以上多孩生育条件下，农村可不分性别普遍生育两个孩子。目前全国农村实际的总和生育率在 2.0 左右，如果能够做到除人数较少的少数民族外均不得生育三个及以上孩子，生育水平可大体上维持现在的水平。我们的"软着陆"方案还留了一点儿微升的余地，只要真正做到"限三生二"，是不会造成农村和整个生育率有多大反弹的。

参考文献：

［1］《中共中央国务院关于加强人口与计划生育工作稳定低生育水平的决定》，中国人口出版社，2000 年。

［2］国务院新闻办公室：《中国 21 世纪人口与发展》，《人民日报》2000 年 12 月 20。

［3］《中华人民共和国国民经济和社会发展第十个五年计划纲要》，人民出版社，2001 年。

［4］彭珮云主编：《中国计划生育全书》，中国人口出版社，1997 年。

［5］张维庆主编：《新时期人口和计划生育工作读本》，中国人口出版社，2003 年。

［6］《田雪原文集》（三）（四），中国经济出版社，2000 年；红旗出版社，2005 年。

［7］王金营：《1990 ~ 2000 年中国生育模式变动及生育水平估计》，《中国人口科学》2003 年第 4 期。

［8］李文：《中国土地制度的昨天、今天和明天》，延边大学出版社，1997 年。

［9］　United Nations：*World Population Prospects the* 2002 *Revision*，New York，2003.

［10］　United Nations：*Population and Development*，U. N. New York，2001.

［11］　United Nations：*National Population Policies* 2001，New York，2002.

（本文原载于《东岳论丛》2010 年第 10 期）

中、日、韩（CJK）
人口老龄化及其经济影响比较

田雪原

以 2010 年 5 月温家宝总理访问日本、韩国达成的共识和协议为契机，拉开中、日、韩（CJK）三国零关税贸易和建立自由贸易区的序幕。这不仅对三国的社会经济发展会产生重要影响，而且对于应对当前的金融危机，推动经济全球化，也将产生深远影响。因为目前中、日、韩三国人口约占世界22%，GDP 约占 17%，是人力资本、产出资本积聚程度较高，对全球发展最具影响力的地区之一。因此，需要加强三国的比较研究，包括对共同面临的人口老龄化及其经济影响的比较研究。

老龄化成因比较

人口学研究表明，造成人口年龄结构老龄化的主要成因，一为生育率和出生率的下降，二为预期寿命的延长。中、日、韩三国人口老龄化的进程验证了这样的论断，但是表现有异有同，并由此决定着老龄化的若干特点。

由于出生率是一个粗率，受人口年龄结构影响较大，因而不能简单类比，若比较就要进行年龄结构标准化。这里选用决定出生率水平的总和生育率（TFR）指标，进行比较和分析。1950 年以来，三国总和生育率的变动，如图 1 所示。[①]

---

① 中国数据采用国家统计局《中国统计年鉴》相应年份的资料，其中一些年份为笔者主持的课题组所做的修正数；日、韩两国引用联合国经济和社会事务部人口司编著：*World Population Prospects the 2008 Revision*，New York，2009。

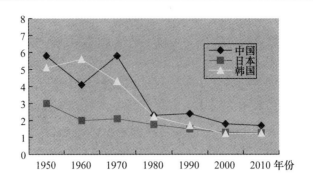

图1　1950～2010年中、日、韩总和生育率变动比较

图1显示，在过去的60年中，中、日、韩总和生育率有着相似的大的变动趋势，都经历了大幅度的下降过程。中、韩分别由1950年的5.8、5.1下降到2010年的1.70、1.26，日本由3.00下降到1.27。但在具体形态上，则有很大不同：中国经历前20年有降有升的波动，从20世纪70年代才开始真正意义上的持续下降，于1992年下降到2.1更替水平以下；韩国20世纪50年代处于徘徊局面，1960年开始急剧下降，80年代中期下降到更替水平以下，2010年下降到1.26的低水平；日本1950～1955年即处于3.0的远低于中、韩的较低水平，并于60年代初下降到更替水平以下，长期处于超低生育水平，近年来稳定在1.27左右，2000～2010年与韩国相当。一个特殊的情况是，20世纪60年代中国总和生育率有较大幅度的反弹：由1960年的4.02反弹至1970年的5.81，重新回到1950年的水平。由此引发1962～1973年长达12年的最大一次生育高潮，全国出生人口达到3.2亿，目前存活尚有3亿左右，成为人口年龄结构中异常庞大的群体，对中国人口年龄结构变动产生至为重要的影响。

人口预期寿命的延长，增加了不同年龄组人口特别是老年人口的存活概率，因而成为助推老龄化的一个因素。中、日、韩三国出生时人口预期寿命延长都很显著，如图2所示。

图2显示，在过去60年中，中国出生时人口预期寿命由1950～1955年的40.8岁，延长至2010年的73.0岁，延长32.2岁，年平均延长0.54岁。同期韩国由47.9岁延长至80.0岁，延长32.1岁，同中国一样，年平均延长0.54岁。日本由62.1岁延长至83.7岁，延长21.6岁，年平均延长0.36岁。中、韩人口寿命延长更快一些，主要由于原来寿命偏低所至；对老龄化影响来说，则日本最为突出。早在20世纪90年代中期，日本预期寿命便达

到 80 岁，步入长寿国之列，目前为 84 岁左右，更为世界之最，对老龄化加深的助推作用，要比中、韩两国大得多。当前韩国也加入长寿国行列，对老龄化的作用正在逐步显现。虽然中国距长寿国尚有一段距离，然而寿命延长的速度可期，其对老龄化加深的作用也在逐渐增强。

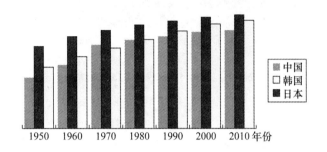

图 2　1950~2010 年中、日、韩预期寿命延长比较

老龄化趋势比较

在 1900~2000 年的 100 年中，世界人口由 16.33 亿增加到 61.15 亿，增长 2.74 倍，年平均增长 1.33%，创造 100 年中人口增加数量最多、增长率最高的纪录，可以说 20 世纪是人口暴涨的世纪。人口对资源、环境、经济、社会发展的压力与日俱增，人口研究也主要在数量增长上做文章。展望步入 21 世纪以后的 100 年，虽然人口数量增长的脚步尚未停止下来，但是速度已经大大减慢。联合国中位预测表明，世界人口将从 2000 年的 61.15 亿，增加到 2100 年的 94.59 亿，年平均增长 0.44%，相当于 20 世纪增长速度的 1/3[①]。与此同时，人口年龄结构变动活跃起来，老龄化加速推进，2050 年将发生自人类诞生以来第一次逆转——60 岁以上老年人口比例（22%）超过 0~14 岁少年人口比例（19%）3 个百分点，因而可以说，21 世纪将是人口老龄化的世纪。21 世纪世界人口年龄结构变动，如图 3 所示。[②]

对中、日、韩来说，20 世纪是人口暴涨的世纪、21 世纪是人口老龄化的世纪，再确切不过了。只是由于三国生育率率先下降，预期寿命延长速度又比较快，因而表现出与其他国家不同的若干特点。

---

①②　资料来源：U. N *Long - range World Population Projections*：*Based the 1998 Revision*，New York，2000。

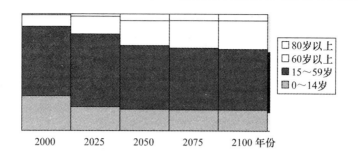

图 3　2000～2100 年世界人口年龄结构变动

其一，20 世纪的人口暴涨。以 20 世纪后半叶而论，中国人口由 1950 年的 5.52 亿增加到 2000 年的 12.67 亿，增长 129.53%，年平均增长 1.68%，为中国人口史上增长最快的时期之一；同期日本由 8282 万增加到 12700 万，增长 53.34%，年平均增长 0.86%；韩国由 1921 万增加到 4850 万，增长 152.47%，年平均增长 1.87%。[①] 三国中，以韩国增长幅度最大、增长率最高，中国次之，日本则要明显低下一截。不过分开前后两个时期观察，前期增长幅度和增长率均普遍高于后期，有一个从高到低过渡的历史时期。

其二，21 世纪的人口老龄化。如前所述，早在 20 世纪 60 年代初期，日本总和生育率便先下降到更替水平以下，韩国于 80 年代中期、中国于 90 年代中期分别下降到更替水平以下。虽然其后的人口变动受惯性作用还要增长一段时间，然而内在人口自然增长率已转变为负值，长此以往，将过渡到人口的零增长、负增长。随着生育率和出生率的下降，20 世纪下半叶，中、日、韩人口年龄结构已经悄然发生变化，日本于 1970 年 65 岁以上老年人口比例达到 7.0%，韩国于 1999 年、中国于 2000 年先后跨入老年型年龄结构，三国人口老龄化不同程度地走在世界前面。继往开来，21 世纪中、日、韩人口老龄化格外引人瞩目，如图 4。[②]

图 4 展示的 1950～2050 年中、日、韩 65 岁以上老年人口比例变动，说明三国人口老龄化具有某些共同特征。然而三国国情不尽相同，老龄化在时间推进、空间分布上又有着各自的特点。共性寓于个性之中。抽象出共性，在于探索共同的规律，推动彼此借鉴；解剖个性，强调从实际出发，目的是

---

①② 资料来源：中国部分，参见田雪原等著：《21 世纪中国人口发展战略研究》，社会科学文献出版社，2007 年。日、韩部分，参见：United Nations：*World Population Prospects the* 2008 *Revision*。

为了推动各国现实老龄问题的解决。面对 21 世纪中、日、韩人口老龄化趋势，有下述四个比较明显的特点。

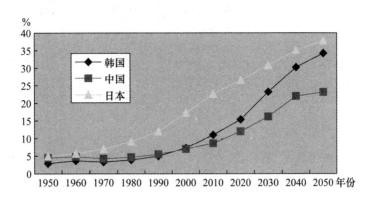

图 4 1950～2050 年中、日、韩 65 岁以上老年人口比例变动

其一，捷足先登，方兴未艾。日本于 1970 年、韩国于 1999 年、中国于 2000 年先后跨入老年型年龄结构，相对世界人口进入 21 世纪后方达到老年型结构说来，三国均属于不同程度的"捷足先登"。然而引人瞩目的是，"捷足先登"者并未因"先登"而放慢脚步，却表现出脚步有所加快且"方兴未艾"的态势。预测表明，日本作为三国"捷足先登"的先驱者，2000～2050 年 65 岁以上老年人口比例可由 17.2% 上升到 37.8%，年平均升高 0.41 个百分点；年龄中位数可由 41.4 岁上升到 54.9 岁，年平均升高 0.27 岁；老少比（$65^+/0～14$）可由 1.18 上升到 3.38，年平均升高 0.04。同期韩国 65 岁以上老年人口比例可由 7.3% 上升到 34.2%，年平均升高 0.54 个百分点；年龄中位数可由 32.1 岁上升到 53.7 岁，年平均升高 0.43 岁；老少比可由 0.35 上升到 3.0，年平均升高 0.05。而中国 65 岁以上老年人口比例可由 7.0% 上升到 23.1%，年平均升高 0.32 个百分点；年龄中位数可由 29.6 岁上升到 45.2 岁，年平均升高 0.31 个百分点；老少比可由 0.27 上升到 1.52，年平均升高 0.03①。三国比较，按老龄化速度排序，为韩、日、中（KJC）；按老龄化严重程度排序，为日、韩、中（JKC）。

其二，有张有弛，累进增长。21 世纪上半叶，日本人口老龄化几乎成一条夹角为 40° 的斜线，推进的速率比较平均；韩国和中国则不然，前 40 年

---

① 资料来源：U N：*World Population Prospects the 1998 Revision*；田雪原等著：《21 世纪中国人口发展战略研究》。

推进的速度相当快：2000～2040年，韩国65岁以上老年人口比例由7.3%上升至30.2%，年平均升高0.57个百分点；中国由7.0%上升至22.0%，年平均升高0.38个百分点。2040～2050年，韩国65岁以上老年人口比例年平均升高0.4个百分点，速度有所减慢；中国年平均升高0.11个百分点，升高的速度和幅度降低许多。然而从50年老龄化发展的趋势观察，无论是老年人口比例，还是年龄中位数、老少比等指标，均呈累进增长即指数增长性质，有张有弛、累进增长是其突出的特点。

其三，星罗棋布，板块效应。上述中、日、韩人口老龄化趋势，是将一国人口作为总体阐述的。然而每一个国家人口密度和分布不同，使得老龄化在城乡、地域之间表现出很大差异，呈现散点状星罗棋布式分布。目前世界人口密度为每平方公里52人。中国为142人，为世界的2.73倍；日本为352人，为世界的6.77倍；韩国为492人，为世界的9.46倍。2010年中国65岁以上老年人口比例高出世界1个百分点，日本高出15个百分点，韩国高出3.4个百分点，因而以中、日、韩三国为主体的东亚地区，是老年人口高度集中的地区之一，尤以韩、日集中程度为最高。不过老年人口星罗棋布地分布在平原、盆地、丘陵、山地等不同地形、地貌，形成城乡、地区分布上的很大差异。就城乡分布而论，由于日本人口城市化率已接近70%，韩国更达到82%，老龄问题主要表现为城市老年人口问题。中国的情况则有所不同，2010年中国47%的人口城市化率距世界平均水平尚有4个百分点的差距，与日、韩比较差距更大，老龄化与城市化并肩前行，老年人口的城乡分布就是一个值得重视的问题。按照人口城市化S曲线理论，当前中国处于S曲线中部加速上扬阶段，决定上扬速度的关键是农村人口向城镇转移，而转移以劳动年龄人口为主，农村"三八（妇女）、六一（儿童）、九九（老年）部队"与日俱增，这就形成老年人口城乡分布新的格局。2000年全国老年人口比例由高至低排列依次为县（农村）、市、镇，其后除个别年份外，这一趋势得到加强，中国农村的老龄化和老龄问题最值得关注，农村老年人口是弱势群体中的弱势群体。老龄化在地区分布上也发生了新的变化，长期以来，老年人口比例由高至低形成自东南向西北倾斜层次比较分明的东部、中部、西部"三大板块"结构；如今东部居高没有改变，西部由于近年来出生率的显著下降，老龄化提升速度加快，与中部接近许多，大有中、西部"两大板块"合二而一之势，从而形成东部较高，中、西部较低的"两大板块"结构。

其四，超高老龄，问题凸显。在三国人口老龄化过程中，80 岁以上占 60 岁以上人口比例稳步快速上升是一大特点。依据联合国人口司提供的数据和预测，2009 年世界（80$^+$/60$^+$）比例为 14%，2050 年可上升至 20%。中、日、韩三国中，中国可由 12% 上升至 23%，日本可由 20% 上升至 35%，韩国可由 12% 上升至 31%[①]。当前，日本 80 岁以上占 60 岁以上人口比例高出世界平均水平 6 个百分点，21 世纪中叶将高出 15 个百分点，相当于世界的 175%，超高老龄化异常突出。中国和韩国在当前低于世界平均水平 2 个百分点情况下，21 世纪中叶也将分别高出 3 个百分点和 11 个百分点。韩国相当于届时世界平均水平的 155%，超高老龄化速度之快和达到的水平之高，在世界各国中也是罕见的。

老龄化经济影响比较

随着老龄化的逐步加深，老龄化对人口、经济、社会发展以及资源、环境等的作用和影响，在更大的层面上显露出来。可以说，在经济生活、政治生活、文化生活、社会生活等各个方面，老龄化的作用和影响无处不在，无处不以直接或间接的方式发生着日益增强的作用和影响。然而经济是基础，在老龄化各种影响中，经济影响具有基础的性质，因而也备受关注。迄今为止，老龄化对生产、交换、分配、消费等的作用和影响研究取得一系列成果，老年经济学作为一门独立的分支学科，同老年医学、老年生物学、老年心理学、老年人口学、老年社会学等携手前进，形成比较成熟的分支学科。这里不准备全面地论述老龄化对经济的作用和影响，仅就中、日、韩三国具有某种共性并且是最值得重视的两个问题做出重点阐释。

其一，人口年龄结构变动的"黄金时代"。前已叙及，人口年龄结构从成年型向老年型过渡，生育率和出生率长期持续地下降，必然造成 0～14 岁少年人口比例下降；而老年人口是现存少年和成年人口年复一年自然过渡的结果，一般在较长一段时间内增长有限，这就形成 15～64 岁劳动年龄人口比例持续上升、老年和少年之和人口所占比例，即从属年龄比（抚养比，dependency racio）持续下降的人口年龄结构变动的"黄金时代"（田雪原，

---

① 资料来源：United Nations：*Population Ageing and Development* 2009.

1983）。1950～2050 年，中、日、韩三国从属年龄比（0～14＋65⁺/15～64）变动情况，如图 5 所示。①

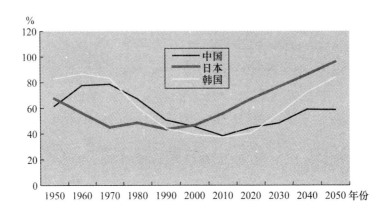

图 5　1950～2050 年中、日、韩从属年龄比变动

　　如果我们将划分"黄金时代"的标准定在从属年龄比在 0.5 以下，有趣的是，在走向老龄化过程中，中、日、韩三国的经历非常相似。形态上，随着生育率和出生率的下降，从属年龄比击穿 0.5 分界线继续下降后触底反弹，重新回到 0.5 以上后结束；时间上，三国均为 40 年稍长一点儿。不过由于三国生育率和出生率下降有先有后，三国跨入和走出"黄金时代"的时间也有所不同。日本最早进入，1963～2005 年从属年龄比保持在 0.5 以下，经历 42 年的"黄金"时期；韩国于 1986～2026 年，经历 40 年的"黄金"时期；中国于 1990～2030 年，"黄金"时期也为 40 年。如此看来，日本进入"黄金时代"早于韩国 23 年，早于中国 27 年；结束早于韩国 21 年，早于中国 25 年。不难发现，三国处于"黄金时代"的鼎盛时期，日本主要在 20 世纪 60～80 年代，韩国为 20 世纪最后 20 年和进入 21 世纪至世界金融危机发生前，中国为改革开放特别是 20 世纪 90 年代以来。联系到三国的经济发展，上述三段时间正是各自经济发展最快的时期，充分展现了人口年龄结构"黄金时代"的巨大力量。当前，国内外关注中国经济高增长还能持续多久？从人口年龄结构变动角度观察，可以给出比较明确的答案：大致可以支持到 2030 年从属年龄比回升至 0.5 以后。未来 20 多年特别是全面建设小康

　　① 资料来源：日、韩参见 United Nations：*World Population Prospects the* 2008 *Revision*。中国参见相应年份《中国人口统计年鉴》和《21 世纪中国人口发展战略研究》一书。

社会余下的 10 年，正值劳动年龄人口从而劳动力比较充裕，从属年龄比虽有上升但仍处在较低水平的"黄金时代"后期，还处在"人口盈利"、"人口红利"、"人口视窗"后机遇期，应当抓住有利时机，推动经济又好又快地发展。机不可失，时不再来。如果等到老龄化严重阶段来临后，机遇就会丧失，"减速经济"的窗口就会打开。

其二，老龄化与减速经济。以上分析表明，中、日、韩三国都经历过或正在经历从属比由降而升的过程，降转升的拐点，日本出现在 1990 年，中国出现在 2009 年，韩国出现在 2010 年。也就是说，日本现已转入人口"亏损期"或"还债期"；相比之下，韩国要在 16 年后、中国要在 21 年后转入。只是在此期间"盈利"或"红利"将越来越少，人口年龄结构继续变动下去，将携手"减速经济时代"的到来必不可免。

之所以说它必不可免，是因为随着老龄化、超高老龄化的加深，其对经济发展的不利作用和影响呈增强的态势。以中国为例，特别值得关注的是以下几个问题[①]：

1. 老龄化与储蓄

利用中国 1978 年以来人均 GDP、储蓄水平、储蓄率、人口年龄结构变动等有关数据分析，15 ～ 64 岁劳动年龄人口每上升 1 个百分点，储蓄率可提高 1.47 个百分点；老年人口比例每上升 1 个百分点，储蓄率仅提高 0.37 个百分点，远低于成年人口储蓄增长率。而西欧、北欧和日本等步入老龄化严重阶段国家的实践表明，超高老龄化将消耗掉老年人口原来的部分储蓄金，从而导致储蓄率和社会储蓄水平的下降。

2. 老龄化与劳动力参与率

中国 20 世纪 90 年代劳动力参与率的降低，主要由劳动年龄人口年龄别劳动力参与模式的变动引起，尤其是较低年龄组群入学率提高和劳动力参与率的下降影响更大一些。由于未来劳动年龄人口中 25 ～ 44 岁较年轻组群所占比例较长时间处于下降状态，45 ～ 64 岁较高年龄组群所占比例呈上升状态，劳动力参与率也将出现下降的趋势，从而导致劳动力供给的相对短缺。尤其在 2020 年老龄化达到严重阶段以后，这种下降和相对短缺将变得比较明显。

---

① 参见田雪原、王金营、周广庆：《老龄化——从"人口盈利"到"人口亏损"》，中国经济出版社，2006 年。

3. 老龄化与经济增长

西方主流经济学认为，生育率下降可引起有效需求不足，从而影响到经济增长。我们的研究说明，老龄化程度越高、上升速度越快，其对经济增长的阻力越大，经济增长的速度越慢；反之，老龄化程度低一些、上升的速度慢一些，其对经济增长的阻力就小一些，经济增长的速度就快一些。无论在何种消费函数下，人口老龄化通过对消费的影响间接影响经济的增长，都以低位预测老龄化程度较高的产出能力为低，中方案次之，高方案则比较高。中国 2020 年低、中、高三种方案产出之比为 1.00∶1.35∶1.35，2040 年将变动到 1.00∶2.20∶2.24，其对产出和经济增长的影响差别显著。

4. 老龄化与收入分配

国际社会一般将支付老年的退休金等费用占到国民收入的 10% 或工资总额的 29% 定为"警戒线"，超过这一"警戒线"，将使国家财政经济陷入困境。中国人口老龄化的加速推进，离、退休人员的累进增长，致使离、退休人员社会保险福利费用占国民收入的比例节节攀升，预测 2025～2030 年可升至占国民收入 10%、工资总额 30% 左右，双双逼近或超越上述"警戒线"。然而此时距离老龄化峰值的到来尚有 20 多年。如何破解这一难题，一方面要总结我们自己的经验，在经济不断增长中满足老年退休金需求；另一方面要吸取老龄化严重国家，尤其是经济、人口、文化等同我国有着诸多相似之处的日本、韩国的做法和经验，推动养老保障制度创新。

参考文献：

[1] 田雪原、王金营、周广庆：《老龄化——从"人口盈利"到"人口亏损"》，中国经济出版社，2006 年。

[2] 田雪原：《中国人口政策 60 年》，社会科学文献出版社，2009 年。

[3] [美] 马尔科姆·H. 莫里森著：《老龄经济学——退休的前景》，张家钢译，华夏出版社，1988 年。

[4] [美] 詹姆斯·舒尔茨著：《老年经济学》，华夏出版社，熊必俊译，1990 年。

[5] Robert L. Clark and Joseph J. Spengler, The Economics of Individual and Population Aging, Cambridge University Press. 1989.

[6] Banister, J. Implications of the aging of China's Population, In D. L. Poston and D. Yauey: The Population of Moden China. New York Plenum

Press，1992.

　　［7］ *United Ntions*：*Long － range World Population Projections*：Based the 1998 Revision，New York，2000。

　　［8］ *United Nations*：*Population Ageing and Development* 2009.

　　［9］ *United Nations*：*World Population Prospects the* 2008 *Revision*，New York，2009.

　　（本文为提交第 15 届中、日、韩社会经济国际研讨会论文。2010 年 8 月作为首篇收入该研讨会《论文集》）

从宏观视角认识经济发展方式转变

汪同三

改革开放 30 多年来，我国社会主义经济建设取得了举世瞩目的伟大成就。进入 21 世纪，我国发展呈现一系列新的阶段性特征，面临新形势、新环境、新课题，抓住机遇，应对挑战，加快全面建设小康社会和社会主义现代化建设进程，把我国发展推向一个新阶段，必须深入贯彻落实科学发展观，加快经济发展方式转变。

加快经济发展方式转变具有特殊重要的意义

转变经济发展方式是人类社会进步的要求。现代社会的宏观经济调控关注四大目标：经济增长、价格稳定、充分就业和国际收支平衡。这四大宏观经济目标并不是同时确立的，而是随着人类社会生产力水平的提高逐步确立的：在以家庭为主要生产单位的自然经济中，增长是最重要的目标；当人类社会生产进入社会分工阶段、产品交换成为重要社会活动后，价格稳定成为重要目标之一；进入资本主义社会以后，生产资料与劳动者相分离，就业目标得到越来越多的重视；随着各国间贸易、金融往来的日益频繁，国际收支平衡就成为宏观经济的重要目标之一。那么，人类社会发展到今天，这四大目标能否概括经济发展的全部呢？20 世纪 60 年代，罗马俱乐部及其他学者通过分析人口和资源对社会经济发展可能产生的制约，将可持续发展的理念纳入人们的视野。进入 21 世纪，在资源环境、气候变化等问题日趋严峻的形势下，转变经济发展方式、推动节能减排正在得到越来越多国家的认同。党中央、国务院把加快经济发展方式转变提到关系改革开放和社会主义现代化建设全局的高度，顺应了人类社会进步的要求，反映出我们党对于人类社会发展规律的深刻把握。

　　加快经济发展方式转变是对改革开放事业认识的深化，是实现科学发展的必然要求。改革开放以来，我国经济增长速度在世界大国中首屈一指，经济总量跃居世界前列，经济社会发展成就举世瞩目。然而，伴随着经济的高速增长，经济社会中原有的深层次矛盾和问题逐步暴露出来，同时又出现了一些新的矛盾和问题。这主要表现在：在经济实力显著增强的同时，生产力水平总体上还不高，自主创新能力还不强，长期形成的结构性矛盾和粗放型增长方式尚未根本改变；在社会主义市场经济体制初步建立的同时，影响经济社会发展的体制机制障碍依然存在；在人民生活总体上达到小康水平的同时，收入分配差距拉大的趋势没有得到根本扭转，统筹兼顾各方面利益的难度加大；在产业协调发展取得进展的同时，农业基础薄弱、农村发展滞后的局面尚未改变，缩小城乡差距、区域差距和促进经济社会协调发展的任务十分艰巨；资源的有效利用、环境的有效保护相对滞后；等等。这些矛盾和问题使我们越来越深刻地认识到，绝不能满足于经济总量增长取得的巨大成绩，而必须在加快经济发展方式转变方面有所作为。加快经济发展方式转变，是解决我国经济发展长期存在的不平衡、不协调、不可持续等深层次矛盾和问题的迫切需要，是实现经济社会科学发展的必然要求。

　　加快经济发展方式转变是应对国际金融危机的经验总结和后国际金融危机时期的主要任务。此次国际金融危机对我国经济的冲击，表面上是对经济增长速度的冲击，实质上是对经济发展方式的冲击。因此，党中央、国务院在应对国际金融危机冲击的过程中，既提出"保增长"，又提出"调结构"，通过积极调整经济结构，较快适应全球需求结构的重大变化。这是我国经济能够在世界经济中率先实现企稳回升的重要原因。当前，我国经济发展正处在由回升向好向稳定增长转变的关键时期，经济运行中的新老矛盾和问题相互交织；同时，后国际金融危机时期的国际经济环境更加复杂。综合判断国际、国内经济形势，转变经济发展方式已刻不容缓。因此，必须把加快经济发展方式转变作为今后经济工作的重要目标和战略举措，不断提高经济发展质量和效益，不断提高我国经济的国际竞争力和抗风险能力，为保持宏观经济平稳较快发展提供坚强保障。

调整收入分配结构是加快经济发展方式转变的关键

　　收入分配结构是否得到改善，是判断转变经济发展方式效果的关键。这是因为，促使我们必须加快经济发展方式转变的诸多矛盾，如投资与消费结构不合理、第三产业发展滞后、经济发展的资源环境代价过高以及社会事业发展滞后等，都可以从收入分配不合理上找到根源。目前，收入分配中存在的问题主要表现在三个方面：一是居民收入增长滞后于经济增长，居民收入在国民收入分配中的比重逐渐下降；二是不同收入阶层收入差距扩大的趋势尚未得到有效遏制，中低收入阶层数量过大，收入增长缓慢；三是城乡居民收入差距以及地区收入差距问题尚未得到有效解决。世界其他国家和地区在经济起飞初期都不同程度地实行过高积累、高投资的政策，并以此取得了经济成功。我国在改革开放初期，为了尽快把经济搞上去，在积累和消费结构上需要适当向积累倾斜。随着改革开放的深入和社会主义市场经济的发展，我国生产力水平显著提高，经济实力不断壮大，社会财富这块"蛋糕"越做越大。在这种形势下，分好社会财富这块"蛋糕"就变得越来越关键——这不仅是做大"蛋糕"的根本目的，也是继续做大"蛋糕"的必要条件。

　　党的十七大把深化收入分配制度改革、增加城乡居民收入作为经济社会发展的一项重要任务，明确提出一系列全面增加城乡居民收入的政策措施，包括：初次分配和再分配都要处理好效率和公平的关系，再分配更加注重公平；逐步提高居民收入在国民收入分配中的比重，提高劳动报酬在初次分配中的比重；着力提高低收入者收入；建立企业职工工资正常增长机制和支付保障机制；创造条件让更多群众拥有财产性收入等。这是我们在新时期深入贯彻落实科学发展观、加快转变经济发展方式重要而关键的内容。十七大提出的收入分配政策落实得如何，将直接关系转变经济发展方式的质量和进度。在调整收入分配结构工作中，各级政府发挥好应有作用尤为重要。首先，应进一步完善宏观调控，保持宏观经济平稳较快发展，为增加居民收入提供稳定的物质基础。其次，制定和落实保证居民收入在国民收入分配中的比重和劳动报酬在初次分配中的比重逐步提高的具体措施，监督社会各方面认真执行。再次，通过实施相应的财政税收和转移支付政策，在收入再分配过程中注重实现公平，提高低收入群体的收入水平。最后，在社会保障、医疗卫生、教育等社会事业方面提供覆盖面越来越广、规模越来越大、质量越来越高的公共服务，保证各项社会事业健康发展。

妥善处理加快经济发展方式转变与宏观调控的关系

加快经济发展方式转变既是一场攻坚战，也是一场持久战，需要付出长期的艰苦努力；而宏观调控更加关注短期宏观经济目标，在有些情况下，加快经济发展方式转变与宏观调控之间可能存在矛盾。要想在加快经济发展方式转变上取得实质性进展，就必须注意处理好加快经济发展方式转变与宏观调控的关系。

第一，必须深入贯彻落实科学发展观，把加快经济发展方式转变与宏观调控结合起来，把加快经济发展方式转变作为搞好宏观调控、保持经济平稳较快发展的根本保证，把保持经济平稳较快发展作为加快经济发展方式转变的坚实基础。只有更加积极主动地调整经济结构，才能避免经济大起大落，实现宏观调控目标；只有保持经济平稳较快发展，才能为加快经济发展方式转变奠定物质基础。没有宏观经济的稳定发展，加快经济发展方式转变就难以顺利进行。

第二，加快经济发展方式转变是一项长期的战略任务，而宏观调控的直接任务是保持中短期宏观经济的稳定增长，更多的是战术性问题。处理好加快经济发展方式转变与宏观调控的关系，要求我们在经济工作中处理好短期目标和长期目标的关系，注重远近结合、标本兼治，既克服短期困难、解决突出矛盾，又加强重点领域和薄弱环节，为长远发展奠定基础。

第三，处理好加快经济发展方式转变和宏观调控关系的实质，就在于在保持经济平稳较快发展的同时，为加快经济发展方式转变提供充分空间和良好环境，把处理好保持经济平稳较快发展、调整经济结构和管理通胀预期的关系作为当前宏观调控的核心。要对国际、国内经济状况及时做出科学准确的分析和判断，既把握阶段性大趋势，保持政策的相对稳定和连续，又及时发现经济社会发展中新出现的矛盾和问题，提出有效对策。在国际、国内环境出现重大变化时，还应科学有效地做出政策调整。

第四，无论是加快经济发展方式转变还是不断提高宏观调控水平，都必须通过深化改革来推动。要坚持社会主义市场经济的改革方向，不断深化经济体制、政治体制、文化体制、社会体制以及其他各方面体制改革，形成有利于加快经济发展方式转变的制度安排。

由于加快经济发展方式转变和宏观调控的侧重点不同，在不同环境中会出现"两难"问题。例如，近年来出现的某些地方房地产价格过快上涨现象引起社会较大关注。如何使广大居民的住房需求得到基本保障并逐步改善和提高居住条件，同时又保持房地产业稳定健康发展，继续发挥其国民经济支柱产业的作用，就需要从处理好加快经济发展方式转变与宏观调控关系的角度来权衡和判断。又如，如何在保持经济平稳较快增长的同时培育新的增长点，淘汰落后产能，防止重复建设，增强增长的可持续性，也需要从处理好加快经济发展方式转变与宏观调控关系中去寻求答案。在很多情况下，处理好加快经济发展方式转变与宏观调控的关系，就能够把"两难"变成"双赢"。

（本文原载于《人民日报》2010 年 10 月 19 日）

稳定价格水平　增强内生动力
确保明年经济平稳健康运行

汪同三

日前召开的中央经济工作会议对明年的经济工作做出全面部署，强调了"加强和改善宏观调控，保持经济平稳健康运行"的主要任务，并适时对宏观调控政策进行调整，提出要继续实施积极的财政政策，实施稳健的货币政策。目前，我国各地发展势头强劲，经济运行总体态势良好。只要认真贯彻中央经济工作会议精神，全面落实中央提出的各项任务和要求，明年我国经济将继续保持平稳较快发展，并在科学发展上迈出扎实的步伐。

2010 年的发展成就和当前经济
工作面临的新环境

2010 年是实施"十一五"规划的最后一年，是遭遇国际金融危机冲击后我国经济企稳回升的关键一年，也是为我国经济进入新一轮上升周期奠定基础的关键一年。在党中央、国务院的有力领导和全国人民的共同努力下，我们战胜来自国内外和自然界的严峻挑战，努力化挑战为机遇，取得了重大发展成就：经济较快增长，农业基础得到加强，经济结构调整步伐加快，改革开放不断深化，改善民生成效显著，不仅有效地巩固和扩大了应对国际金融危机冲击成果，而且基本上全面完成了"十一五"规划确定的各项目标任务。

2011 年是执行"十二五"规划的第一年，是加快转变经济发展方式的重要一年，也是确保"十二五"开好局、起好步的重要一年。做好明年经济工作，既有许多有利条件，也面临一些突出矛盾和问题。

做好明年经济工作的有利条件。首先，粮食连续 7 年增产，农业农村经济继续保持良好的发展势头，为管理好通胀预期、保持价格总水平基本稳定提供了基础支撑，为扩大国内需求、保持经济平稳较快发展做出了突出贡献，为应对各种风险挑战、维护改革发展稳定大局赢得了主动。其次，内需驱动增长的模式得到进一步强化，经济增长的内生动力持续增强。主要表现在：内资主导作用进一步加强，民间投资渐趋活跃，今年第一季度民间投资增速比国有及国有控股投资增速高 9.3 个百分点，是 2009 年以来民间投资增速第一次超过国有及国有控股投资增速；中央投资对地方和社会投资的拉动效应显现，2010 年上半年地方项目投资的增速达到 26.7%，比中央项目投资高出近 14 个百分点；社会消费品零售总额增幅维持在 18% 左右的较高水平上。再次，从外需看，明年世界经济将继续缓慢回升，出口将保持一定增长，外需有可能实现对经济增长的正拉动。最后，党的十六大以来，我们积累了在复杂经济环境中推动经济社会又好又快发展的宝贵经验。通过实践，进一步提高了贯彻落实科学发展观的能力，增强了驾驭经济社会发展大局和解决复杂问题的能力，加深了对社会主义市场经济规律的认识，加深了对我国社会主义制度政治优势的认识。这是我们做好各项工作的前提和基础。

当前经济运行中存在的突出矛盾和问题。目前，国内外经济环境更加复杂多变，来自国内外和自然界的挑战更加严峻。从国际看，世界经济虽然有望继续恢复增长，但不稳定不确定因素仍然较多，恢复的过程必将缓慢、动荡而曲折。欧洲国家主权债务危机还在蔓延；美国失业率居高不下，债务负担沉重，流动性泛滥；美国再次祭出量化宽松货币政策，虽然可能有助于缓解美国本身的问题，但必然会给世界经济带来通货膨胀等负面影响；其他新兴市场国家在复苏过程中，不同程度地出现了通货膨胀问题。从国内看，宏观经济平稳运行面临复杂形势，粮食稳定增产和农民持续增收基础不牢固，经济结构调整压力加大，资源环境约束强化，改善民生和维护社会稳定任务艰巨。特别是由于多方面的原因，近来物价上涨压力增大以及部分城市房地产价格过高，引起了社会的广泛关注。这些矛盾和问题，既有短期的，也有长期的；既有结构性的，也有体制性的；既有国内的，也有国际的，使得做好明年经济工作的难度进一步加大。只有着眼于长期发展来解决短期问题，通过解决短期问题来化解长期矛盾，才能为"十二五"时期保持经济平稳较快发展和转变经济发展方式奠定良好的基础。

　　此外，世界经济正呈现出一些新特点，比如，世界经济结构进入调整期，世界经济治理机制进入变革期，创新和产业转型处于孕育期，新兴市场国家力量步入上升期等，既对我国发展提供了新机遇，也提出了新挑战。我们必须审时度势，努力培育发展新优势，抢占未来发展的战略制高点。

　　总体判断，2010 年我国宏观经济企稳回升的势头得到进一步巩固，正在逐步转入正常增长的轨道。2011 年，虽然经济发展中的不稳定、不确定因素仍然较多，但经济发展长期向好的趋势没有改变。只要牢牢把握积极稳妥、审慎灵活的宏观经济政策基本取向，有效实施中央经济工作会议提出的宏观调控政策，我国经济仍将保持平稳较快发展的良好态势。

实施积极财政政策和稳健货币政策的内涵和意义

　　根据国内外经济形势的新变化，党中央、国务院准确而及时地调整了宏观调控政策，做出继续实施积极的财政政策和实施稳健的货币政策的决策。这对做好明年经济工作、保持经济平稳较快发展具有重要的意义。

　　继续实施积极的财政政策，持续为经济增长和结构调整注入动力。目前，我国继续实施积极的财政政策，既有必要性，又有可行性。必要性在于，首先，虽然我国经济已经逐渐步入正常增长的轨道，但不稳定、不确定因素仍然较多，国际金融危机对世界经济的影响仍未消除，还需要对经济保持一定的刺激力度。其次，很多已经开工的基础设施建设项目需要后续资金支持，这也需要继续实施积极的财政政策。再次，财政政策主要是用于解决结构性失衡问题的。只有继续实施积极的财政政策，才能发挥财政政策在稳定增长、改善结构、调节分配、促进和谐等方面的重要作用。可行性在于：目前我国财政赤字、国债余额占 GDP 的比重均在国际公认的警戒水平之下，我国财政、金融状况良好以及宏观经济有力的增长势头，都为实施积极的财政政策提供了空间。

　　积极的财政政策的主要内容是：首先，保持适当的财政赤字和国债规模，但应比 2009~2010 年国际金融危机影响严重时有所控制。其次，优化财政支出结构，财政支出向民生和经济社会发展薄弱环节倾斜，将更多的钱用于"三农"、科技、教育、卫生、文化、社会保障等领域，重点支持保障性住房、农村水利交通、城镇公益性基础设施、医疗卫生体系以及战略性新兴产业等的发展。再次，继续实施结构性减税，在改革税制的同时减轻中低收入居民的税负负担。最后，加强地方政府性债务管理，防范各级政府财政风险，防止盲目铺摊子、上项目。

实施稳健的货币政策，着力保持物价稳定和经济平稳较快发展。稳健的货币政策，可以理解为中性的货币政策。当前，受输入型通账压力、流动性过剩、农产品涨价、劳动力成本上升等的影响，我国出现了较大的物价上涨压力。实施稳健的货币政策，一方面可以使货币供给增加逐步与宏观经济增长状况相匹配，避免物价全面上涨；另一方面可以保持适当的货币供给，促进经济平稳较快增长；此外，美国量化宽松政策会对我国金融领域造成冲击，需要实施稳健的货币政策留出应对空间。

稳健的货币政策的主要内容是：第一，按照总体稳健、调节有度、结构优化的要求，保持货币供给和信贷投放总量合理增长，既要保障经济平稳增长的需要，又要把握好流动性总闸门。第二，着力优化信贷结构，把信贷资金更多地投向实体经济，投向"三农"、中小企业、中西部地区，发挥金融服务于经济结构调整和保持经济平稳较快发展的作用。第三，进一步完善人民币汇率形成机制，增强汇率弹性，保持人民币汇率在合理均衡水平上的基本稳定。第四，保持金融稳定，切实防范各种形式的金融风险。

中央经济工作会议突出强调增强宏观调控的针对性、灵活性、有效性，其内涵在于：第一，密切关注国际经济环境不稳定、不确定因素，及时采取有效的应对措施，化解国际经济环境不利因素对我国的影响。第二，国内各部门、各地区有不同的情况和特点，需要结合本部门、本地区的实际贯彻落实中央经济工作会议精神。第三，目前国内物价上涨压力增大，需要根据物价总体水平的变化及时调整、调控政策的节奏和力度，保持价格总水平基本稳定。

处理好保持经济平稳较快发展、调整经济结构、管理通胀预期的关系

中央经济工作会议指出，明年宏观经济政策的基本取向要积极稳健、审慎灵活，重点是更加积极稳妥地处理好保持经济平稳较快发展、调整经济结构、管理通胀预期的关系。处理好这三者的关系，对于做好明年的经济工作

至关重要。

保持经济平稳较快发展是经济工作的根本要求。在我国这个拥有 13 亿人口的发展中大国，发展仍然是解决所有问题的关键。保持经济平稳较快发展，是调整经济结构的重要前提和基础，是抑制通货膨胀的关键措施，是解决就业等民生问题的先决条件。只有保持经济平稳较快发展，才能牢牢把握经济工作的主动权。

调整经济结构是保持经济平稳较快发展的保障。经济结构战略性调整是"十二五"时期加快转变经济发展方式的主攻方向，也是 2011 年经济工作的重点任务。经济结构战略性调整的最终目的是在科学发展观指导下，促进经济更好发展，实现科学发展。因此，不应该把经济结构战略性调整与经济平稳较快发展对立起来，而应辩证地处理好二者的关系。还要看到，经济结构战略性调整是长期保持价格水平稳定、避免出现通货膨胀风险的重要方面。只有根据经济社会的发展变化坚持不懈地调整经济结构，才能保持经济环境的长期稳定；只有经济环境的持续稳定，才能从根本上有效稳定价格总水平。当前，经济结构战略性调整的主要内容有：进一步扩大内需特别是居民消费需求，同时大力优化投资结构，提高投资效率；加快调整优化产业结构，努力改造提升传统制造业，大力推进自主创新和战略性新兴产业发展，加快发展服务业；促进区域协调发展，积极稳妥推进城镇化；做好节能环保、生态建设、应对气候变化等方面的工作。

稳定价格总水平关系群众切身利益，必须放在更加突出的位置。当前居民消费价格水平上涨过快和一些大中城市房地产价格过高的问题，不仅影响宏观经济平稳较快发展，影响经济结构战略性调整步伐，而且影响千家万户老百姓的日常生活。因此，保持价格总水平基本稳定，既是当前和今后一个时期宏观调控最紧迫的任务，也是明年宏观调控的关键目标。导致近期物价上涨压力明显增加的原因是多方面的，除了前面已经述及的原因，当前特别需要警惕和防止一些地方借"十二五"开局盲目铺摊子、上项目，导致总供给与总需求失衡，从而形成对物价上涨的更大压力。面对物价水平上涨的多方面原因，抑制价格上涨的措施也应该是综合性的。首先，大力发展生产特别是居民日常生活必需品和重要生产资料的生产，保障供给，争取实现供需平衡。其次，提高宏观调控的针对性和及时性，落实稳健的货币政策，有效管理流动性，进一步减弱较大规模货币存量对价格水平稳定的影响。同时，加强政府对市场价格的有效监管，打击各种扰乱物价稳定的违法行为。再次，当前预防通货膨胀的关键依然是管理好通胀预期，通过实施相关政策和媒体宣传，稳定公众心理，避免因心理恐慌而推高物价。中央经济工作会议显示了党和政府对事关民生的物价水平稳定问题的高度重视。会议提出，坚持"立足当前、着眼长远、综合施策、重点治理、保障民生、稳定预期"的原则，以经济和法律手段为主，辅之以必要的行政手段，全面加强价格调控监管工作。鉴于我国经济发展中存在的诸多有利条件，而且目前并不存在物价持续全面上涨的因素，只要调控措施得力，就能够保持物价总水平基本稳定和经济平稳较快发展。

（本文原载于《人民日报》2010 年 12 月 23 日）

关于目前经济危机的不确定性问题

杨圣明

目前尽管经济出现了种种复苏的迹象，但是经济危机并没有真正过去，仍有一些不确定性。对于这些不确定性，如果认识不足，处理不好，危机仍有反弹的可能性。为了避免这种情况的出现，很有必要进一步认识这些不确定性，并采取有效措施加以减少以至消除。为此，本文谈几点认识，不妥之处，欢迎指正。

（一）不确定性的主要表现

1. 政府债务的不确定性

这次危机之前，美、英、日等发达国家以及转轨国家的政府都有不少的债务。而在危机来临之后为了拯救金融业，各国政府都使出最大的解数，采取各种名义和方式，向金融机构注入的"流动性"达到天文数字。结果，金融业虽然有了复苏迹象，但政府部门却增加了巨额债务和赤字，在一定程度上由金融危机转向财政危机。因而，出现了一些"破产国家"或"政府破产"。以美国和日本这两个强国而论，它们的财政都陷入泥潭，短期内难以自拔。① 这将对世界经济产生何种影响是很不确定的。政府去救金融，而今天谁来救政府？

2. 失业问题的不确定性

经济危机来临时，企业竞相裁员，造成大批失业。据国际劳工组织公布的数据，2009 年全球失业人口达到 2.12 亿。与危机前的 2007 年相比，增加

---

① 日本政府 2009 年底的公债已相当于 GDP 的 180%，创出历史的最高纪录。美国政府债务（又称联邦债务或公共债务）2010 年 2 月 1 日已达 12.349 万亿美元，即将突破法定界限 12.374 万亿美元。按规定，一旦突破法定界限，联邦政府就不能再继续举债。于是众议院马上开会，于 2 月 4 日通过投票将法定上限提高至 14.3 万亿美元，又给予美国政府举债 1.926 万亿美元的空间。美国政府 2010 年财政预算案 3.83 万亿美元，而赤字就高达 1.56 万亿美元，占 GDP 的 10.6%，创出历史的新高。这将国会创造的"新空间"占用后，所剩无几。详见《参考消息》2010 年 2 月 3 日、5 日、6 日三天的报道。

了 3400 万。欧盟和其他发达经济体失业问题尤其严重，虽然它们的就业人数只占全球的 16% 不到，然而却 "贡献了超过 40% 的新增失业人口"。[①] 据联合国和亚洲发展银行公布的数据，经济危机使亚太地区增加 2100 万赤贫人口。依传统经济理论，随着经济的复苏，失业人数或失业率应相应下降。然而，这种趋势在西方发达国家尚未出现。有的国家失业问题还在恶化。严重的失业问题是社会动荡的根源之一。如果不能解决这个问题，必将出现社会危机。一般说来，现代经济危机包括金融危机、财政危机和社会危机三个阶段。第一阶段已基本过去，而第二、三阶段何时结束，仍然是很不确定的。

3. 虚拟经济的不确定性问题

相对于实体经济而言，虚拟经济本来就是看不见、摸不着，有一定的神秘性和不确定性。再加之层出不穷的 "金融衍生品"，虚拟经济呈现出几何级数式的加速膨胀。其结果，有可能导致金融危机。[②] 大家知道，马克思早就指出，货币的流通职能手段和支付手段的职能中包含经济危机的万能性。目前，这次经济危机的导火索是美国次贷危机，而次贷危机的实质是次级住房抵押贷款的债权证券化（一种金融衍生品）的恶性膨胀以及由此所造成的在全球的连锁反应。痛定思痛，美国政府对华尔街炮制的 "金融衍生品" 要加强监管，而这又遇到银行家、金融家的强力抵抗。金融自由与金融监管之间的尖锐矛盾，在 2009 年的瑞士达沃斯世界经济论坛上进一步暴露出来。今日，全球的虚拟经济规模究竟有多大？它的魔力在何方？华尔街金融衍生品在全球又如何奔走呼号？如何对它监管？既然过去它能翻江倒海，而未来又如何？这些都有极大的不确定性。

4. 实体经济的不确定性

这次经济危机暴露出实体经济的软肋。[③] 要全面解决这次经济危机问题，一方面，要继续治理高度膨胀的虚拟经济；另一方面（也许是更重要、更根本的方面），则是大力强化实体经济，找出找准新的实体产业，以确定新一轮大规模固定资本投资的正确方向。马克思曾经指出："虽然资本投下的时期是极不相同和极不一致的，但危机总是大规模新投资的起点。因此，就整

---

① 见《全球去年失业人数创纪录》一文，《参考消息》2010 年 1 月 19 日。

② 见本人的拙文：《论虚拟资本》。该文原载于《中国社会科学院研究生院学报》2006 年第 1 期。作者在文中写道："虚拟资本内含风险，可能导致金融危机。"

③ 见本人的拙文：《金融危机暴露出实体经济的软肋》。该文原载于《人民日报》2009 年 8 月 9 日。

个社会考察，危机又或多或少地是下一个周转周期的新的物质基础。"① 当前的问题在于，新的实体产业是什么？新的正确的投资方向在哪里？历史经验证明，只有找准投资的方向，找准新的实体产业，才能切实加强实体经济，使之与虚拟经济相互匹配，达到实体经济与虚拟经济相互适应与制约规律的客观要求。只有在这个基础上，才能真正走出经济危机。在历史上，钢铁业、汽车业、房地产业（建筑业）、信息业等都曾作为带头产业带动欧美经济一次又一次闯过经济危机，一步又一步走向繁荣。今日的带头产业是什么？绿色环保产业、新能源产业、生命与生物产业、海洋产业，哪个可行？美国奥巴马政府在宣布其出口新战略时，所选择的先导产业是：环境产业和服务、可再生能源、医疗保健和生物技术等。② 这些产业是正确的投资方向吗？各个国家的情况千差万别，其投资方向也难一律。因此，在找准投资方向和产业上存在着很大的不确定性。

5. 刺激经济政策进退的不确定性

2008 年初冬经济危机袭来之时，各国都采取了刺激经济的政策。这些政策防止了经济跌入深渊，并在不同程度上促进了经济复苏。目前，这项政策陷入了进退两难的境地。退出吧，可能前功尽弃，经济转向下坡路，危机反弹，二次"触底"。前进吧，继续采取刺激经济的政策，加大财政投入和信贷投放。但是，这又面临"两难"：其一，从何处筹措资金？各国的财政均已朝不保夕，危机四伏；而信贷资金也难再加码，各种金融机构的"流动性"有限，自顾不暇。其二，货币的大量投放又会增加通货膨胀的压力，可能招致通胀的再现。一般说来，宏观经济有五大目标，即经济发展速度快、失业率低、通胀率低、公平与效率兼顾好、国际收支比较平衡。这些目标之间有统一性，又有矛盾性。目前，这类矛盾多且尖锐，很难处置。在刺激经济政策的取舍上，目前面临经济增长与通胀的矛盾。尤其在新兴经济体中包括中国，这个矛盾还相当尖锐。宏观目标上的各种矛盾表明，刺激经济政策的进退有很大的不确定性。

（二）不确定性的根源

本文以上所述的诸多不确定性是如何形成的？原因当然很复杂：既有政

---

① 《马克思恩格斯全集》第 24 卷，人民出版社，1972 年版，第 207 页。
② 见《奥巴马宣布促进出口新战略》一文，《参考消息》2010 年 2 月 6 日。

治的，也有军事的；既有经济的，也有文化的；既有人为的，也有自然的。本文仅择其中三个重要问题谈一谈。

1. 世界政治经济发展不平衡规律问题

当前不平衡已成为一种时髦用语。但它的含义却有多种多样。有人说的不平衡仅限于国际贸易方面，不包括财富分配不平衡。还有的将不平衡视为经济结构失衡。发展中国家的不平衡同发达国家的不平衡有各自不同的内容。

首先来看看几个大国的国际经济地位的不平衡及其转化方向。第二次世界大战结束后，20 世纪 50 年代，美国取代英国登上了世界头号强国的宝座，而德国、日本成了战败国，经济凋敝，民不聊生。至于刚刚从内战中诞生的新中国更是"一穷二白"，千疮百孔，百废待兴。这种状态在当时的美国看来是平衡的，而在德国、日本和中国看来则是不平衡的。从那时起，经过 50 年的发展，进入 21 世纪，美国虽然还处于头号强国的地位，但是德国、日本和中国则今非昔比，已处于美国之后的二、三、四的位置，在某些领域甚至敢于向美国挑战。这种状态表明美国的所谓平衡则向不平衡转化了。对于这两种不同方向的转化，有人不理解，耿耿于怀，这当然可以理解。

再说一说经济结构不平衡及其转化问题。就实体经济与虚拟经济的结构而言，在钢铁、石油、汽车以及电器制造业等方面，50 年前美国曾称雄于世，而今日却"夕阳西下"；与此相反，美国的虚拟经济（以现代金融为代表）则日益强大，目前位居全球第一，可谓金融霸权如日中天。而这次金融危机证明，这种畸形的经济结构不利于就业。于是，奥巴马政府又企图重振现代制造业，并以此作为出口新战略的产业基础，力争今后五年外贸出口翻一番，解决 200 万人的就业问题。近五六十年来，美国的实体经济与虚拟经济结构经历了平衡、不平衡、再趋向平衡的轨迹。而这种结构的变化今后不断地震撼着世界经济。

由美国的产业结构决定的进出口结构日益高端化。美国的出口有两大优势：一是服务产品的优势。尽管在货物贸易方面美国年年出现巨额逆差，而在服务贸易方面则年年是大量顺差。二是高科技产品和军工产品的出口优势。按照国际贸易中的比较优势理论，美国应向中国出口其有显著优势的服务产品、高科技产品和军工产品，而从中国进口劳动密集产品。然而，美国的决策者只允许从中国进口劳动密集产品，拒绝向中国出口其具有优势的高科技产品和军工产品。这样，必然产生中美贸易的不平衡。如果美国允许向中国出口高科技产品和军工产品，中美货物贸易的不平衡便会立即消失而达到平衡。由此可知，中美货物贸易不平衡绝不是什么中国人操纵人民币汇率所致，恰恰相反，是美国的决策者操纵美国出口产品所造成的。不仅如此，美国的所谓"贸易出口新战略"将主要锋芒指向中国，妄图抢占更多、更大的国际市场，扼杀中国的出口，以达到奥巴马近来再三说明的所谓的贸易平衡。

还应当指出，世界经济发展不平衡规律作用的结果还突出表现在世界范围内的财富分配不平衡、资源分配不平衡。在当代的国际经济领域，表面上是平等交换，而实际上则是不平等、不等价。美元日夜不停地流向全世界，而全球的物质财富、资源和能源，则以更大的规模流向美国。因而，美国的财富总量以及人均物质财富、人均资源、人均能源以及人均文化财富等，高于发展中国家和落后国家何止十倍、百倍。2007 年美国的人均国民收入高达 46040 美元，相当于当年中国人均国民收入的 17 倍。这是中美经济的最大不平衡！这是当代世界经济最大的不平衡！

2. 世界货币流通规律问题

当今世界上有三类货币：一是局限于国内流通和使用的所谓国家货币，绝大多数国家的货币都属于这种货币。二是在一定地区范围内（如欧洲、亚洲）流通和使用的货币，如欧元和日元。这种货币称为国际货币。三是在全球流通和使用的货币，如美元。这种货币称为世界货币。这三类货币组成全球货币体系。其中世界货币在经济全球化（一体化）中处于主导的特别关键的地位，对于世界经济的稳定与发展至关重要。因此，这种货币的运行规律值得高度关注。

世界货币同国家货币、国际货币之间既有共同点，也有区别点。共同点主要在于，它们有共同的运行规律。对这个规律马克思有三种表述方式："（1）商品价格总额÷同名货币的流通次数＝执行流通手段职能的货币量；（2）流通手段量决定于流通商品的价格总额和货币流通的平均速度；(3) 已知商品价值总额和商品形态变化的速度，流通的货币或货币材料的量决定于货币本身的价值。"当纸币出现后，马克思又针对这个情况指出："纸币流通的特殊规律只能从纸币是金的代表这种关系中产生。这个规律简单说来就是：纸币的发行限于它象征地代表的金（或银）的实际流通的量。"对于货币规律，马克思还强调指出："这个规律是普遍适用的。"① 不言而喻，在国内适用，在国际社会也适用。

按照货币规律的要求，货币和商品必须相互适应。美国却制造了一种新的国际分工，即美国制造货币（美元），而世界其他国家则制造商品。这样，美元流向全球，而全球的各种商品和资源流向美国。通过这两个流动，美国摄取了全世界的财富，完全破坏了商品和货币的关系。美国发行了多少美元？换回了多少财富？谁知之？

美元这种世界货币不仅没有按照货币规律运行，没有履行好自己的职能，反而像匹脱缰的野马，在国际社会里横冲直撞，泛滥成灾，搅乱了世界经济秩序，成为这次金融危机的根源之一。之所以如此，是因为美元过分自由化了，而缺乏必要的管理和限制。名义上虽然有世界银行、国际货币基金组织这样的国际金融的监管者，但它们敢不敢把矛头指向元凶？鉴于目前还没有哪一种国家货币能够充当世界货币这个角色，以代替美元，只能在美元身上采取一些限制措施，解决它的过分自由化问题。我认为至少有两条措施要采取：其一，恢复美元与黄金挂钩，重新规定美元的黄金含量。本来二者是挂钩的，美元可以直接兑换黄金。20 世纪 70 年代，《牙买加协定》解下了这个缰绳。现在看来，很有必要再给美元套上这个"金锁链"。其二，改革和加强世界银行、国际货币基金组织等国际性的金融机构，增加发展中国家的力量和发言权。

3. 国际价值规律问题

众所周知，价值规律是市场经济（商品经济）的基本规律。凡有市场经济的地方，不可能没有价值规律。目前，放眼全球考察，除个别国家还实行计划经济外，哪个国家不是市场经济？可谓全球皆市场。在这种环境里，价值规律必然越出主权国界而在国际社会里起作用。这就使价值规律转换为国际价值规律。在经济全球化的今天，国际价值规律应当受到高度重视。当前国际贸易和国际投资领域中的种种问题的存在，其根源之一在于违背这个规律的要求。

同国内市场经济中的价值规律相比，国际市场经济中的国际价值规律具有至少三个特点。

其一，同一劳动时间内，不同国家创造不同量的国际价值。马克思写

---

① 马克思：《资本论》第 1 卷，人民出版社，1975 年版，第 139、142～143 页。

道："一个国家的资本主义生产越发达,那里的国民劳动的强度和生产率,就越超过国际水平。因此,不同国家在同一劳动时间内所生产的同种商品的不同量,有不同的国际价值。"① 由此可知,生产率和劳动强度较低的许多发展中国家在世界市场上处于不利地位,成为国际社会的弱势群体。

其二,不同劳动时间内,不同国家创造相同数量的国际价值。马克思指出:"在一个国家内,亏损和盈利是平衡的。在不同国家的相互关系中,情况就不是这样。……一个国家的三个工作日也可能同另一个国家的一个工作日交换。价值规律在这里有了重大变化。""在这种情况下比较富有的国家剥削比较贫穷的国家。"② 当前发展中国家基本是以三个劳动日同发达国家的一个劳动日进行交换,其中的剥削不言而喻。

其三,剥削与双赢并存。既然发展中国家处于被剥削的地位,为什么还要进入世界市场进行商品交换呢?对此,马克思又指出:暂时落后的国家,在国际交换中,"所付出的实物形式的物化劳动多于它所得到的,但是它由此得到的商品比它自己所能生产的更便宜"。③ 简言之,落后国家在出口方面吃亏,而在进口方面获利。对于这一点,马克思还指出:"两个国家可以根据利润规律进行交换,两国都获利,但是一国总是吃亏。"④ 既获利又受剥削,这是当代发展中国家在世界市场上的真实境况的写照。

以上三个特点说明,只有依据国际价值规律的要求,才能真正洞察当代国际经济关系的实质。

国际价值规律有调节、刺激、分配和分化作用。在它的调节作用下,任何商品都流向价格高的国家。美国利用高利息(资本的高价格)吸纳全球的巨额资本,利用劳动力的高价格吸引了全球的高端人才,利用资源和能源的高价格吸纳了全球的资源和能源。总之,国际价值规律是美国致富强国的法宝之一,也是全球经济不平衡的根源之一。

(三) 中国面临的新问题、新对策

当前的这场危机,虽然冠名金融危机,但对中国的冲击主要不在金融方

---

① 《马克思恩格斯全集》,第23卷,人民出版社,1972年版,第614页。
② 《马克思恩格斯全集》第26卷(Ⅲ),人民出版社,1974年版,第112页。
③ 《马克思恩格斯全集》第25卷,人民出版社,1972年版,第265页。
④ 《马克思恩格斯全集》第46卷(下),人民出版社,1980年版,第402页。

面，而在国际贸易方面。① 这种不对称的原因何在？有必要从国际贸易领域检讨一下，以探明这个重灾区的成因以及相应的对策。

在外因方面，主要有两点：其一，国际需求严重不足。美、欧、日三大经济体是中国的主要贸易伙伴，而它们受危机影响最重，购买力大幅下降；其二，贸易保护主义抬头。2009 年我国遭受"两反"、"一保"的涉案金额和数量都翻了一番。这种势头仍在蔓延。

在内因方面，比较复杂，仅择其要者谈以下四点：

1. 外贸依存度偏高

我国外贸依存度 2007 年为 66.3%，2008 年为 60.6%，2009 年为 65.8%。如此之高，在人口总数 1 亿以上的大国（或者说有广大的国内市场的大国）中是少见的。比如，2007 年美国外贸依存度为 23.0%，日本为 30.5%，印度为 31.1%，巴西为 21.8%，南非为 25.1%，俄罗斯为 44.8%。在条件设定时，外贸依存度是一种表明国内外经济联系程度的指标，或者说是一国的外需与内需相互关系的指标。我国的外贸依存度高，说明同外界的联系比较密切，比较重视外需。因此，外界发生的问题（如这次金融危机）对中国的外贸的影响则比较严重。

2. 外向直接投资少，且同出口不配套

100 多年来，发达国家走向全球的历史证明，它们都是以外贸与外向投资（或者称商品输出与资本输出）这样"两条腿"走向世界的。这一点，列宁在《帝国主义论》中早就指出。他写道："自由竞争占完全统治地位的旧资本主义的特征是商品输出，垄断占统治地位的最新资本主义的特征是资本输出"。"资本输出成了商品输出的手段"。② 当代美国的外贸出口额仅相当于它在海外投资公司的销售额的 1/3。1995 年美国在海外的分公司的销售额为 1.8 万亿美元，而同年从美国国内的出口额不足 6000 亿美元。③ 日本、英国、法国等发达国家都有类似情况。这种情况说明，目前发达国家走向世界以投资为主、外贸为辅。这就揭示了上文所述的中国的外贸依存度为什么显著高于美国、日本等国家的原因。因此，不能把中国外贸依存度高视同于对外开放度高。

---

① 据国家统计局的数据，2009 年出口 12017 亿美元，比上年下降 16.0%；进口 10056 亿美元，下降 11.2%；进出口总额 22073 亿美元，下降 13.8%。这一年是我国外贸最困难的一年。

② 《列宁选集》第 2 卷，人民出版社，1972 年版，第 782、784、786 页。

③ 《不仅仅看出口》一文，原载［美］《商业日报》1998 年 9 月 8 日。转引自：新华社编《参考资料》1998 年 9 月 15 日。

我国的外向投资不仅少，而且同商品的出口不配套，不能成为促进商品出口的手段。我国持有的美国的国债 2009 年 11 月底已高达 7896 亿美元，大约相当于我国对外直接投资（又称绿地投资）总额的 3 倍。这个事实说明，我国重视国债、股票等金融市场上的外向投资，而不够重视外向绿地投资。这就出现了外贸单打一，或外贸长腿，外向绿地投资短腿。而过分依靠外贸，则会遇到各种贸易壁垒，冲击和摩擦加剧，反倾销、反补贴，甚嚣尘上。

3. 人民币汇率问题

在人民币汇率问题上，目前中国面临两难选择：在国际上，面临升值的压力，而在国内，又面临贬值的压力。这种矛盾对立现象是如何发生的？今后又如何办？本文试做简要分析和说明。

人民币汇率面临的上述矛盾，反映着当代世界经济发展不平衡问题。目前，人民币汇率在发达国家看是偏低的，应当升值；而在中国这样的发展中国家看则是偏高的，应当贬值。这个矛盾所以产生，根本原因在于中国经济发展水平同发达国家经济发展水平高低悬殊，社会劳动生产率高低悬殊。由于这两个"高低悬殊"，各自货币的相对价值则大小不一，各种商品价格水平以及劳动力价格水平也有很大差距。货币的相对价值在经济发展水平较高和社会劳动生产率较高的发达国家里要小，因而那里各种商品价格以及劳动力价格都高。相反，货币的相对价值在经济发展水平较低和社会劳动生产率水平较低的发展中国家里要大，因而那里各种商品的价格以及劳动力价格都较低。汇率问题，说到底，是两种货币相对价值的比较问题，是两国或两个地区商品价格水平以及劳动力价格水平的比较问题。目前，在人民币汇率问题上，中国与发展中国家之间并未出现矛盾，而仅仅同发达国家之间尤其同美国、欧盟之间形成尖锐的矛盾，其根本原因在于前文所说的两个"高低悬殊"。放眼未来，如果将来有一天，中国的经济水平和社会劳动生产率达到美国、欧盟的水平，那么人民币与美元、欧元之间的汇率将达到 1:1。届时，争论也许会罢休。

在中国国内看，为什么说人民币与美元的汇率已经偏高了。这是因为，人民币的国内价格基础是低的。这种"低"，包括劳动力价格低、资源价格低和环境价格低。按照国内的"三低"价格形成的人民币汇率还应该比目前更低些。汇率是货币的价格，也是一切商品（包括劳动力）的总价格。既然中国的国内价格存在着"三低"，那么以这个"三低"为基础的汇率就不能高，只能低，以便与"三低"保持一致。这是符合中国国情的。鉴于中国的这种实际情况，要解决人民币与美元的汇率问题，人民币与欧元汇率的问题，应当分两步走：第一步先解决国内的"三低"问题，第二步再解决中国与美国、中国与欧洲的货币关系问题。从长期看，"三低"问题解决后，随着中国经济的成长与发展，人民币与美元、欧元的汇率将呈现上升的趋势。这是毫无疑问的。

还应当指出，目前中国贸易顺差大的主要原因并不在人民币汇率方面，而美国、欧盟的出口产品结构也是原因之一。美国有两大出口优势，一是服务商品，二是高科技产品。按照国际贸易中的比较优势理论，美国应向外出口服务产品和高科技产品，而进口劳动密集型产品，才能保持贸易平衡。但是，美国只准大量进口中国的劳动密集型产品，而不允许向中国出口高科技产品，这样美方必然出现大量逆差，而中国出现顺差。如果设想一下，美国允许向中国出口高科技产品，那么中美之间的贸易不平衡将立即消失。中欧贸易不平衡问题的解决方案也是如此。由此可知，中美、中欧贸易不平衡主要原因不在人民币汇率上，而在美、欧对华出口的产品结构上。实践也证明了这个道理，从 2005 年 7 月至今，人民币的币值对美元上升 21%，实际有效汇率升值 16%。2008 年 7 月至 2009 年 2 月，也就是世界经济极为困难时期，经济危机冲击最大的时期，人民币并没有贬值，而实际有效汇率还升值 14.5%。但是，中美贸易中美方逆差并未减少。这说明，企图从人民币升值上解决美方的贸易逆差问题，难以奏效。

4. 人民币国际化问题

这次金融危机把人民币国际化问题推向了历史的前沿，引起了国际社会的广泛关注。任何一种主权货币的国际化都是一个历史过程，不可能一蹴而就。英镑、美元的国际化都经历了几十年时间。中国的人民币国际化也要经历这样一个过程。这个过程可能大体包括两个阶段：①人民币地区化（区域化）阶段。在这个阶段上，人民币将成为亚洲地区的主导货币之一，可能形成美元、日元和人民币"三足鼎立"的局面。②人民币全球化（世界化）阶段。也许在 2050 年左右进入这个阶段。届时，将形成美元、欧元和人民币"三足鼎立"的新局面，即三种主要货币共同主导国际金融市场。

为了推进人民币的国际化进程，应当采取许多政策措施。其中主要有：

（1）继续大力发展经济，增强中国的经济实力。经济决定货币，而货币又反作用于经济，促进经济发展。只有中国经济实力强大了，并且国际化了，全球化了，人民币才能真正成为国际货币，全球货币。

（2）继续改革金融体制，解除外汇管制，扩大对外开放。不仅经常项目，而且资本项目都要实现人民币的自由兑换。这个目标一旦实现，国际资本的进出流动将挑战国内的利率和人民币的汇率。为此，必须加强金融监管和宏观调控，防止货币市场和资本市场的剧烈波动。

（3）在国际贸易和国际投资中，逐步推进以人民币进行结算和支付。人民币国际化的路径，还可以按货币职能以先后次序渐进式推进。比如，首先使人民币承担国际贸易的计价与结算职能，其次让人民币具备国际投资的职能，最后使人民币成为国际储备货币。经过这些阶段，最终人民币成为完整的名副其实的国际货币或全球货币。在国际贸易的计价和结算方面，人民币国际化已迈出了步伐。中国的中央银行已与10多个国家的中央银行签订了边界贸易本币结算协议。另外，还有20多个国家和地区提出将人民币作为一般贸易支付货币。2008年12月8日，国务院有关文件已提出：允许金融机构开办人民币出口买方信贷业务；支持香港地区发展人民币业务，扩大人民币在边境贸易中的计价结算规模。2008年12月24日国务院提出，"对广东和长江三角洲地区与港澳地区、广西和云南与东盟的货物贸易进行人民币结算试点"。

（4）大力推进货币互换业务。2009年4月6日，为应对金融危机，西方的五大银行（美联储、欧洲央行、英国央行、日本央行和瑞士央行）签署了2950亿美元的货币互换协议。在此之前，美联储已与14家央行建立货币互换制度。自2008年底以来，中国已经同6个经济体签署了总额达6500亿元的货币互换协议。这仅仅是起步。随着人民币国际化程度不断提高，货币互换业务将大量增加。

（5）逐步增加在国际上发行以人民币标价的债券、股票等金融产品。中国政府已经于2009年9月28日在香港首次向海外投资者发行人民币主权债券60亿元人民币。另有媒体报道说，中国政府计划未来在香港总共发行1000亿元国债，分多个步骤完成。对此，英国《金融时报》网站评论说，这将成为"人民币迈出成为全球货币的关键一步"。

（6）加快向海外投资的步伐。美国《财富》双周月刊评论说：在21世纪的头10年里中，中国确立了自己的"世界工厂"的地位，在接下来的10年里，中国有望成为世界上最重要的资本输出国。2008年中国向海外的投资翻了1番，从258亿美元增加到500亿美元，其速度之快惊人。2009年虽然处于经济危机中，中国的海外投资不仅没有减少反而增加。这种趋势今后将持续下去。

（7）使人民币成为国际储备货币之一，并不断增加人民币在全球外汇储备中的比重。经 IMF 确认，2009 年 6 月底，包括不同货币构成的全球外汇储备按美元计价约达到 4.27 万亿美元。其中，美元部分约为 2.68 万亿美元，占 62.8%，比 2008 年底下降了 1.3 个百分点，该比例在欧元刚刚被引入时超过了 70%，但自 2001 年起一路下滑；欧元部分约为 1.17 万亿美元，占 27.5%，欧元刚被引入时，欧元外汇储备的比例仅在 18% 左右，近几年快速上升；日元的比重从 6% 降至 3%。目前人民币在国际外汇储备中的比重简直微不足道。近来，美元贬值的趋势，加速了全球调整外汇储备结构的动作。有些国家（例如俄罗斯以及东南亚国家）开始将人民币视为储备货币。这是人民币国际化的良好象征。

参考文献：

［1］王伟光：《运用马克思主义立场、观点和方法，科学认识美国金融危机的本质和原因——重读〈资本论〉和〈帝国主义论〉》，《马克思主义研究》2009 年第 2 期。

［2］胡钧、韩东：《国际金融危机与备受瞩目的"中国模式"》，《经济纵横》2010 年第 3 期。

［3］李炳炎：《当前世界经济危机的成因、影响与对策的理论分析》，《管理学刊》2009 年第 2 期。

［4］魏立群：《应对国际金融危机维护我国金融安全》，《国家行政学院学报》2009 年第 4 期。

［5］杨承训：《当代资本主义矛盾的阶段性特征——国际金融危机的深层根源及其启示》，《毛泽东邓小平理论研究》2009 年第 1 期。

（本文原载于《马克思主义研究》2010 年第 4 期）

如何减缓人民币汇率"内高外低"双重压力

杨圣明

在人民币汇率问题上，目前中国面临"两难"选择：在国际上，面临升值的压力，而在国内，又面临贬值的压力。这种矛盾对立现象是如何发生的？今后又如何办？本文试做简要分析和说明。

一、提高我国的社会劳动生产率是减缓压力的根本

人民币汇率面临的上述矛盾，反映着当代世界经济发展不平衡问题。目前，人民币汇率在发达国家看是偏低的，应当升值；而在中国这样的发展中国家看则是偏高的，应当贬值。这个矛盾之所以产生，根本原因在于中国经济发展水平同发达国家经济发展水平高低悬殊，社会劳动生产率高低悬殊。由于这两个"高低悬殊"，各自货币的相对价值则大小不一，各种商品价格水平以及劳动力价格水平也有很大差距。货币的相对价值在经济发展水平较高和社会劳动生产率较高的发达国家里要小，因而那里各种商品价格以及劳动力价格都高。相反，货币的相对价值在经济发展水平较低和社会劳动生产率水平较低的发展中国家里要大，因而那里各种商品的价格以及劳动力价格都较低。正如马克思指出的："不同国家在同一劳动时间内所生产的同种商品的不同量，有不同的国际价值，从而表现为不同的价格，即表现为按各自的国际价值而不同的货币额。所以，货币的相对价值在资本主义生产方式较发达的国家里，比在资本主义生产方式不太发达的国家里要小。由此可以得出结论：名义工资，即表现为货币的劳动力的等价物，在前一种国家比在后一种国家高。"[①] 目前，我国人民币与美元汇率面临的情况正是如此。汇率问

[①] 马克思：《资本论》第 1 卷，人民出版社，1975 年版，第 614 页。

题，说到底，是两种货币相对价值的比较问题，是两国或两个地区商品价格水平以及劳动力价格水平的比较问题。在人民币汇率问题上，同发达国家之间尤其同美国、欧盟之间形成尖锐的矛盾，其根本原因在于前文所说的两个"高低悬殊"。美欧发达国家站在高处，总认为中国的人民币币值低，必须升值。而中国则站在低处，总认为人民币币值不能高估。这种对立的观点深深根源于"高低悬殊"的社会劳动生产率水平。放眼未来，如果将来有一天，中国的经济水平和社会劳动生产率达到美国、欧盟的水平，那么人民币与美元、欧元之间的汇率将达到1:1。届时，争论也许会罢休。为达到这一点，我们必须长期坚持和贯彻科学发展观，科教兴国，大力提高社会劳动生产率，实现中国的现代化。

二、推进新一轮的价格改革是减缓压力的关键

在中国国内看，为什么说人民币与美元的汇率已经偏高了，这是因为，人民币的国内价格基础是低的。这种"低"，包括劳动力价格低、资源价格低和环境价格低。按照国内的"三低"价格形成的人民币汇率还应该比目前的更低些。比如说，不是目前的6.83元人民币兑换1美元，而是真实反映国内"三低"价格的7.13元人民币兑换1美元。二者相差的3角人民币则是虚拟升值。汇率是货币的价格，也是一切商品（包括劳动力）的总价格。既然中国的国内价格存在着"三低"，那么以这个"三低"为基础的汇率就不能高，只能低，以便与"三低"保持一致。这是符合中国国情的。鉴于中国的这种实际情况，要解决人民币与美元的汇率问题，人民币与欧元汇率的问题，应当分两步走：第一步先解决国内的"三低"问题，第二步再解决中国与美国、中国与欧洲的货币关系问题。从长期看，"三低"问题解决后，随着中国经济的成长与发展，人民币与美元、欧元的汇率将呈现上升的趋势。这是毫无疑问的。但是，目前的首要问题是下决心进行价格改革，逐步解决价格的"三低"问题。大家知道，价格改革是经济体制改革成败的关键，而今天，价格改革正在成为汇率走出困境的关键所在。只有形成同汇率相一致的国内价格体系，才能使汇率具有稳定的国内基础。为此，必须坚持推进新一轮的价格改革。

就国内来说，新一轮的价格改革既是目前减缓人民币汇率压力的关键所在，又是人民币汇率进一步合理化科学化的必由之路。这次新一轮的价格改革不同于以往价格改革的主要特点和任务是，集中力量解决广义价格问题，

即生产要素价格问题，其中主要包括劳动力的价格、资本的价格、货币的价格、能源价格、资源价格和环保价格。这些价格是国内的基础价格。当然它们又是人民币汇率的国内基础。通过价格改革，确定新的价格体制，完善价格结构。可以预见，在这个过程中肯定会出现价格水平的上升，并进一步推动企业的产品成本上升。这就可以从根本上解决出口产品的"低价倾销"问题。与此相适应，贸易顺差将显著减少，甚至消失。通过价格改革之路去减缓人民币汇率的内外双重压力，还可以使更多的实惠留在国内，而不流往国外。这是多得之事。望切切举之。

应当指出，目前面临的新一轮的价格改革，即以广义价格（生产要素价格）为主的价格改革，至少迟到了 10 年。在 20 世纪 90 年代初，狭义价格改革的任务基本完成之后，就应该迅速转向广义价格。当时，有的研究价格改革的著作曾经指明了这一点。例如，张卓元同志在其 1990 年主编的一部书中写道："在 1979 ~ 1987 年间，我国价格模式的转换以狭义价格为主要内容。所谓狭义价格是仅指各种物质产品和劳务的价格。从 1984 年开始，随着银行利率的重大改革，以及工资改革、土地资源价格改革等一系列生产要素价格的逐步显现和改革的深入，标志着我国价格改革已经由狭义价格改革进入广义价格改革阶段。"[①] 该书还以专章从多视角探讨了广义价格改革问题。可是，时至今日，我国的广义价格改革并没有真正深入全面展开，只是"头痛医头，脚痛医脚"，零敲碎打，仅做了些小改小革，并未有解决根本问题。究其原因，在客观上，20 世纪 90 年代的通货膨胀和东亚金融危机，拖了后腿，失去了七八年时间。然而进入 21 世纪之后，中国出现了广义价格改革的大好时机，情况如下表。

年份 项目	1999	2000	2001	2002	2003	2004	2005	2006	2007	2008
国内生产总值指数	107.6	108.4	108.3	109.1	110.0	110.1	110.4	111.6	113.0	109.0
居民消费价格指数	98.6	100.4	100.7	99.2	101.2	103.9	101.8	101.5	104.8	105.9
商品零售额价格指数	97.0	98.5	99.2	98.7	99.9	102.8	100.8	101.0	103.8	105.9
工业品出厂价格指数	97.6	102.8	98.7	97.8	102.3	106.1	104.9	103.0	103.1	106.9

资料来源：《中国统计摘要》，中国统计出版社，2009 年版，第 22、29 页。

---

① 张卓元主编：《中国价格模式转换的理论与实践》，中国社会科学出版社，1990 年版，第 76 页。

在这个时期，经济高速发展，成为改革开放 30 年间的第二个高速度时期；价格水平很稳定，有些年份甚至下降；国家财政良好，收入创造了最高纪录；国际收支更好，一直保持着"双顺差"，外汇储备急速增加；社会稳定，就业形势也不错。在我国像这样好的宏观经济环境不多见。我们本应该抓住这个时机，进行广义价格改革，从根本上解决这个影响广泛而深远的难题。既然时机已失，那就必须面对现实，面对未来。

当前，正在承受国内外双重压力的人民币汇率问题，迫切要求国内生产要素价格改革。理顺国内价格与人民币汇率的关系，既是当务之急，又是发展开放型经济的根本大计。我国有全世界最丰富的劳动力资源，但不少地方又闹"用工荒"，其根本原因在于劳动力价格不合理。价格是调节劳动力流动的最强有力的杠杆。全面改革工资制度和其他分配制度已迫在眉睫。目前的土地资源价格，不论在城镇还是在农村，尚未真正形成，而土地已经成为权力争夺的肥肉和腐败的温床。"劳动是财富之父，土地是财富之母"，应当通过价格改革，充分发挥价格的作用，使这句名言变为现实。资本的价格即利息率的改革虽在改革开放初期已经起动，但进展相当缓慢，它同汇率、通货膨胀率的关系仍然不协调，距离真正的市场利率还有不小的距离。至于环境价格，更需要改革。许多环境产品尚无价格，即使有价格者，也没有发挥出它们应有的作用。在能源价格方面，煤、油、气、电以及各种新能源和再生能源的价格，都有许多问题亟待改革。总之，广义价格改革势在必行。

广义价格改革不仅迫切需要，也存在着可行性。就可行性而言，我国的宏观经济仍然处在高速发展时期，国家财政状况良好，国际收支平衡有余，社会稳定，仍然处于价格改革的较好时期。当前面临的主要问题是通货膨胀预期较强，企业消化能力较弱。对通货膨胀问题要冷静分析和应对，严格管理好通胀预期。首先，对通货膨胀率设置三条防线，一是政府设定的 2010年的 3% 的目标，二是 3 年期的利率，三是城乡居民收入增长速度。只要通胀率不超过这三条界线，广义价格改革就可以顺利进行。从国际经验看，只要不超过第三条防线，国民收入分配合理，保证低收入人群的生活水平不降低，价格改革就不会出现大问题。其次，辩证地认识价格水平的升降问题。全世界近 200 年的价格历史证明，价格总水平呈现缓慢上升趋势。当然，某个阶段（如 1870～1900 年）西方国家出现过价格下降，经济危机时期（1929～1933 年）出现过下降，苏联在第二次世界大战后（1946～1956 年）出现过下降。但是，这些下降改变不了上升的总趋势。从市场经济本质看，价格是润滑剂，上下波动很自然。价格并不是越低越好，更不是越下降越好。相反，价格缓慢地、温和地上升，并不是件坏事。像我国经济发展速度在8%以上，人均收入增长在6%以上，即使价格上升2%~3%，也不是坏事，更不可怕，实属正常之事。广义价格改革的对象和主体，主要涉及政府和大中型企业。对它们既好管，又难管。应统一规划，分步实施，分工明确，责任到人，奖惩分明。价格改革的实质是经济关系的大调整，肯定会遇到某些利益集团的抵抗。对此要有充分准备。最后，要强调一点，价格改革不是免费的午餐，是要花钱的。钱从何来？把GDP的增长速度降至8%左右，把投资减下来的一部分钱用于价格改革。

三、改善中美贸易结构是减缓压力的重要举措

目前中国贸易顺差的主要原因并不在人民币汇率方面，而在美国、欧盟的出口产品结构方面。美国有两大出口优势，一是服务商品，二是高科技产品。按照国际贸易中的比较优势理论，美国应向外出口服务产品和高科技产品，而进口劳动密集型产品，才能保持贸易平衡。但是，美国只准大量进口中国的劳动密集型产品，而不允许向中国出口高科技产品，这样美方必然出现大量逆差，而中国出现顺差。设想一下，如果美国允许向中国出口高科技产品，那么中美之间的贸易不平衡将立即消失。中欧贸易不平衡问题也是如此。中欧贸易不平衡主要原因也不在人民币汇率上，而在欧盟对华出口的产品结构上。实践也证明了这个道理，从2005年7月至2008年7月，人民币对美元的汇率上升21%，实际有效汇率升值16%。人民币如此大幅度升值，美方的贸易逆差并未减少，反而增加。2008年7月至2009年2月，也就是世界经济极为困难时期，经济危机冲击最大的时期，人民币并没有贬值，而实际有效汇率还升值14.5%。但是，美方逆差仍然很大。这说明，企图从强压人民币升值上解决美方的贸易逆差问题，难以奏效。所谓中方操纵人民币汇率不过是天方夜谭。绝不是中国操纵汇率，而是美国操纵商品出口结构。美国的国力不知比中国要大多少倍！而且又是世界货币（美元）的霸主，任意发行美元。只有这种强者才能操纵货币格局。

（本文原载于《财贸经济》2010年第6期）

中国城乡经济社会一体化新格局中的
农业、农村发展问题刍议

张晓山

党的十七大报告指出："要加强农业基础地位，走中国特色农业现代化道路，建立以工促农、以城带乡的长效机制，形成城乡经济社会发展一体化新格局。"这一论断是从根本上解决"三农"问题的理论创新，构成了新时期农村政策体系的基点。而加速工业化、城镇化进程与发展现代农业、建设社会主义新农村是统筹城乡发展、构建城乡经济社会一体化新格局的大战略的两个相互关联、相互促进的有机组成部分，是一车之两轮，一鸟之两翼，不可偏废。

一、发展现代农业、走中国特色农业现代化道路是构建城乡经济社会一体化新格局的一个重要方面

推进现代农业建设，符合世界农业发展的一般规律。但世界各国所走过的农业现代化道路与各自国家的历史背景、具体国情和社会形态密切相关。发展现代农业必然涉及到要走什么样的农业现代化道路和采取什么样的发展模式的问题。不同的农业现代化道路和不同的农业发展模式必然在农业上有不同的制度安排和组织架构。发展现代农业、走中国特色的农业现代化道路是社会主义新农村建设的首要任务，是以科学发展观统领农村工作的必然要求。

（一）不同的社会形态导致不同的农业现代化道路和农业发展模式

1. 西方资本主义国家的农业现代化进程

马克思曾经说过："超过劳动者个人需要的农业劳动生产率，是一切社会的基础，并且首先是资本主义生产的基础"。[①] 西方国家农业现代化的进程

---

① 马克思：《资本论》第3卷，中共中央马恩列斯著作编译局译，人民出版社，1975年6月第1版，第885页。

就是农业资本主义化的历程。英国大地主阶级通过"圈地运动",大规模剥夺独立小农的土地,建立了大地主土地所有制基础上的资本主义大租佃农场,形成了英国的资本主义农业。19 世纪以后的德国,由封建地主经济逐渐过渡到资产阶级——地主经济,形成了保留封建残余的农业中资本主义发展的"普鲁士式道路"。而同时期的美国,在没有封建束缚的条件下,在农村普遍建立农民个体经济的土地所有制,然后通过小农经济的两极分化产生出资本主义农业发展的"美国式道路"。

西方各国发展现代农业的道路虽然不同,但都是先通过对小农的剥夺,在农业中形成和奠定了资本主义的生产关系。资本主义生产方式"在农业中,它是以农业劳动者的土地被剥夺,以及农业劳动者从属于一个为利润而经营农业的资本家为前提"。[①] 资本主义生产方式的巨大功绩是,"一方面使农业合理化,从而第一次使农业有可能按社会化的方式经营,另一方面,把土地所有权弄成荒谬的东西"。[②]

2. 中国农业现代化发展进程

通过新中国成立后的土地改革以及改革开放后的家庭联产承包责任制,使广大农民群众较为平均地享有了农村集体耕地的承包经营权,这就为在中国农村实现规模经济、发展现代农业提供了一个相对公平的起点。改革开放以后,稳定与完善农业基本经营制度是发展现代农业、建设社会主义新农村的制度保障,而稳定与完善农业基本经营制度的核心是保障农民的物质利益和民主权利。早在 1979 年,《中共中央关于加快农业发展若干问题的决定》就指出:对农民要"在经济上充分关心他们的物质利益,在政治上切实保障他们的民主权利。离开一定的物质利益和政治权利,任何阶级的任何积极性是不可能自然产生的"。江泽民同志 1998 年在安徽考察工作时引用了这段话,并强调"这是我们花了很大代价才认识的真理"。[③] 十七届三中全会《决定》也指出,"实践充分证明,只有坚持把解决好农业、农村、农民问题作为全党工作重中之重,坚持农业基础地位,坚持社会主义市场经济改革方向,坚持走中国特色农业现代化道路,坚持保障农民物质利益和民主权利,才能不断解放和发展农村社会生产力,推动农村经济社会全面发展"。

---

① 马克思:《资本论》第 3 卷,中共中央马恩列斯著作编译局译,人民出版社,1975 年 6 月第 1 版,第 694 页。

② 同上书,第 697 页。

③ 中共中央政策研究室农村组中国农村杂志社编:《江总书记视察农村》,中国农业出版社,1998 年 12 月第 1 版,第 321 页。

　　发展现代农业，意味着新生产要素的引入以及要素的重新配置，这也势必导致生产关系的变革。走中国特色的农业现代化道路，即要在农业中不断巩固和完善社会主义的生产关系，以下几个问题需要特别加以重视：要尊重和保护农民的土地承包经营权，改革和完善农村土地制度；农户与龙头企业之间应建立公平合理的利益联结机制；将提高农民进入市场的组织化程度作为完善农业中社会主义生产关系的一个重要组成部分。

（二）　中国发展现代农业的主体究竟是谁

　　根据 1996 年第一次农业普查报告，全国农村住户合计 21382.8 万户，87377.2 万人；其中纯农业户 12671.9 万户，占 59.26%；农业兼业户 3901.2 万户，占 18.24%；非农兼业户 2735.8 万户，占 12.8%；非农业户 2073.9 万户，占 9.70%。即在 1996 年，纯农户和农业兼业户占到全国农户总数的近 80%。14 年后的今天，农户的构成发生了什么样的变化呢？一些学者指出，当前中国农村呈现农业兼业化、农村空洞化、农民老龄化的"三化"趋势，农村的现状是"干农业的不是人才"。但同时，从 2003 年到 2009 年，我国农业却实现连续 7 年增收，蔬菜水果、肉禽蛋奶、水产品等农产品供给充足。粮食总产量由 2003 年的 43067 万吨增加到 2009 年的 53082 万吨；粮食作物播种面积也呈现稳步增加趋势，由 2003 年的 149115 万亩增加到 2009 年的 163455 万亩；粮食单位面积产量也稳步上升，由 2003 年的 289 公斤/亩增加到 2008 年的 330 公斤/亩，2009 年略有下降，也达到 325 公斤/亩；按人口平均的粮食产量也由 2003 年的 333.3 公斤/人增加到 2008 年的 398.0 公斤/人，2009 年为 397.7 公斤/人。[①]

　　如果说中国农村的农业兼业化、农村空洞化、农民老龄化成为一种普遍的趋势，那农业的连年增产和农副产品的充足供应又是如何实现的？我认为可能有以下几个原因：农业的物质技术装备得到加强，机械化水平得到较大提高，农业的有机构成发生较大变化，用资本替代了劳动；农业社会化服务体系得到较快发展与完善，在产前、产中和产后各个环节为农业劳动者提供了全方位的服务；专业农户的涌现在保障农产品有效供给上发挥了重要作用。

　　一个有待进一步验证的判断是：当今中国农户的构成发生了较大变化，

---

　　① 参见张晓山著：《深化改革　促进城乡统筹发展》，刊于《中国经济前景分析——2010 年春季报告》，社会科学文献出版社，2010 年 4 月版。

由 1996 年第一次农普的纯农户和一兼户占农户总数的近 80% 转为大量小规模兼业农户与少数专业农户并存；中国的农业是市场化、专业化的农业与口粮农业并存。从变动趋势看，纯农户不断减少，兼业户大量增加，专业户正在兴起。中国农村出现的各类专业种植户、养殖户、营销户是在农产品生产市场化、商品化、专业化程度不断提高的进程中涌现出来的，他们从事完全以市场需求为导向的专业化生产，是具有企业家精神的现代农民，应该说是中国农业先进生产力的代表。在中国发展现代农业，就要在农村中培养和发育农业企业家，促使一部分有能力会经营的农民能在农业中创业、发展，使他们成为发展现代农业的主体、主力军。

（三）关于中国农业发展模式和经营方式的几种不同的思路和做法

中国发展现代农业，各种生产要素必然组合到不同的农业发展模式和经营方式之中。

1. 一种发展模式强调家庭经营基础上农户的联合与合作

这种发展模式强调，发展现代农业，要尊重和保护农民的土地承包经营权，鼓励土地向专业农户集中、发展规模经营和集约经营，使他们成为发展现代农业的主体、主力军。在此基础上鼓励他们之间的联合与合作。江泽民同志 1998 年安徽讲话中指出，"从实践上看，家庭经营再加上社会化服务，能够容纳不同水平的农业生产力，既适应传统农业，也适应现代农业，具有广泛的适应性和旺盛的生命力，不存在生产力水平提高以后就要改变家庭承包经营的问题"。[①] 他的这段讲话是对这种思路与模式的最好诠释。十七届三中全会《决定》提出要实现"两个转变"：家庭经营要向采用先进科技和生产手段的方向转变，增加技术、资本等生产要素投入，着力提高集约化水平；统一经营要向发展农户联合与合作，形成多元化、多层次、多形式经营服务体系的方向转变，发展集体经济、增强集体组织服务功能，培育农民新型合作组织，发展各种农业社会化服务组织，鼓励龙头企业与农民建立紧密型利益联结机制，着力提高组织化程度。"两个转变"的提出是对小平同志讲的"两个飞跃"思想的进一步发展，是在稳定和完善农业基本经营制度方面的理论与政策创新，是对农业发展模式和经营方式的一种导向性论断。

---

① 中共中央政策研究室农村组中国农村杂志社编：《江总书记视察农村》，中国农业出版社，1998 年 12 月第1 版，第 323 页。

2. 另一种发展模式强调企业作为发展现代农业的主体

这种发展模式认为，现代农业的主体形式应当是企业。在一些地方，大公司进入农业，取得大片农地的使用权，直接雇工从事规模化的农业生产。与工商企业进入农业、大规模租赁农户承包地相联系的是从事农业的主体由家庭经营转为雇佣工人，有些地方提出鼓励和支持农民向农业产业工人转变，大力培育和发展农业产业化经营主体，促进农民向农业产业工人转变。

这种发展模式的一个关键问题是公司或者工商资本能否进入农业。针对工商企业进入农业出现的问题，2001 年中共中央 18 号文件《中共中央关于做好农村承包地使用权流转工作的通知》（注：2002 年 11 月，《人民日报》全文刊登了该文件），运用了较有弹性的政策语言，提出中央的政策十分明确，不提倡工商企业长时间、大面积租赁和经营农户承包地。同时还用有关部门负责同志答记者问的形式，进一步明确"不能用少数服从多数的办法强迫农户放弃承包权或改变承包合同"（《人民日报》2002 年 1 月 10 日第 2 版），实际上是以中央精神的形式对《土地管理法》的有关条款进行纠偏。而一个月之后，《人民日报》又报道和赞扬了福建省惠安县"走马埭农业示范区"大公司参与土地经营，"带来了革命性的变化"（《人民日报》2002 年 2 月 11 日第 2 版）。这从一个侧面说明对于工商企业进入农业的利弊在政策层面还没有定论。

2008 年的中央 1 号文件强调，坚决防止和纠正强迫农民流转、通过流转改变土地农业用途等问题，依法制止乡、村组织通过"反租倒包"等形式侵犯农户土地承包经营权等行为。十七届三中全会《决定》在涉及土地承包经营权流转时，提出"三个不得"：即不得改变土地集体所有性质、不得改变土地用途、不得损害农民土地承包权益。《决定》并审慎地提出，"有条件的地方可以发展专业大户、家庭农场、农民专业合作社等规模经营主体"，没有涉及公司进入农业承包农民土地的问题。

在现实的中国农业现代化进程中，我们在各地看到的往往是社会主义初级阶段的一种混合型、多样化的新模式，走的是一条兼容性较强的道路。与之相关的政策也较有包容性和弹性，不把话说死说绝，而是留出较大的政策空间，允许各种模式来试验，由实践来检验，这与改革开放以来采取的"摸着石头过河"、渐进式的改革道路的思路和做法是相一致的。当前农业现代化的主要形态一是对家庭经营的扩展和延伸，通过各种形式的土地承包经营权流转，专业种植、养殖和营销大户开展规模经营，在此基础上联合与合作，发展与健全社会化服务体系；二是工商外来资本或大企业进入农业，连片开发，反租倒包；三是当地的公司或合伙企业，或本地的外出创业的企业家回到地方上承包租赁土地，开展产业化经营。从目前的农业和农村政策取向来看，这样的混合型、多样化的农业现代化发展模式和经营形态在中国农村将长期存在，资本、劳动、土地等要素将不断相互碰撞和重新组合；中国农村土地制度的变革必然受到中国工业化、城镇化进程和农业现代化发展道路、发展模式两方面因素的制约。这种要素的碰撞和重新组合又和农村上层建筑的权力结构交织在一起，也必然影响到农村基层治理结构的变革方向。

在农业现代化道路与模式的选择上，焦点问题之一是如何看待工商资本甚至外国资本进入农业。在发展多种形式的适度规模经营时，农民转包、出租、转让、合作的对象是谁？"农地农用"是否只意味着"农地农民用"？包括工商资本甚至外国资本在内的各类非农业主能否有资格转包和租赁农户承包地？在这些问题上，不同的观点和实践中的不同做法的争论可能将长期进行下去。华裔经济学家黄宗智曾提出："近年来中国政府一直在积极扶持资本主义型的龙头企业，把它们认作纵向一体化的第一选择。今天，中国农业正面临一个十字路口，其将来的纵向一体化将以什么样的组织模式为主尚是个未知数"。[①]

中国当前具有的混合型、多样化的农业现代化发展模式是由中国农业的发展实践所决定的。在由传统农业向现代农业转化的过程中，中国农业经营方式的政策选择是农业产业化经营。实践是以公司（企业）为主导，以"公司＋农户"为主要形式起步的。因而，当前一些地区的做法并没有开公司化农业的先河，早在20世纪90年代，福建和广东都有类似的做法。当时有的地方提出以责任田地界为标志的承包制实际上成为发展农业产业化的"制度瓶颈"，大力推行"土地连片出租，企业集中经营"的土地流转形式。

公司（企业）导向的垂直一体化经营，能迅速将资本、技术、信息、管理、销售渠道与劳动力、土地相结合，在走农业现代化道路时，实现跨越式发展。

但在这个进程中，公司为主导的经营组织形式就挤压了农民自己经济组织发展的空间，延缓了农民组织化的进程。我们认可在农业产业化经营中的

---

① 黄宗智：《中国的新时代小农场及其纵向一体化——龙头企业还是合作组织?》国学网，2009年11月21日。

农业龙头企业，甚至农业的跨国公司在联结农民与市场方面所起到的积极作用，但也必须正视"公司＋农户"这种契约联结方式在现实经济生活中存在的问题。在公司与农户之间的交易中公司处于强势地位，分散的个体小农户往往处于弱势地位，谈判地位严重不对等，双方的利益格局在很多情况下是失衡的，双方是一种不平等的互利关系，在劳动与资本二者的关系上，仍是资本支配劳动。

我们要强调的是，从全国来讲，以农户为基本经营单位的农业基本经营制度仍然有旺盛的生命力，发展现代农业，要在稳定和完善家庭承包经营的基础上进行。在鼓励土地向专业农户集中、发展规模经营的同时，要防止一些工商企业（尤其是外来大企业）进入农业以发展现代农业为名，套取优惠贷款、圈占农民的土地、损害和侵犯农民经济利益的事件发生。

二、农村土地制度的变革将在构建城乡经济社会发展一体化新格局的大战略中处于一种关键性的位置

中国农村土地制度的变革是在加速中国的工业化、城镇化进程和要走中国特色的农业现代化道路二者相交织的大背景下进行的。城乡统筹、工业反哺农业、实现城乡经济社会一体化新格局的资金从哪里来？突破农业经营规模小、劳动生产率低下的瓶颈，搞农业规模经营、实现农业现代化从哪里入手？决策者首先就要瞄着农民的土地，必然要在促进土地规模化、资本化，通过城镇化增加土地收益上做文章。根据国土部公布的数据，2009年我国土地出让总面积20.9万公顷，同比增加38.3％；土地出让总价款为15910.2亿元，同比增长63.4％。财政部部长谢旭人2010年1月10日介绍，2009年全国财政收入预计达到68477亿元，按这一水平，"土地财政"的贡献率在23％左右。另据报道，2009年，地方政府性基金收入为15827亿元，其中包括国有土地使用权出让金收入12732亿元，新增建设用地土地有偿使用费收入648亿元。土地资本化后，正确处理其增值收益的分配，对促进城乡经济一体化发展具有重要意义。然而土地制度变革过程中出现的一些动向值得我们关注。

（一）各地新村建设、土地整治的兴奋点往往落在建设用地指标上

人多地少是中国的基本国情，城镇化、工业化确实使一部分农地转为非

农建设用地。但随着工业化和城镇化进程的加速，农村外出务工人员的增多，计划生育工作的深入，农村地区的村庄人口总数、行政村个数和自然村数量正在逐步减少，村庄平均人口规模不断增加。再通过乡村行政管理体制改革和社会主义新农村建设相关政策的引导，一些自然村出现了合并集中，中心村和小城镇逐渐成为农村人口集聚的中心。如西部某市提出，当地农村居民人均建设用地为城镇居民的 2.5 倍。如 1000 万农民进城后将其建设用地复垦，即可盘活 1600 平方公里用地指标。如果复垦"补"出来的建设用地指标，通过市场招标方式来落实，就可提升土地效益，其增值收益就能反哺农村。海南省规定农村宅基地每户不超过 175 平方米，海南某市如按此标准进行新村建设，即可节约农村建设用地约 54600 亩，这部分增量土地是该市土地储备的 3 倍多。当前全国各个地区的新村建设、大规模的旧村改造以及土地整治工作都在如火如荼地进行。通过撤乡并镇、土地整治和新村建设（注：一些地方叫"缩村让地"、"迁村腾地"，或叫"拆院并院"），农村也将增加一部分土地。从各地乡镇和村庄未来发展趋势看，这部分土地增量将越来越大。关于乡村合并、土地整治后增加的土地的使用问题，地方政府盯着的是《中华人民共和国土地管理法实施条例》中的一句话："土地整理新增耕地面积的百分之六十可以用作折抵建设占用耕地的补偿指标。"但关于乡村合并、土地整治后增加的土地的使用问题，《基本农田保护条例》和十七届三中全会《决定》等文件已有明确的政策规定：（1）确保基本农田。即使是土地整治后的占补平衡、土地置换，也不适用于基本农田。（2）耕地实行先补后占，不得跨省、区、市进行占补平衡。（3）农村宅基地和村庄整理所节约的土地，首先要复垦为耕地，调剂为建设用地的必须符合土地利用规划、纳入年度建设用地计划，并优先满足集体建设用地。如严格按照这些政策规定，这部分增量土地除了吸引本地和外来资本从事农业规模经营外，农地转为非农用地需要经过严格的程序，事先纳入计划，其大幅度增值的可能性将大大降低。但地方政府通过一系列运作，仍能推进土地资本化的增值进程，这方面无论是政策还是具体操作上都有很大的运作空间。一些地方政府在城乡统筹方面，在土地资本化上下工夫，重点不是放在城乡基本公共服务的均等化，而是盯着建设用地的指标，或是自己搞开发，或是卖指标。

（二）推进工业化、城镇化进程、开发农业多种功能与保护基本农田之间的矛盾

建设现代农业，必须注重开发农业的多种功能，向农业的广度和深度进

军，促进农业结构不断优化升级。2005 年的中央 1 号文件提出，"积极开发农业的生态保护、观光休闲、文化传承等多种功能"。开发农业的多种功能不仅是经济社会发展的需要，保护生态环境的需要，也是调整农业产业结构、扩展农民就业和增收渠道的重要举措。

当前，各地都在提倡如何适应城乡居民多层次的消费需求，促进农业向第二、三产业延伸，拓展农业增收功能。农业向第二产业延伸，就要发展工业园区；农业向第三产业延伸，大力发展观光农业、生态农业、农家乐、现代新村、民俗农庄等乡村休闲旅游，形成一产与三产的融合，这必然要改变耕地的用途。在土地整治、新村建设中，中央的政策是要确保基本农田，18亿亩耕地的红线不可逾越。即使是土地整治后的占补平衡、土地置换，也不适用于基本农田。根据《基本农田保护条例》，"铁路、公路等交通沿线，城市和村庄、集镇建设用地区周边的耕地，应当优先划入基本农田保护区"，这就使许多基本农田往往位于城市郊区的平原地带，具有地理优势和区位优势。一方面，工业、城市发展对建设用地的需求迅速增长，开发农业的多种功能及发展休闲旅游农业对建设用地的需求也迅速增长；另一方面，最具有区位优势和商业开发价值的基本农田又成为"雷区"，谁也不能碰。二者之间形成了尖锐矛盾，形成一个"死结"。一些地方违法违规将农用地转为建设用地，并有蔓延上升之势，即是这一矛盾的体现。一些利益相关者从事公司化的农业规模经营，其实也是要在基本农田的利用形式上做文章，与现行的土地管理法规发生矛盾。这个"死结"是发展县域经济面临的困境，这个领域也是中央与地方政府之间博弈的焦点。

（三）宅基地问题

社会主义新农村建设和土地整治必然涉及宅基地问题。2004 年 9 月，江西赣州市委、市政府做出《关于加强社会主义新农村建设工作的决定》，提出在赣州市社会主义新农村的建设中，到 2005 年 11 月，"空心房"改造面积要达到 410 万平方米，腾出老宅基地 5980 亩，垦复耕地 5.36 万亩。现行农村宅基地制度是一种抹杀了价格信号的"大锅饭"，由于宅基地的价值没有得到体现，也就没有制度来有效制约多占地的冲动，这是造成一户多宅、一宅多地，以致乱占耕地、浪费土地的一个重要原因。农村土地利用方面最大的潜力在宅基地，发挥这方面的潜力是解决工业化、城镇化进程与保障粮食安全、保护耕地二者之间矛盾的一个关键性问题。通过新村建设、土地整治，地方政府试图规范和重新规划农民的宅基地，但宅基地的产权问题并没有解决。我们认为，对于集体建设用地，尤其是宅基地，应该管住用途，放开产权。只有放开宅基地市场，通过规划和用途管制，才能真正管住乱占多占宅基地，应采取具体政策措施逐步推行农村宅基地使用权的有偿使用和流转制度，宅基地利用上的潜力才有可能挖掘出来。

（四）两层利益关系

在土地问题上，实际存在两层利益关系。

一层是中央与地方政府之间的利益关系。中央要考虑如何保障全国人民的粮食安全，如何为子孙后代保护耕地这一稀缺资源。地方则首先要保障当地的发展和经济增长。而当前在许多地区传统的管理模式和干部考核机制、晋升机制仍占据主导地位，地方官员追求政绩，以 GDP 增长、财税收入增加和招商引资为中心任务，对上负责而不是对下负责的体制还没有退出历史舞台。这就出现一个矛盾的现象，地方政府要促进经济增长，才能解决就业、财税收入等问题，才有经济实力来发展当地的社会事业，为居民提供公共服务，也才能有政绩。于是，地方官员最快捷、短期内能马上见效的办法和理性的选择是以地生财，招商引资，发展工业园区等。实践证明，地方官员在土地问题上违规操作、打擦边球等，不一定就撞上枪口；而经济上不去，乌纱帽肯定保不住。其结果是，我们提倡科学发展观，但是现行的行政管理体制、干部考核晋升机制则让地方片面理解"发展是第一要务"，实际上是践行不科学的发展观，这就是中央与地方政府之间的利益关系在农村土地问题上难以协调的症结之一。有的地方在上项目时提出："基本农田不占用，农民利益不侵犯，污染项目不引进。"但真正做到这几点很难。有的县每个乡镇都搞开发区。有的地方提出："项目是生命，项目是关键，项目是灵魂，项目是一切！"为此，有的地方同志深有感触地说："干部考核机制问题很多，大搞开发区是资源的最大浪费，如果能把环境与民生的考核指标多一点，对地方的破坏会少一点。"

另一层是地方政府与农民之间的利益关系。在乡村合并、土地整治时，地方政府官员往往关心的是 GDP 及财税收入的增长，实际上关心的是通过政绩所能实现的个人利益。而农民关心的是自己世代生活的家园以及自己赖以为生的生产和生活资源能否得到维护，自己的福祉能否得到增长。如何处理好地方政府与农民之间的利益关系？第一，让农民迁离世代居住的家园和改变长期形成的生活方式，必须顺应经济社会发展规律和尊重农民的意愿，要警惕出现新一轮剥夺农民土地的倾向，不能剥夺农民作为用益物权人对承包地和宅基地依法享有的财产权利，违背农民的意愿搞大拆大建。第二，要重视土地整治后增加的土地其利用是否合理、增值收益的分配是否公平这一焦点问题。

在土地问题上各种针锋相对的观点，实际上都是这两层关系的反映。如有的学者认为："成都的改革实践表明，充分利用级差土地收益规律，不仅可以更合理地配置城乡的空间资源，而且可以为城乡统筹提供坚实的资金基础。" 同时，他也承认："目前成都城市化土地收益的返农比例还不是很高，但毕竟聊胜于无，而且成都在不断提高返农收益的份额"。[①] 而有的学者则认为："由于改变用途而使土地的价值得到提升，我觉得完全跟级差地租理论无关。在同一种用途下对土地追加投入才能产生级差地租。但是，有人把农地变成城市建设用地说成可以产生级差地租，我认为这在理论上是鼓励突破用途管制、擅自把农田变成建设用地"。[②]

如果说，一部分农地转为非农用地的这一进程不可逆转，重点应放在使利益相关的农民分享农地转移用途后的增值收益上。农地转为非农用地的这部分资本化的土地资源如分配和使用得当，完全可以支付消除城乡二元结构、促进城乡经济社会协调发展、实现农业现代化所需的运作成本，从而使农民能真正享有其土地增值收益中应有的份额，合法、合理地分享城市化的"红利"。

三、构建城乡经济社会一体化新格局需要改革和完善农村基层治理结构

胡锦涛总书记 2009 年提出要在总结各地实践经验的基础上，进一步完善符合中国国情的农村基层治理机制。近年来，随着取消农业税，行政村一级的干部的工资由上级转移支付来出，作为基层群众性自治组织的村民委员会在一定程度上成为乡镇基层政府的代理，出现了行政化的倾向。随着村里出去的能人、企业家回村创业、带领群众致富，行政村的干部也出现了资本化的倾向。在这种新的形势下，探索改革和完善农村基层治理结构具有重要的现实意义。农村的基层组织治理机制的完善与发展涉及经济、政治和社会三个方面的问题。

---

① 周其仁：《还权赋能——成都土地制度改革的启示》，《经济观察报》2009 年 6 月 29 日。
② 陈锡文：《新形势下农村基本经营制度和农村土地管理制度》，载《金融危机下的中国农村发展》，农业出版社，2009 年版，第 12 页。

（一）经济方面，明晰产权，进一步探索集体经济的有效实现形式

改革前的人民公社时期，许多农村基层组织的集体经济为农民提供各种服务，为农村经济社会的稳定和发展做出了贡献。实行家庭承包经营后，许多村级组织成为"空壳子村"，基本上没有了集体经济。集体经济是农民集体所有的经济，农民是集体经济资产的所有者，村干部只是代理人，他们有责任在农民监督下管好、用好集体资产，使其保值增值，但是现实经济生活中，一些农村基层干部把集体经济拿去谋私利、寻求个人利益，使集体经济变成了"干部经济"，这是集体经济溃败的根本原因，也是我们应该汲取的教训。在新的形势下，随着新农村建设的兴起，国家投资力度的加大，农村基层组织也有可能掌控一部分新增的集体资产。在工业化、城镇化进程中，一部分集体所有的农地转为非农建设用地，村集体也有可能获取一部分存量土地的增值收益。而土地整治工作的推进，农村最大的也是最有潜在价值的一块资产——土地，也出现了增量，于是村集体也有可能获得新的收入来源。江泽民同志 1998 年在安徽的讲话中曾指出："壮大集体经济实力，要探索新的形式和路子，再也不能搞那种剥夺农民利益、归大堆的所谓集体经济了。"[①] 在新的集体资产逐渐积累的进程中，如何从一开始，就建立相关制度，通过明晰产权等多种途径来探索集体经济的有效实现形式，避免重新走导致原有集体经济溃败的老路，避免新的集体经济再次蜕变为"干部经济"，这是值得探索的一个问题。

（二）政治方面，改革和完善村级民主自治机制

建设社会主义新农村，发展是主题，农民是主体，干部是关键。农村基层组织是建设新农村的中坚力量，是构建城乡经济社会一体化的排头兵。党支部、村委会班子的选配问题关系到社会主义新农村建设的成败。现在很多地方在搞"双推双选"、"支部＋协会"、"双学双带"等活动，力图把村干部培养成带头人，把农村能人培养成村干部。一些地方提倡村企联建，能人治村；开展民营企业领建新农村活动，希望老板回来带领村民致富。不少民营企业家兼任村干部，有的地方规定，党员企业家担任村党支部第一书记，非党员企业家担任村名誉主任。这些农村能人大多具有双重身份，一方面，

---

① 中共中央政策研究室农村组中国农村杂志社编：《江总书记视察农村》，中国农业出版社，1998 年 12 月第 1 版，第 324 页。

他们是村干部，要管好用好村集体资产，为农民服务；另一方面，他们是企业老板，自己的企业要赚钱。如何处理这两方面的关系？如何防止权力机构朝着"富人俱乐部"的方向演变，如何防止能人、老板类型的干部成为新的"土围子"、"禹作敏"？

要解决这一问题，则必须创新农村基层的民主制衡机制。农村基层民主政治建设中，民主选举取得的成绩最为突出，而民主决策、民主管理和民主监督却处于被忽视和较低的水准。其实，与民主选举相比，后几个民主的实现更为重要也更为困难。因为民主政治的发展，不仅要有选举制度实现官由民选，而且还要有民主决策、民主管理和民主监督制度作保障，实现广大群众对基层事务的最起码的知情权、参与权和监督权。后几个民主的发展状况，往往决定基层民主的质量和水平。否则民主选举仅仅是老百姓将自己享有的权利的"一次性转让"。

为使农民在新农村建设中真正起到主体作用，应改革和完善乡村治理结构，探索在农村建起一种有效的民主制衡机制，解决"老板（广大农民群众）缺位"的问题。可以借鉴有些地方的经验，做实村民代表大会制度或成立村民理事会，将其塑造成行政村的议决机关，而原来的权力机关村委会则成为具体的执行机构。建立有效制衡机制的结果是：中国 62 万多个行政村的领头人，一方面是农村能人，另一方面，他们的权力又不是无限的，是受到制约的。只有这样，民主决策、民主管理、民主监督才不至于流于形式，农村基层才能真正做到"有人管事，有钱办事，有章理事"，政府的主导作用和农民群众的主体地位才能真正落实，中国共产党在农村的执政基础才能真正巩固。

（三）　在社会生活中发育多元化的组织形式

当前，在全国农村的许多地区，农民自发组织或政府或村委会倡导、农民积极响应组织的各种类型的农民合作经济组织、社团性质的协会以及非正式的组织正在蓬勃兴起。如农民的专业合作社、公路养护协会、农业机械化协会、管水协会、治安联防协会、老年秧歌队、文艺队、篮球队等。

多元化的社会组织的发育是和谐社会的一个重要标志。正如一些学者所指出的，社会管理体制演变的一个重要趋势，是介乎政府与市场之间的民间组织，包括自治组织、行业组织、社会中介组织以及公益慈善和基层服务性组织在迅速发展。充分发挥这些组织在提供服务、协调利益等方面的积极作用是构建社会主义和谐社会的客观需要。乡镇政府应主动推进农村多元化组织的发育。

温家宝同志曾指出，乡镇政府"在履行好政府职能的同时，要把不应该由政府承担的经济和社会事务交给市场、中介组织和村民自治组织"。[①] 实践证明，在党的一元化领导下，农村正在发育形成的多元化的组织形式是落实农民作为集体事务的决策主体、参与主体的重要组织载体，它们能接手政府职能转换后释放出来的一些功能，是社会主义新农村建设的重要抓手，是顺利推进农村综合体制改革、构建农村和谐社会的重要组织保障，也是基层政府职能是否能真正转变的重要条件。

发展现代农业、走中国特色农业现代化道路是构建城乡经济社会一体化新格局的一个重要方面。现代农业发展模式和经营形态的选择将影响到农村土地制度的变革方向和乡村治理机制的基本走向。在这种农业现代化道路、模式和经营方式的选择中，在经济上保障农民的物质利益和在政治上尊重农民的民主权利始终是问题的核心。

（本文原载于《经济经纬》2010 年第 4 期）

---

① 温家宝：《不失时机推进农村综合改革　为社会主义新农村建设提供体制保障》，《求是》2006 年第 18 期。

关于城镇化的若干问题研究

张晓山

加速工业化、城镇化进程，是促进中国经济社会发展、实现全面小康社会的重要战略举措，这方面有几个问题需要关注。

一、只有深化改革，才能有符合社会经济发展规律的城镇化发展进程

加速城镇化进程要建立在产业发展的基础上，城镇化要能为向城镇转移的农村劳动力提供足够的就业机会，而不是单纯城市土地的扩张。但长期以来，中国人口城镇化的速度赶不上土地城镇化速度。城镇化往往首先是土地的城镇化。1990～2000年间城镇人口年均增长4.28%，建成区面积年均扩展5.73%，城市建设用地面积年均扩展6.66%。而2000～2008年间城镇人口年均只增长3.55%，建成区面积年均扩展6.2%，城市建设用地面积年均扩展7.4%。而近年来，这种现象似乎愈演愈烈。据报道，随着我国城镇化快速推进，不少地方兴起了"新城区"建设热。一些在建或已建成的"新区"，盲目扩张、占用耕地、规划失当、空置率高等问题十分突出。[①]

城市人口与面积扩张速度对比　　（％）

年份	城镇人口	建成区面积	城市建设用地面积
1990～2000	4.28	5.73	6.66
2000～2008	3.55	6.20	7.40

资料来源：《中国统计年鉴》（2009）。

地方政府"造城运动"的冲动有其深层次的原因：①国民收入分配格局扭曲的状况尚未根本扭转，"条条"与"块块"的关系、中央与地方、地方

---

① 参看蒋芳、蔡玉高、杨玉华、皮曙初：《部分地方受政绩驱动打造新城》，《半月谈》2010年第20期。

的上级层次与基层之间的利益格局严重失衡，突出表现为税收的分享结构严重向城市、向政府的上级层次倾斜。这种格局在一定程度上造成地方各级的财权和事权划分的扭曲，基层的财权和事权严重不对称。②当前在许多地区传统的管理模式和干部考核机制、晋升机制仍占据主导地位。地方官员追求政绩，以 GDP 增长、财税收入增加和招商引资为中心任务，对上负责而不是对下负责的体制还没有退出历史舞台。在这种体制和机制下，地方官员要谋求当地的发展、要获取政绩而又没有财力，只有通过大规模的村庄整治和征用农民的土地来扩张城市，通过实施土地财政和土地金融来获取财税收入和资金。这样的城镇化实际上已经走歪了，必然贻害无穷。

解决上述问题只有靠深化改革。一方面，要深化财税体制改革，调整既得利益格局，财政的"重心"要适当下移，要显著增强地方政府特别是基层政府的财政能力。大幅度地减少专项资金，从源头上削减中央各部门配置资源的权力，使地方政府真正拥有为本地区提供公共服务和公共产品的经济能力。另一方面，要深化行政管理体制改革，强化对各级政府的问责、质询和监督、制衡机制，改革干部考核和晋升机制。只有铲除地方政府以地生财的根源，中国的城镇化才能走上正确的轨道。

二、促进大、中、小城市和小城镇协调发展，首先要真正落实地区协调发展的战略

中共中央十七届五中全会通过的《中共中央关于制定国民经济和社会发展第十二个五年规划的建议》中再次提出要促进大、中、小城市和小城镇协调发展。协调发展就意味着资源配置要相对均衡。而过去相当长时期的政策选择及发展模式是将资金的投入和资源的配置向大城市和沿海地区倾斜。不仅城乡之间发展不均衡，地区之间的发展也不均衡，沿海地区和中、西部地区之间在经济社会发展上存在较大差距；农村的不同层级之间发展也不平衡，农村地区的县城、中心镇、公路铁路沿线、旅游区与农村边远地区之间也存在较大差距。不协调发展的后果是经济、政治、社会和文化资源向大城市和沿海地区集中，这些地方必然有较多的就业机会和个人发展的空间，人们在这些地方也能享受到更为充分和优质的公共服务，各种层次的劳动力必然涌向这些地区，进一步加剧了地区间的失衡。真正要做到大、中、小城市和小城镇协调发展就必须落实地区协调发展的大战略，通过市场重新配置生产要素，相应调整经济结构，国家则要改变医疗、卫生、教育、文化等公共

资源配置失衡的状况，这样才有可能做到大、中、小城市和小城镇协调发展。

三、加速城镇化进程首先要改变不完全的城镇化或准城镇化现状

　　2009 年末中国全国总人口为 133474 万人，其中城镇人口 62186 万人，占全国总人口的 46.6%。有些学者提出，中国的城镇化率 2008 年仅为 45.7%，如果将城镇化率能提高到发达国家 80% 以上的水平，这个城镇化的过程本身就存在巨大的消费需求和发展空间。但统计上的 45.7% 或 46.6% 的城镇化率究竟意味着什么？长期以来，中国人口的划分有两种口径，一是城镇人口和农村人口，二是按照户籍划分的非农业人口和农业人口。尽管近年来有 13 个省、市、自治区宣布实行统一的户籍制度，但两种户籍人口在实际生活和工作上依然存在差别。

　　根据国家统计局的相关数据，1999 年，我国城镇人口为 38892 万人，占全国人口总数的 30.9%。2000 年，第五次人口普查将在城镇居住 6 个月以上的流动人口计入城镇人口的统计范围，我国的城镇化率遂即提高到 36.22%，比 1999 年增加了 6702 万人。现在所说的 62186 万城镇人口中，即包括户籍在本城镇的非农业户籍人口，户籍在本城镇的一部分农业户籍人口，在本城镇居住 6 个月以上的非农业户籍的外来流动人口，在本城镇居住 6 个月以上的农业户籍的外来流动人口。有的同志指出，"我国的城镇化率达到 45.7%，城镇人口第一次超过了 6 亿，其中 2 亿以上是农业户口的进城镇务工经商者"。[①] 还有的学者指出，"目前虽然我国的城市化率已达 46%，但有 28% 的人有城市户口，也就是说在城市居住的 18% 的居民还没有变成城市居民"。[②] 而根据有关资料，按户籍统计和按常住人口统计的"城市化率"，相差约 12 个百分点。非本城镇户籍的城镇常住人口约为 16017 万人，其中即使仅有一半为农业户籍的外来流动人口，也达到 8000 万人之多。数据来源和口径虽然不同，但应该承认的是，在我国的城镇人口中，除了常住的属于农业户口的本地人口外，有相当一部分是来自其他农村地区的原属于农业户籍的流动人口，这部分人已经长期在城镇居住工作，但他们的户籍在

---

　　①　参看《农村工作通讯》2010 年第 1 期"卷首语"。
　　②　参看《环球时报》2010 年 3 月 15 日。

原来居住的农村，在家乡还有承包土地和房屋（宅基地），他们的收入仍是农民人均纯收入的重要组成部分。他们中绝大多数仍是流动性人口，其生活水平、生活条件和消费方式与城市居民仍有较大的差距，形象地说就是"城里挣钱，农村消费"、"城市租房，乡村建房"。他们实现不了全家人口的迁移和定居，支付不起在城市的定居成本。虽然按照统计口径，这部分人和常住城镇的本地农业户口都已被计入城镇人口，但他们没有被城市的社会福利体系所覆盖，享受不到和城市居民同等的社会保障和公共服务。一有风吹草动，他们就会"回流"。这部分人是边缘性、钟摆型的流动人口，这样的城镇化是依旧固化着城乡二元结构的城镇化，可以说是不完全的城镇化或准城镇化。所以，逐步提高城镇化水平固然重要，但更紧迫的任务是将相当一部分已经纳入城镇人口统计中的符合条件的外来农业人口真正转为城市居民。

四、城镇化进程中应允许"两头都挂"的状况长期存在

近年来，一些地方在城乡统筹中通过"双放弃"（即农民放弃土地承包经营权和宅基地使用权，政府给予一定的补偿），使农民转为市民进城定居，加速农村土地流转和规模经营，促进城镇化进程。这就引出一个问题："两头都挂"还是"两头都不挂"？

"两头都挂"是指一部分农民进入城市，在城市工作和生活，同时在农村还有宅基地、住房和承包地。"两头都不挂"是指一部分农民已经失去了承包土地及宅基地，但又未被纳入城市的社会保障网络之中。应该说，将进城务工农民及其家属纳入城市的社会保障体系之中，使他们真正享受到城市居民的同等待遇，这是一个渐进的过程。因此，"两头都挂"的局面在中国相当长的时期内仍有其存在的合理性，一定要防止打着城乡统筹、促进规模经营、发展地方经济的旗号，剥夺农民的土地承包经营权和宅基地，使农民失地、失业又流离失所，导致"两头都不挂"局面的出现。

还应指出，给农民提供社会保障与农民放弃土地承包经营权和宅基地使用权之间并不存在一个互换的关系。根据《物权法》，农民的土地承包经营权和宅基地使用权都属于用益物权，农民作为用益物权人对承包地和宅基地依法享有占有、使用和收益的权利，这是农民拥有的财产权利。而失业、医疗和养老等社会保障是基本公共服务均等化的重要组成部分，是农民作为公民应该享有的基本权利。让农民拿自己的财产权利和他作为公民的个人基本

权利来交换无论是从法理上还是从逻辑上都是讲不通的。

五、"初次分配上也要注重公平"才能加速城镇化进程

我国城市的财政开支和公共产品的提供是以现有的户籍在本城镇的城市人口为依据的，外来的农民工虽然为当地的经济发展做出了贡献，但他们无法和当地人一样，平等地享用公共服务，获得相应的社会保障。也就是说农民工做了贡献，却得不到应有的权利。当地政府得到了收益，却不用支付成本。长期以来，我们的劳动力成本低廉的竞争优势，在很大程度上是挤压了农民工合理的劳动待遇、像样的生产生活条件和基本的社会保障而形成的。这就是所说的初次分配的扭曲。在初次分配中劳动者原始收入包括三个部分：劳动者收入；福利基金；津贴和补贴等其他收入。要使农业转移人口进城落户，首先就要在对他们的初次分配中同样注重公平。只有在初次分配大体不产生系统性扭曲的情况下，运用再分配手段改变实际运行中产生的偏差才可能是有效的。[1] 当前在中国，就供给相对充足、需求有限的简单劳动与资本之间的关系而言，资本在大多数情况下仍对劳动处于支配地位。但劳动力的价格必然要有一个满足劳动力再生产需求和社会道德的底线。在初次分配上，要遵循劳动力的市场供求规律，并切实遵守相关法律，逐步提高按劳分配的份额，使农民工的工资报酬能够随着国民经济的增长不断提高，其工作条件也不断得到改善，社会福利也能随着经济的发展而逐步得到保障。自2008年以来，我国施行了《劳动合同法》。这部法律在改善农民工就业环境方面确实发生了重要作用。但是，在世界性金融危机冲击下，各地用工企业普遍感到劳动力成本的压力。解决农民工的就业条件与国家工业化、城镇化之间的矛盾就是要寻找到新的平衡点，在加速我国工业化和城镇化进程的同时使农民工能够充分分享到我国改革发展的成果，使他们能具备条件在城镇定居和发展。

六、农民工进城落户的关键是享有与当地城镇居民同等的权益

2010年的中央1号文件提出深化户籍制度改革，促进符合条件的农业转移人口在城镇落户。农村人口进城落户定居，不可能采取一种模式，即"一

---

[1]　见《关注民生问题，构建和谐社会——全国人大常委、中国人民大学郑功成教授做客人民网》。

刀切"。由于社会和物质的基础设施的限制,大城市不可能无限扩张。大城市接纳外来人口,包括外来农村人口和外来城镇人口,要遵循做出的贡献与享受的权利相对等的原则。一些城市采取积分制等措施,如将学历、学位、职业技师或高级技师资格,参加该市社会养老保险累积多少年以上等指标折成分数,明确进入的门槛。通过制定统一、公开、公平的规则,使外来人员能形成合理的预期。中、小城市或小城镇,根据当地的具体情况,制定较低的进入门槛。从长期的实践看,关键的问题并不是户籍,而是附着在特定地区户籍上的社会福利和公共服务。要采取有针对性的措施,统筹研究农业转移人口进城落户后城乡出现的新情况、新问题,逐步实现符合条件的农民工在劳动报酬、子女就学、公共卫生、住房租购以及社会保障方面与城镇居民享有同等待遇,使在城镇稳定就业和居住的农民有序地转变为城镇居民。这部分人在城镇有了稳定的就业机会和住房,并被城镇社会保障体系所覆盖,他们就可以免除后顾之忧,农村土地管理制度的改革以及农民作为用益物权人对承包地和宅基地依法享有的占有、使用和收益的权利就有条件实现让渡,统筹城乡发展的大战略就能加大力度,加快步伐,发展现代农业和建设社会主义新农村也就有了坚实的依托。

在产业发展的基础上,数以千万计的农民工及其家属逐步融入各类城市和小城镇,他们的生活方式和消费行为将发生根本性变化,这是一个伟大的历史变迁进程,这将从根本上消除二元结构和解决"三农"问题,确保中国经济在未来相当长时期内平稳和较快发展,促进全面小康社会的早日实现。

（本文原载于《农村金融研究》2010 年第 11 期）

加快调整经济结构　推进经济
转型和发展方式转变

张卓元

中国经济 2003 ~ 2007 年实现两位数以上增速，年均达 11.65%，其中 2006 ~ 2007 年更分别高达 12.7% 和 14.2%，处于明显过热状态，并积累和加重了许多结构矛盾，使经济的大规模数量扩张难以为继。2008 年国际金融危机爆发后，中国经济转型和发展方式转变显得更加刻不容缓。而要加快经济转型和发展方式转变，就必须把经济结构的战略性调整作为主攻方向。

一、加快调整经济结构，必须解决好现阶段面临的五个失衡问题

调整经济结构，主要是要解决中国经济面临的失衡问题，重新协调好国民经济的主要比例关系。我认为，中国现阶段经济失衡主要表现在以下五个方面。

一是储蓄与消费失衡，储蓄率太高，消费率太低。1978 年，中国储蓄率为 37.9%，比世界平均储蓄率 25.1% 高 12.8 个百分点。到 2008 年，中国储蓄率为 51.4%，比世界平均储蓄率 23.9% 高出 27.5 个百分点。这是因为，我国改革开放后，从 1978 年到 2008 年，储蓄率提高了 13.5 个百分点，年均提高 0.45 个百分点，其中 2002 ~ 2008 年储蓄率突然从 40.4% 上升到 51.4%，年均提高 1.83 个百分点。与此同时，消费率大幅度下降，1978 年中国消费率为 62.1%，2008 年降为 48.6%，下降了 13.5 个百分点，其中 2002 ~ 2008 年消费率连续下降，平均下降 1.6 个百分点。消费率下降主要是居民消费率下降造成的，居民消费率已从 1978 年的 48.8% 下降至 2008 年的 35.3%，共下降了 13.5 个百分点。我们常说内外需失衡，出口依存度太高（1998 年为 18%，2007 年提高到 36%），内需不足，实质是居民消费需求严

重不足。居民消费不足，使我们越来越走上为生产而生产的怪圈，严重背离了社会主义生产的目的，背离了"以人为本"的理念。有专家提出，为解决这一失衡问题，"十二五"期间应使消费率提高至占 GDP 55% 以上，居民消费占 GDP 比重每年应至少提高一个百分点。这是很有道理的。

二是第三产业发展滞后，经济增长过于倚重第二产业。我国人均 GDP 从 2002 年起超过 1000 美元，到 2009 年已达 3600 美元，但是第三产业增加值占 GDP 的比重并没有随着人均 GDP 成倍或成几倍的增长而提高，而一直在 40% 左右徘徊。2002 年占 41.5%，2008 年占 41.8%，2009 年占 42.9%。目前我国第三产业增加值占 GDP 的比重，已比同等发展水平的其他国家低十几个百分点。第三产业发展滞后，现代服务业发展滞后，制约着我国经济增长质量和效益的提高，制约着我国经济发展方式的转变，也制约着我国居民生活水平的提高。与此同时，中国经济增长过分依靠第二产业的发展，特别是其中"两高一资"行业和房地产行业的发展。据报道，全球房地产投资占 GDP 的比重为 4%~6%，而我国这几年都达 10% 多，致使有人说房地产行业绑架了中国经济。今后，需加快发展第三产业，第三产业增加值的增长应快于 GDP 增长，使第三产业的比重逐步提高。这也有助于扩大就业，包括大量增加大学毕业生的就业岗位，使人力资源得到充分利用。

三是投入结构不合理，物质资源消耗太多，技术进步贡献率低。中国经济迄今为止主要靠粗放扩张，物质消耗大但效率不高。2009 年，中国 GDP 占全球总量的 8%，但消耗了世界能源消耗量的 18%、钢铁的 44%、水泥的 53%，这样巨大的资源消耗是不可持续的。由于资源大量消耗，而我国资源特别是人均资源拥有量低，使我国一些主要矿产品（如原油、铁矿石等）对外依存度已从 1990 年的 5% 上升到这几年的 50% 以上。科技进步不够快，研究与试验发展经费支出占 GDP 比重低，2000 年才占 0.9%，2008 年才占 1.47%，2009 年才占 1.62%，低于创新型国家至少占 2% 的水平。与此相应，我国技术的对外依存度很高，占 50% 以上。我国是世界上生产汽车第一大国，但几乎所有核心技术和品牌都是外国的。我国号称"世界工厂"，但没有一个世界名牌，前几年出口商品中 90% 是贴牌产品。中国今后必须着力从"高消耗、高排放、低效率"的粗放式增长，逐步向"低消耗、低排放、高效率"的资源节约型增长方式转变，这是转变经济发展方式的核心所在。

四是人与自然不和谐、不协调。2003 年以来经济超高速发展的一个代价是，生态和环境恶化了，人与自然更加不和谐了。2007 年党的十七大报告也确认，经济增长的资源环境代价过大。环境和生态恶化的原因在于我们盲目发展了一批高耗能、高污染、高排放产业。"十一五"规划把节能减排列为约束性指标，但有专家预计，"十一五"规划要求单位 GDP 能耗下降20%的目标可能实现不了。现在，资源、环境、生态已成为我国经济可持续发展的最大瓶颈、真正的硬约束。我们不能继续走局部改善、总体恶化的老路，而要下决心走局部改善总体也改善的绿色发展道路，不再侵占子孙后代的利益。

五是居民收入差距过大。中国反映居民收入差距的基尼系数在进入新世纪后一直在0.4的警戒线之上，且有上升趋势，世界银行资料显示2007年已达0.48。有研究报告指出，从1988年至2007年，收入最高的10%人群和收入最低10%人群的收入差距，已从7.3倍上升到23倍，贫富分化在加剧。2009年，城镇居民家庭人均消费支出为12264.55元，而农村居民家庭人均消费支出为3993.45元，后者不及前者的1/3，说明城乡居民消费差距相当大。如加上医疗、教育、社保等公共服务的城乡不平等，城乡居民消费差距将进一步扩大至5:1的水平。人均地区生产总值差距也不小。2007年，上海为78225元，而贵州为10258元，前者为后者的7倍多。最近王小鲁在《比较》2010年第3期发表文章，推算2008年有9.3万亿元隐性收入（其中灰色收入5.4万亿元）没有统计在国民总收入中。这两个数字都比2005年增加了近1倍。他提出，如把隐性收入计算进去，则以全国居民最高收入和最低收入各占10%的家庭来衡量，其人均收入差距应从统计数据显示的23倍，调整到65倍，基尼系数相应会高于0.47~0.5的水平。中国居民收入差距过大，主要原因在于分配不公、权钱交易、分配秩序混乱、政府调节不力等。注重公平分配，加快提高低收入群体的收入和消费水平，让人人共享改革发展成果，已成为缓解社会矛盾、维护社会稳定的关键。最近中央领导人提出要实现"包容性增长"，就包含了要使增长成果由公众分享的内容。

二、加快调整经济结构要明确的三个问题

我认为，要加快调整经济结构，推进经济转型和发展方式转变，必须明确以下三个问题。

第一，转方式、调结构内涵会随着经济增长和矛盾积累而有所扩展。

从中国情况看，转方式、调结构似乎经历了如下四个阶段。

一是1995年制订"九五"计划时，首次提出要从根本上转变经济增长

方式，即从粗放型向集约型转变。

二是 2005 年中央关于制定"十一五"规划建议，鉴于从 1995 年以后经济增长方式尚未实现根本性转变，重新强调转变经济增长方式，但其内涵有所扩展，提出了要从"高投入、高消耗、高排放、低效率"的粗放扩张的增长方式，转变为"低投入、低消耗、低排放、高效率"的资源节约型增长方式，并且明确了具体要求，如提出 2010 年单位国内生产总值能源消耗比"十五"期末降低 20% 左右，着力自主创新，大力发展循环经济，建设资源节约型环境友好型社会等。

三是 2007 年党的十七大进一步提出要加快转变经济发展方式，意味着转变经济增长方式已为转变经济发展方式所取代，其内涵也从一个转变扩展为三个转变，即"促进经济增长由主要依靠投资、出口拉动向依靠消费、投资、出口协调拉动转变，由主要依靠第二产业带动向依靠第一、第二、第三产业协同带动转变，由主要依靠增加物质资源消耗向主要依靠科技进步、劳动者素质提高、管理创新转变"。

四是 2010 年初以来中央一直强调加快转变经济发展方式，指出国际金融危机爆发后，转变经济发展方式显得更加刻不容缓，因为外需萎缩后，内需更显不足，产能更加过剩，增速大幅下滑；中国碳排放迅速增加受到各方面诘责，保护生态和环境的压力越来越大；由于分配差距过大且不断恶化，要求人人分享改革的成果呼声日益高涨，工人为增加工资而罢工事件增多，人们逐步认识到不仅要把"蛋糕"做大，而且要把做大的"蛋糕"切好、分配好，这是实现社会和谐的基础。因此，转变经济发展方式必须包括使公众共享改革发展成果的内容。

第二，转方式、调结构，就要适当放缓经济增速。

中国经济结构失衡的根本原因，我认为主要是连年追求超高速经济增长。为了追求短期超高速增长，不断加大投资，而且大上工业和重化工项目，挤压消费；投资增速很高，粗放扩张，必然要付出过大的资源环境代价。为保经济增速一高再高，财政支出多用于基础设施建设，用于支持欠发达地区和增加低收入群体收入的财力不足，社会公共事业发展滞后。由于追求短期的经济超高速增长，致使上述五个方面经济结构失衡越来越加重和突出。

因此，为缓解经济结构失衡问题，当前需适当放缓经济增速，从历来的追求两位数增长逐步转为追求比如 8% 左右的增速。最近，政府强化淘汰落后产能、取消一部分"两高一资"产品出口退税、加大节能降耗工作力度、各地纷纷提高最低工资标准、控制银行放贷规模和增速、整顿地方融资平台、对房地产行业进行调控等，都在使经济增速有所回调，这些都是有利于调整经济结构的。

与此同时，在经济学家中也有人担心中国经济会因政府上述措施出现"二次探底"，不利于经济的平稳较快发展。有人甚至建议政府要再次实施经济刺激计划，以确保经济的快速发展。我认为，这是不可取的。当前经济的一定程度的回调是政府宏观调控的要求，是有利于转方式、调结构的，并不是什么"二次探底"。因为一般认为，按照现在的发展态势，今年三、四季度的经济增速仍将在8%以上，全年经济增速将在9%以上。如果不能容忍现在一定程度的增速回调，老是想保两位数增长，那么，所谓调结构就将落空，甚至会使结构失衡更加严重，最终走向"硬着陆"。这说明，在中国经济转型过程中，需要转变增长和发展的理念，要从追求两位数增长转变为追求常态的中高速增长，即8%左右的增长。只有这样，才能为加快调整经济结构创造比较良好的环境和条件。

其实，在目前中国体制和政策格局下，我们根本不必为经济探底发愁。现在各方面特别是地方政府，仍是GDP挂帅，急功近利，只要有一点可能，都会千方百计提高经济增速，即有强大的追求经济高速再高速的动力，并希望一直实施扩张性的宏观经济政策。在中国，目前最难的还是控制经济增速太快带来的资源紧张、环境恶化、通货膨胀、贫富悬殊、国强民不富等问题。我们要逐渐回归到常态的增长，只有在两种情况下才有可能，一种是内外环境迫使不得不放缓经济增速，否则会出现社会震荡、危及社会稳定，这是被动的调整；另一种是通过深化改革，主要是推动政府转型，政府不再以追求GDP增速作为第一目标，转为公共服务型政府，这是主动的调整。我们应当努力实现主动的调整。

第三，主要着力于深化改革和调整政策，推动转方式、调结构。

转方式、调结构有许多途径，如大力提高自主创新能力、发展战略性新兴产业、完善有关法规等，但我认为当前最重要的是着力深化改革和调整政策。

在深化改革方面，应以政府转型和财政转型为重点。2005年中央关于"十一五"规划的建议，为配合把转变经济增长方式作为实施"十一五"规划的关键环节，明确提出加快行政管理体制改革是全面深化改革和提高对外开放水平的关键。这是有内在联系的。据我体会，当时已普遍认识到，要切实转变经济增长方式，必须靠政府转型来推动和保证，而政府转型是现阶段行政管理体制改革的主要内容。可惜这一关于加快行政管理体制改革重要意义的重要论断以后被淡化了，没有落实，服务型政府的建设滞后了。所以今后在经济转型中要突出强调政府转型，从经济建设型政府向服务型政府转变，处理好政府同市场、企业的关系，政府不再以追求 GDP 的高速增长作为主要目标，而应把做好公共服务放在第一位。

在政府转型过程中，财政转型很重要。财政要从经济建设型财政转为公共服务型财政。从中央到地方，财政支出主要用于公共服务而不是经济建设。经济建设除必要的基础设施外主要用于"三农"，如兴修水利、改良品种、推广农业先进技术、对农民种粮等进行直补等。要大力调整财政支出结构，大幅度增加公共服务支出，包括教育、医疗卫生、就业培训与服务、社会保障、公共文化建设等，这些能有效提高公众特别是低收入者的收入和消费水平，提高居民消费占 GDP 的比重。这正是转变经济发展方式所要求的。

调整政策也很重要。各类资源和生产要素长期实行低价政策，实际是鼓励粗放扩张，今后需做重大调整，主要是放松政府对价格的管制，使各类资源和要素的价格能很好反映市场供求关系、资源稀缺程度和环境损害成本。又如，调整经济结构，需要加快发展服务业。但据国家税务总局的课题研究，目前我国服务业的营业税实际税负高于第二产业增值税税负 2 个百分点左右（见国务院《发展研究中心调查研究报告》第 170 号，2010 年 9 月 20 日），这显然是不利于合理调整产业结构的，亟须尽快完善。还有各种限制民间资本进入垄断行业的政策，也不利于这些部门的技术进步和效率提高，有待进一步完善，如此等等。

（本文原载于《中国流通经济》2010 年第 11 期）

中国经济转型的难点在哪里？

张卓元

2009 年底，中央经济工作会议明确提出："这场国际金融危机使我国转变经济发展方式问题更加凸显出来。综合国际、国内形势看，转变经济发展方式已刻不容缓。我们要把加快经济发展方式转变作为深入贯彻落实科学发展观的重要目标和战略举措"。

紧接着，2010 年 2 月 3 ~ 7 日，全国省、部级主要领导干部集中在中央党校，专题研讨深入贯彻落实科学发展观，加快经济发展方式转变问题，胡锦涛总书记等中央领导同志作报告，其规模和重视程度可以同几年前学习科学发展观相比拟。

这说明，中央已充分认识和高度重视中国经济的转型问题，即必须从追求数量扩张到注重质量和效益，转变经济发展方式很紧迫，已到了刻不容缓的地步。

但是，从 1995 年"九五"计划提出转变经济增长方式任务以来 15 年的实践看，包括 2005 年中央关于"十一五"规划建议又一次提出转变经济增长方式和 2007 年党的十七大提出转变经济发展方式的任务以来的实践看，转变经济增长和发展方式困难重重，举步维艰。这一次，会不会也像过去几次那样，说得很厉害，要求大家高度重视，但在实践上大打折扣，变成雷声大，雨点小，现在还说不准。特别是因为，转变经济增长和发展方式，困难重重，没有十年八年的艰苦努力是很难有实质性进展的，而这一届领导还只有两年多的任期。因此，存在一种可能性，即实际上这两三年主要还只是解决认识问题，统一思想，主要实际行动留给下届领导班子。

一、转变经济发展方式的难点之一是它同追求经济的短期高速增长是有矛盾的

到目前为止，各级政府和许多干部，都仍然是把追求 GDP 的短期高速

增长作为首要任务，各地在 2009 年保增长名义下上了一大批"两高一资"项目，他们对这些项目会因为要转变经济发展方式就轻易扔掉吗？很难，因为扔了就会影响 GDP 增速，很快会出现财务危机。在各方面仍把追求 GDP 增速放在第一位的想法和做法下，他们对转变经济发展方式往往只是做点表面文章，基本实践还是走老路。今年从 31 个省、区、市由当地人代会通过的国民经济和社会发展计划来看，只有 3 个省、市 GDP 增速定为 8%，其余都在 8% 以上，平均增速达 10.3%，许多省区都仍然是把增投资、上项目放在首位，没有把转方式放在首位的。而经济学原理告诉我们，转变经济发展方式、调整经济结构同短期追求 GDP 高速增长是有矛盾的，一个劲追求数量扩张同提高经济增长的质量和效益是有矛盾的，只要仍然把追求 GDP 高速增长放在第一位，转方式、调结构就提不到重要议事日程，而且会出现新的粗放扩张和恶化结构。所以，只要各级政府和官员不愿放弃短期的特别是任期内 GDP 的高增长，转变经济增长和发展方式就很容易流为空谈或只能取得一些表面的进展。

因此，要真正着力抓经济发展方式转变，就不能继续把保增长放在首位，就不能追求过高的经济增速。2009 年的实践表明，把保增长放在首位，带来的是不少地方又一轮的粗放扩张，投资与消费的结构进一步恶化，居民收入差距扩大的趋势难以扭转。现在要突出抓转变经济发展方式，如果继续把保增长放在首位，就等于提出一个根本无法破解的命题。

二、转变经济发展方式的难点之二是重要领域和关键环节改革难启动

党的十七大报告提出，加快重要领域和关键环节改革步伐，但现在看来很难落实。这几年我国推进了一些改革并取得成效，如医疗体制改革、集体林权制度改革、成品油价格形成机制改革、文化体制改革、完善社会保障制度等。但是没有或很少重大改革出台，特别是缺少对推动经济转型和发展方式转变有重大意义的改革出台，总的感觉是进展不够大，大家见到的主要是一些修补性改革。原因在哪里？我认为至少有两条。一是专注于发展，顾不上抓改革。2003～2007 年，连续五年两位数和两位数以上的经济增长，使政府部门处理增长问题就忙不过来，比如前几年煤、电、油、运那么紧张，节能减排任务那么繁重，使中央综合部门特别是国家发改委几乎全力抓发展，没有多少精力抓改革了。一次研讨会上，一位原国家发改委副主任回忆说，

前几年，发改委 90% 以上的精力都用于抓发展，解决经济高速增长过程中出现的种种问题，一年中党组研究改革问题的会议顶多一两次，改革很难排上重要议事日程。二是从短期政绩看，不改革经济照样快速增长，日子很好过，而且很风光，而改革涉及利益调整，会凸显矛盾，得罪既得利益群体如垄断部门——有很大审批权力部门的利益，何必找这个麻烦。这种情况，造成现在改革缺少动力。从领导来说，他为什么要改革，抓改革出不了大的政绩，反而要冒风险，有许多矛盾和难题要处理。有的改革比如能源资源产品价格改革还会影响短期经济增速，因为中国能源资源产品价格偏低，改革会带来价格上升，从而使企业成本上升，影响低成本扩张，所以犯不着自找麻烦。这的确有一定道理，也在一定程度上反映了某些官员的心态。2005 年和 2006 年，有关部门曾提出能源资源产品价格改革设想，但一次又一次被搁置下来，以致丧失价格改革的好时机（2005 年和 2006 年 CPI 上涨率仅为 1.8% 和 1.5%，是能源资源产品价格改革的好时机）。又如开征物业税问题，2003 年党的十六届三中全会明确提出开征物业税，当时不少经济学家对物业税寄予很大期望，认为这能有效抑制对房地产的投机性需求和过度需求，有利于房地产市场的健康发展。但是，由于有关部门对此不感兴趣或认为工作难度太大，不愿意采取切实措施落实三中全会提出的要求，一拖就是 7 年。近期房地产炒风很盛，房价疯涨，老百姓意见很大，但是到现在还看不出多少年后才能开征物业税，从而使这一对抑制房地产投机和房价有重大意义的改革被无限期拖延下来。2009 年以来，我们又碰上能源资源产品价格改革的好时机，已有更多的经济学家呼吁加快这一基础性改革，也是落实依靠市场优化资源配置的最重要的改革。但现在看来，也有可能照样因种种原因使这一改革难有大的动作，把问题留给下一届政府解决。

三、转变经济发展方式的难点之三是政策调整阻力重重

在国际金融危机冲击下，2008 年年底，我国开始实行适度宽松的货币政策和积极的财政政策是必要的。但是，中国经济目前已迅速回升，2009 年 GDP 增长 8.7%，2010 年增长势头更猛，一季度增速已高达 11.9%，已显偏热。与此同时，CPI 也由负转正，上涨率达 2.2%。2009 年已出现天量的信贷投放，年投放量近 10 万亿元，2010 年一季度也达 2.6 万亿元。有些经济学家提出要考虑调整适度宽松的货币政策，以避免通货膨胀卷土重来，但地方政府官员强烈要求继续实施适度宽松的货币政策，不赞成有任何调

整。在眼看着经济走向过热的情况下，我个人认为，适度宽松的货币政策似乎应做适当调整，以免经济过快扩张和出现中位通货膨胀，而把注意力集中到提高经济增长的质量和效益、加快转变经济发展方式上来。实际上，像2009年上半年那样过度宽松的货币政策在实践中也走不下去了。2010年以来，一个多月央行连续两次提高银行存款准备金率，说明实际实施的已不完全是适度宽松的货币政策，而是一定程度收紧的政策。这是为防止通货膨胀袭击必须采取的政策。中国是率先走出国际金融危机的国家，既然经济已企稳回升，而且回升势头很猛，就理应率先退出为应对危机的临时刺激措施，以免刺激过头，带来不良后果。目前，过度宽松的流动性已造成通货膨胀预期、投资增速过快、产能过剩、房地产市场泡沫，值得警惕，政策的调整须及时跟上。

积极的财政政策是应当继续实施的，否则会出现大量烂尾工程。但投资结构仍有调整余地。中央投资项目经过调整，就比较合理，民生工程较多，没有工业项目。但是，中央投资项目在整个固定资产投资项目中只占很小比重。2009年，全社会固定资产投资达22.5万亿元，而中央项目投资只有不到2万亿元，占1/10都不到。2009年，地方财政用于"两高一资"的项目、产能过剩的项目就不少，这些项目是否全都要保下去呢？值得研究。当然，当初的投资决策者往往是不愿意调整的，而如果不调整，则同转变经济发展方式的要求不一致。所以，调整政策包括调整投资政策也很不容易，困难重重。

总之，在现有体制、政策格局下，原有利益关系难有大的调整，中国经济转型、经济发展方式转变有许多难点。不克服上述困难，就很难取得实质性进展。

（本文原载于《经济纵横》2010年第6期）

加快经济发展方式的转变

周叔莲

党的十七大报告中明确提出：要继续努力奋斗，确保 2020 年实现全面建设小康社会的奋斗目标。为了实现这个目标，首要的任务是转变经济发展方式，实现经济又好又快发展。未来 10 年，中国必须加快经济发展方式的转变。本文拟就这个问题谈点看法。

转变经济发展方式面临艰巨任务

2006 年全国人大通过的"十一五"规划，针对发展中的突出矛盾和问题，提出了经济增长和经济发展方式转变的目标和任务。最近有关部门对"十一五"规划实施进行中期评估，发现经济增长的目标是超额完成的，而转变经济增长方式的有些重要任务则未能完成。国务院《关于"十一五"规划〈纲要〉实施中期情况的报告》研究和概括了各单位的评估意见，认为当前经济社会发展中面临着以下四个方面的突出问题。[1]

（1）经济结构性矛盾仍然突出。从需求结构看，内需与外需、投资与消费的结构失衡，经济增长过于依赖投资和出口拉动的局面没有根本扭转。2007 年投资率仍高达 42% 以上，消费率进一步降至 48.8%，外贸依存度高达 66% 以上。从产业结构看，工业增速过高，服务业发展滞后，农业基础薄弱，经济增长主要依赖工业带动的局面没有根本扭转。2006 年、2007 年两年，工业增速都在 13% 左右，占国内生产总值的比重由 2005 年的 42.2% 提高到 2007 年的 43%。其中，重化工业占工业增加值的比重由 69% 提高到70.6%。服务业增加值比重和服务业就业比重均未达到预期要求。从要素投入结构看，科技进步、劳动者素质提高、管理创新、就业比重的贡献不够，经济增长主要依靠物质资源和简单劳动投入带动的局面没有根本扭转。

（2）资源环境压力不断加大。随着经济总量扩大，能源、淡水、土地、矿产等战略性资源不足的矛盾越来越尖锐，长期形成的高投入、高污染、低产出、低效益的状况仍未根本改变，带来水质、大气、土壤等污染严重，生态环境问题突出。由于高耗能、高排放行业增长较快，节能准入和落后产能退出机制尚未完全建立，降低能源资源消耗和减少主要污染物排放的形势更加严峻，完成节能减排任务相当艰巨。

（3）重点领域和关键环节改革还不到位。改革处于攻坚阶段，一些深层次体制机制问题还未得到根本解决。主要是政府职能转变还不到位，公共服务和社会管理比较薄弱；垄断行业改革总体推进缓慢，竞争性市场格局尚未形成；资源要素价格改革进展不快，资源利用效率总体偏低；财税金融体制改革有待深化，不能满足实现基本公共服务均等化的需要，难以提升金融业竞争力和服务水平。

（4）社会建设仍存在不少矛盾和问题。主要表现为就业形势严峻，劳动力供需总量矛盾和结构性矛盾突出，收入分配不合理，分配秩序不规范，城乡收入差距、行业收入差距过大；社会保障制度不完善，基本养老保险统筹层次低，社会保险关系转移接续难，做实个人账户进展缓慢；推进基本公共服务均等化的机制有待完善，城乡间、区域间公共服务水平差距较大；生产安全和食品安全事件时有发生。

中国社会科学院课题组发表的《我国"十一五"规划实施三年（2006～2008）情况分析报告》中也指出，我国当前经济社会发展面临的主要问题有：经济发展方式亟待转变，经济结构矛盾仍然突出；能耗降低目标实现困难，资源环境压力不断增大；体制机制改革有待深入，和谐社会建设任重道远。[2]

以上这些权威报告揭示的问题说明，未来 10 年我国面临的转变经济发展方式的任务是十分艰巨的。经济发展方式包括多方面的内容，除了包括经济增长方式的内容外，还包括产业结构、收入分配、居民生活以及城乡结构、区域结构、资源状况、生态环境等方面的内容。诸如投资和消费、内需和外需、生产和消费、节约资源、保护环境、收入分配等方面的问题，都是转变经济发展方式需要研究解决的。经济发展又是和社会发展、政治发展、文化发展联系着的，是广义发展方式这个更大系统中的一个组成部分。所以，要从生产力、生产关系、上层建筑等多重角度认识经济发展方式，认识和把握影响经济发展方式转变的复杂因素。转变经济发展方式既要求从粗放型增长转变为集约型增长，又要求从不全面、不协调、不可持续的增长转变为全面、协调、可持续的增长。转变经济发展方式之所以艰巨，除了由于它包含的很多任务本身就非常复杂艰难外，还由于它是一个宏大复杂的系统工程。对此我们要有足够的认识。

转变经济发展方式要求转变发展观念

党的十七大明确提出转变经济发展方式，认为这是关系经济全局紧迫而重大的战略任务。那么，为什么转变经济发展方式的许多任务总是完不成甚至转变不过来呢？

有些同志认为，这是由于对粗放增长方式的弊端揭露得不够，没有揭到痛处，因此，它还有市场，还令人留恋。他们提出转变经济增长方式首先要转变发展观念。笔者认为这些同志的意见是有根据的。不过，据笔者所知，改革开放之初，对于传统的经济增长方式的由来及其弊端，我国经济界和理论界是进行过认真的调查研究和深刻揭露的。国务院财政经济委员会于1979年6月到1980年5月组织全国400余名从事实际工作的同志和200余名从事理论工作的同志对中国30年经济结构进行调研，其成果正是马洪、孙尚清主编的《中国经济结构问题研究》（人民出版社，1981年）。该书对于新中国成立后30年经济结构的演变做了全面的分析研究，指出30年来经济结构取得了很大成绩，也积累了很多问题。主要问题有：农轻重关系严重失调，能源供应紧张，运输和生产发展不相适应，流通和生产发展不相适应，积累和消费的比例关系失调，三线建设遗留问题很多。经济不合理的后果是：阻碍社会再生产的进行，导致经济效果下降，阻碍人民生活水平的提高，妨碍改革经济管理体制。该书还分析了当时经济结构不合理的原因，认为首先就是盲目追求高速度。书的"前言"中指出："从1958年开始，我们不断盲目追求高速度，违背国民经济按比例发展和综合平衡的要求。"

盲目追求高速度就是传统发展观念的核心，转变发展观念，首先就是要转变盲目追求高速度的观念。现在的情况和改革前已有很大不同。经过改革开放，计划经济已转变为社会主义市场经济，经济科学也发展了，过去着重讨论速度和比例的关系，现在发展为讨论经济增长和经济结构的关系。过去追求发展速度主要表现为追求总产值，现在主要表现为追求GDP。不过，在经济上盲目追求高速度必然会带来种种恶果，这一点是相同的。总结新中国成立 60 年的经验教训，我们完全有根据说：现在如果不顾客观条件，继续盲目追求高速度，那么，一不利于产业结构优化升级，二不利于节约资源保护环境，三不利于建立社会主义福利制度，四不利于深化经济体制改革，五不利于建立科学的干部考核制度，六不利于政府职能转变。这样也就难以顺利推进经济增长方式转变。所以，转变发展观念，克服盲目追求高速度，确实是转变经济发展方式极其重要的条件。

现在已经具备了转变发展观念的有利条件，最有利的条件是党中央提出了科学发展观。党的十七大对科学发展观的内涵、要义、核心、基本要求和根本方法做了全面的阐述。我们转变发展观念就是要把一切不符合科学发展观的观念转变为符合科学发展观的观念，并把它贯彻落实在实践中。

树立和贯彻科学发展观还会遇到一些思想理论问题，需要多做调查研究工作，开展讨论，加以解决。例如，有一种观点认为，只有经济发展速度快才能解决就业问题，我国面临严峻的就业形势，速度越快越好。笔者认为，解决就业问题确实需要一定的发展速度，但是就业多少不仅决定于速度快慢，还决定于产业结构、技术结构、企业规模结构和有关的各种政策。以解决就业问题为理由追求过高的速度，不一定能够解决就业问题，反而会带来种种恶果，最终也不利于就业问题的解决。还有一种观点认为，速度快使生产增加了，才能实现公平分配。事实上，生产和分配既有联系也有区别，生产发展使"蛋糕"增大，可能有利于公平分配，但并不会自动导致公平分配，而我国近十多年来的情况是，生产发展了，各种收入差距反而不合理地更加扩大了。所以，这个观点也不能成为追求过高速度的理由。再有一种观点认为，经济发展不要担忧资源短缺，只要价格由市场机制即由竞争决定，资源问题就能够解决。笔者认为，现在我国资源价格定价机制不合理，这是导致资源供给和使用问题的重要原因，价格机制和定价的合理化会有助于解决资源问题。但是，不能认为可以不顾资源供给状况决定发展速度。地球上的很多自然资源确实是有限的，即使科技进步可以找到有些资源的替代品，也有一个时间接续问题。何况有些资源不一定会进入市场。再有一种观点，认为先污染后治理是经济发展规律。从历史看，很多经济发达国家和发展中国家在经济发展中确实走的是先污染后治理的道路，但现在我们不能再走这条道路了。因为这条道路代价太大，而且全地球的生态环境已到了恶化的顶点，不容许再增加污染了。这条道路不仅对不起子孙后代，也使当代人受困于污染的环境，甚至使他们喝不到干净的水，呼吸不到清洁的空气，从而难以有幸福的生活。这个观点可能使人们为了经济发展快而忽视保护生态环境，因而也有片面性。

转变经济发展方式要求深化改革

加快转变经济增长方式要求继续深化改革，这样才能奠定牢固的制度基础，党的十七大报告强调："要把改革创新精神贯彻到治国理政各个环节，毫不动摇地坚持改革方向，提高改革决策的科学性，增强改革措施的协调性。"

（1）完善社会主义市场经济体制。现在我国社会主义市场经济体制还不完善，未来 10 年要建成比较完善的社会主义市场经济体制。要深化对社会主义市场经济规律的认识，从制度上更好地发挥市场在资源配置中的基础性作用，形成有利于科学发展的宏观调控体系。要坚持和完善以公有制为主体、多种所有制经济共同发展的基本经济制度，毫不动摇地巩固和发展公有制经济，毫不动摇地鼓励、支持、引导非公有制经济发展。要依据邓小平同志倡导的"三个有利于"标准处理所有制问题。公有制并非就是社会主义，即使在社会主义社会里，公有制经济也未必一定是社会主义性质，符合"三个有利于"标准的公有制才是真正的社会主义公有制。私有制经济按照"三个有利于"标准办事，这种私有制经济的发展并不会影响我国社会的社会主义性质，不会使社会变"资"了。要坚持平等保护物权，形成各种所有制经济平等竞争、相互促进的新格局。现在地方保护主义、市场分割的现象还比较严重，要改变这种状况，10 年内形成统一开放、竞争有序的现代市场体系，发展各类生产要素市场，形成能够完善反映市场供求关系、资源稀缺程度、环境损害成本的生产要素和资源价格形成机制。同时还要看到，社会主义和市场经济必须结合，也可能结合，但社会主义和市场经济之间也存在矛盾，要从体制、机制、政策等方面正确解决两者之间的矛盾。

（2）继续深化国有企业改革。我国国有企业改革尚未完成，必须继续进行改革，在未来 10 年基本完成国有企业改革的任务。要深化国有企业公司制股份制改革，健全现代企业制度，完善法人治理结构，优化国有经济布局和结构。要尽快改变垄断行业国有企业改革滞缓的状况，着力研究和深化垄断行业改革。有的垄断行业也要引入竞争机制，要降低进入门槛，鼓励非国有经济成分进入，把行政性垄断行业改造成为竞争性行业。应该取消国家对垄断行业的某些特权，政府不应该对它们进行特殊照顾，它们的垄断利润应该上交给国家，用之于社会，使全民受益。有条件的垄断行业企业也要自主经营、自负盈亏，自我发展、自我约束，负起应负的责任，包括社会责任。要加强政府监管和社会监督，防止垄断行业成为阻碍改革和社会进步的既得利益集团。建成国有资本经营预算制度和相当完善的各类国有资产管理体制和制度。还要积极推进集体企业改革，发展多种形式的集体经济、合作经济，促进个体、私营经济和中小企业发展。

（3）继续深化分配制度改革。当前我国收入分配中存在的主要问题是：居民收入差距继续扩大，分配秩序相当混乱，社会保障体系很不完善。未来10 年要积极采取有效措施，遏止居民收入差距扩大的趋势，规范和完善个人收入分配秩序，建立覆盖全体城乡居民的社会保障体系。要坚持和完善以按劳分配为主体、多种分配方式并存的分配制度，健全劳动、资本、技术、管理等生产要素按贡献参与的分配制度，初次分配和再分配都要处理好效率和公平的关系，再分配要更加注重公平。提高居民收入在国民收入分配中的比重，提高劳动报酬在初次分配中的比重。着力提高低收入者收入，逐步扩大中等收入者比重，有效调节过高收入。社会保障是社会安定的重要保证，近年来政府做了很多工作，但距离建立覆盖全体城乡居民的较高水平的社会保障体系，保障人民基本生活，还有相当差距，需要继续努力。增加居民收入和合理分配收入都要求扩大就业，因此，要继续实施扩大就业的发展战略，促进以创业带动就业，并在制度上保证扩大就业战略的顺利实施。要健全面向全体劳动者的职业教育培训制度，建立统一规范的人力资源市场，形成城乡劳动者平等就业制度，完善面向困难群众的就业援助制度，做好高校毕业生的就业工作。

（4）建立和完善有利于节约资源能源、保护生态环境的体制、机制。转变经济发展方式必须处理好经济发展、资源利用、环境保护三者之间的关系，把经济发展控制在资源和环境承受能力之内，解决好资源有限和环境容量对经济发展的制约，确保资源环境能够持续地为人类利用，造福人民。当务之急是建立能够反映市场供求关系、资源稀缺程度以及环境治理等外部成本的资源类产品的价格体系及其形成机制，建立有利于资源综合利用、循环利用及废物回收利用的税收、信贷和补贴制度，硬化资源对投资者、经营者和消费者的约束。资源领域要完善自然资源有偿开采、有偿使用制度，环境领域要全面实施污染物排放总量控制、完善污染物有偿排放和排放权交易制度。面对低碳经济发展，未来 10 年还要建立起适应和促进其健康发展的体制、机制。

（5）倡导符合小康社会的消费方式。经济发展最终是由消费决定的。现在中国是消费不足和消费过度并存。全国还有几千万人没有摆脱贫困，几亿人还不富足，消费不足是主要问题。但是也存在过度消费、不健康消费、有害消费等现象。我国似乎已存在一种向欧美高消费学习和看齐的趋向，这不符合中国的现实情况，也不符合未来发展的要求。需要研究消费观念、消费方式等问题，倡导符合小康社会的消费观念，建立和推广富足、健康、幸福、可持续的消费方式。

（6）积极稳妥地深化政治体制改革。政治体制改革是我国全面改革的重要组成部分，必须随着经济社会发展而不断深化，与人民政治参与积极性不断提高相适应。和经济体制改革的要求相比，我国政治体制改革是滞后的，这不仅影响了我国政治文明建设，在一些方面延缓了经济体制改革的进程，而且是改革开放以来权钱交易、官商结合、寻租、腐败等现象频发的一个重要原因。党的十七大报告提出了 2020 年实现全面建成小康社会在政治建设方面的奋斗目标。这就是：扩大社会主义民主，更好地保障人民权益和社会公平正义；公民政治参与有序扩大；依法治国基本方略深入落实，全社会法治观念进一步增强，法治政府建设取得新成效；基层民主制度更加完善；政府提供基本公共服务能力显著增强。这也是未来 10 年我国政治体制改革的任务。党的十七大报告还从扩大人民民主、发展基层民主、加快建设社会主义法治国家、建设服务型政府、完善制约和监督机制等方面，对发展社会主义民主政治提出了全面系统的要求和措施。当前应该着力加快行政管理体制改革，建设服务型政府。要加快推进政企分开，政资分开，政事分开，政府与市场中介组织分开，切实转变政府职能，理顺中央和地方政府的关系。同时，要认识到行政管理体制改革只是政治体制改革的一个方面，不能用行政管理体制改革取代政治体制改革。不积极进行政治体制改革，行政管理体制改革也是搞不好的，也很难实现经济发展方式的根本转变。现在经济学界研究转变经济发展方式似乎有一种规避政治体制改革的现象，而政治经济学研究经济问题是不能脱离政治也离不开政治的，这也正是政治经济学的长处，马克思主义政治经济学更不能脱离政治研究经济问题。政治体制改革是艰难和有风险的,而且会遇到阻力,尤其是遇到既得利益阶层的阻力。但正如党的十七大报告所提出的:"人民民主是社会主义的生命。发展社会主义民主政治是我们党始终不渝的奋斗目标。"我们必须下定决心,克服困难,积极稳妥地进行政治体制改革,完成全面建设小康社会政治建设的奋斗目标。这也是加快转变经济发展方式的要求和条件。

参考文献:

[1] 朱之鑫:《"十一五"规划实施中期评估报告》,中国人口出版社,2009。

[2] 中国社会科学院经济学部:《中国经济研究报告》第 110 期,2009年 9 月 18 日。

(本文原载于《新视野》2010 年第 3 期)

宁可慢些，但要好些

——关于正确处理当前经济发展中几对关系的认识

周叔莲

一、今年的经济工作应当在"好"字上多下工夫，不要追求过高的速度

对今年速度有多种估计，我看到几种乐观的估计。一种认为增长 8%，一种认为增长 9%，一种认为增长 10% 和 10% 以上。我建议不要提出比去年"保八"更高的速度要求。理由为下：

（1）去年"保八"，成绩很大，问题也不少。要重视这些问题，花精力解决这些问题，至少不要再加剧问题。

（2）国务院对"十一五"规划执行情况组织中期评估，结论是速度指标完成了，但是经济结构矛盾突出，资源环境压力加大，重点领域和关键环节改革不到位，社会建设存在不少问题。这些问题要花时间和资源着力解决。

（3）历史经验是，速度过快，必然产生种种消极后果，不利于产业结构优化升级，不利于节约资源保护环境，不利于建立社会主义福利制度，不利于深化改革，不利于政府职能转变。

（4）中国当前做到发展快比较容易，做到发展好比较难。中国经济发展必须实行持久战战略，但长期实行的是速胜论战略，这种战略现在还有体制机制支撑。必须在"好"字上下工夫，克服和防止盲目追求速度，才能做到又好又快。

温家宝总理曾说中国经济从总体上看是好的，但也存在不平衡、不协调、不可持续的问题。这话说得很中肯。不平衡表现在城乡不平衡、地区不平衡、经济发展和社会发展不平衡；不协调表现在第一、二、三产业不协调，投资消费不协调；不可持续表现在资产价格泡沫、资源环境压力等方面。还存在不稳定因素，群体事件频发。为了解决这些问题，做到以人为

本，需要平衡协调可持续发展，也要克服盲目追求高速度的倾向。

二、在处理好和快的关系时，要注意好和快既是统一的，又是矛盾的，处理好和快的基本原则是快服从好

从长期看，发展不快，不可能好；发展不好，也不可能快。长期看，好和快的关系，更多显示统一的一面。

从短期看，情况比较复杂，可能快而不好，可能好而不快，可能既好也快，可能既不快也不好。

好和快应该谁服从谁？是好服从快，还是快服从好？改革前主要是好服从快。总路线也提好省，实际是只求多快，为了多快，不惜代价，当然不可能好省。

有人认为，转变经济发展方式也是为了快。不少人赞同这个看法，有些文件也有这个精神。但我认为转变经济发展方式是为了好，要求克服盲目追求高速度的偏向。

总结历史经验，更需要从长期来看好与快的关系，要在好中求快，必要时，有些时候、有些地区也许要降低速度来实现好的要求。

三、研究经济发展速度，既要研究投资、消费、进出口等情况，研究资金、技术、劳动力、市场等情况，还要研究面临的其他经济社会问题，当前还要认真研究深化改革的问题

中国现在面临不少亟须解决的经济社会问题，如贫富差别扩大、社会保障制度不健全、就业问题严重、环境污染严重、腐败还未有效遏制，等等。解决了这些问题，经济才能健康可持续发展。而解决这些问题是需要时间、精力和资源的。

中国经济发展仍必须和改革结合起来考虑。对于改革的现状和任务前景有不同的认识。这里有一个研究方法问题。马克思主义的精髓和灵魂是"对具体情况做具体分析"，我们就是要用这个方法来分析当前中国的经济和改革问题。

具体分析中国当前的经济社会情况，既要承认改革已取得的巨大成绩，也要承认改革的任务尚未完成。国有企业改革的任务没有完成，国有经济布局的战略性调整没有完成，财税改革的任务没有完成，金融改革的任务没有完成。除了经济体制改革的任务，还有社会体制改革、政治体制改革、文化

体制改革的任务。有人认为中国社会结构落后经济结构（工业化）15 年，社会改革的任务比经济改革的任务不是更少而是更多。文化体制改革、政治体制改革的任务更加艰巨复杂。十七大把转变经济增长方式发展为转变经济发展方式，现在应该把转变经济发展方式调整为转变发展方式。因为经济、社会、政治、文化的发展方式都有深化改革的任务。

四、推进城镇化也要稳中求进

加快城镇化是为了经济发展快，还是为了经济发展好，这也值得研究。有些人认为是为了快。我担心这种看法会导致用搞运动的办法来推进城镇化。我认为加快城镇化是为了经济发展好，至少首先是为了好。

城镇化本身也有一个好和快的问题。有篇题为《正确城市化》的文章，提出要防止"土地城市化"代替"人口城市化"，要防止"人口落地而公共服务不落地"。我赞同这个意见，我还认为要把农民工就业问题作为加快城镇化的条件。

要细致地研究城镇化和工业化的关系，研究我国城镇化是不是滞后，如果是滞后，原因何在？还要研究城镇化滞后如何解决，是不是以前慢了现在就可以无条件地加快发展。

推进城镇化进程中绝不能放松新农村建设。有人说"推进城镇化就是加快社会主义新农村建设"。这种说法有片面性。推进城镇化可以为新农村建设创造有利条件，但是不能代替新农村建设。一定要克服轻视农业农村农民的思想。人总是要吃饭的，农业始终是国民经济发展的基础，推进城镇化并不是要消灭农业和农村，而建设新农村的主体是农民。要想方设法使人们既爱城市，也爱农村，绝不能把推进城镇化和建设新农村对立起来。

吸取国内外的经验教训，从我国实际情况出发，当前推进城镇化也要稳中求进。既要积极，也要稳妥。

五、认真研究和正确处理生产和消费的关系

马克思说，没有生产，就没有消费；没有消费，也没有生产。现在我们越来越认识到消费问题的重要。

但究竟生产和消费是什么关系？谁是目的，谁是手段，谁服从谁？理论上实践中都需要研究。

生产和消费的关系可能有三种情况：一种情况是消费是目的，生产是手

段；一种情况是生产是目的，消费是手段；一种情况是生产和消费互为目的和手段。

从历史看，资本主义社会以前的社会里，消费是目的，生产是手段。

资本主义社会，生产是目的，消费是手段。在资本主义社会，生产是为了利润，生产因此成了目的，社会为生产而生产，消费成了手段。后来在生产发展的基础上实现高消费，形成消费社会。

马克思主义设想的共产主义社会，为了人的全面发展，实现各尽所能，各取所需。消费又成了目的。

中国已进入社会主义社会，虽然是初级阶段，按理应该是消费成为目的，不过现在强调扩大消费是为了保增长速度（如去年是为了"保八"），因此似乎也是把消费作为手段，生产作为目的。而从既强调增长速度又强调扩大消费看，似乎又是使生产和消费互为目的和手段。究竟如何认识和处理这个问题，是值得研究的。

把生产作为目的还是把消费作为目的，对政策设计和经济社会发展关系很大。把生产作为目的，就会把速度放在第一位，追求速度，甚至盲目追求速度。为了实现 GDP 目标，就会提倡高消费，建立消费社会。虽然我们也提倡建立节约型社会，但是为生产而生产必然相应地实现高消费，建立消费社会。消费社会是资本主义社会发展到一定阶段提出来和建立起来的，其特征是大众高消费。从全世界范围看，地球是承受不了这种高消费社会的负担的。我们建设社会主义社会，在消费上是不是也应该和资本主义社会有所区别？

马克思主义政治经济学是联系生产力和上层建筑研究生产关系的科学。生产关系体现在生产、流通、分配、消费等各个方面，但消费中的生产关系往往被忽视。其实，马克思关于商品拜物教和人的异化理论也是讲的消费问题。西方马克思主义有一派专门研究和批判资本主义消费社会。他们认为，随着资本主义社会的发展，人们的消费不再是对真实的物或使用价值的消费，而是变成了对宣传广告符号本身的消费，消费不是为了满足需要而是满足欲望。资本主义社会全面呈现为一个交换价值脱离使用价值的社会，一个为了生产而生产而非为了日常生活而生产的社会。他们说，这种消费社会和它的意识形态侵蚀了工人阶级和人民大众的认识和觉悟，是资本主义得以延续下去的重要原因。[①] 西方马克思主义的这些分析，对我们认识消费和消费

①《资本主义理解史》第 5 卷，江苏人民出版社，2009 年 8 月，第 179、183 页。

社会，是可以有所启发的。

在社会主义社会，消费是为了人的自由全面发展，生产是实现这一目的的手段。明确消费是目的并不就能够避免资本主义消费社会和消费观念对社会主义生活方式的影响，但它至少提出了以下几项重要任务：一是要在科学发展观指导下，建设符合社会主义本质和特征的科学消费观。科学消费观是科学发展观的重要组成部分。二是要研究、建立和倡导一种适合中国国情的科学而又可行的消费模式。三是要从这种消费模式出发，研究转变经济发展方式，包括调整经济结构、优化产业结构、转变经济增长方式的要求。因为消费既是再生产的终点，也是再生产的起点。四是努力避免资本主义消费社会和消费观念对我国生活方式的消极影响。

现在中国是消费不足和消费过度并存，全国还有几千万人没有摆脱贫困，几亿人还不富足，消费不足是主要问题，但是也存在过度消费、不健康消费、有害消费的现象。我国已存在一种向欧美高消费学习和看齐的趋向，这不符合中国的现实情况，也不符合未来发展的要求，需要倡导科学的符合小康社会的消费观念，建立和推广富足、健康、幸福、可持续的消费模式。

（本文原载于《学习时报》2010 年 5 月 3 日）

荣誉学部委员

对中部地区城镇化的思考
——以河南等省为例

陈栋生

《中共中央关于制定国民经济和社会发展第十二个五年规划的建议》勾勒了未来 5 年我国经济社会发展新的宏伟蓝图；再次重申了大力促进中部地区崛起。城镇化是推进社会主义现代化建设，促进中部地区崛起的强劲动力。21 世纪第二个十年，在积极稳妥提高城镇化率的同时，要把提高城镇化的质量与效益、更好地落实大、中、小城市与小城镇协调发展、统筹城乡发展、坚持以城带乡方针放在更重要的位置。围绕科学发展的主题和加快转变经济发展方式的主线，"十二五"城镇化有哪些新特点、新要求、新思路，怎样才能更好地和工业化、信息化、市场化、国际化一起，有力地促进中部地区崛起，是值得我们思考的问题。

一、继续积极稳妥推进城镇化，把提高城镇化质量与效益放在更重要的位置

2009 年我国城镇化率达到 46.6%，和人均 GDP 与我国大致相当的东南亚国家相比较，还低 15 个百分点左右，只相当于 20 世纪五六十年代的日本、70 年代韩国的水平。继续积极稳妥推进城镇化，是我国社会主义现代化建设事业的内在迫切需要与强劲动力。首先，推进城镇化是扩大内需的关键和重点所在。静态分析，最大的内需在城镇；动态考察，培育、发掘内需的最大潜力也在推进城镇化。提高城市人口在总人口中的占比，它既有利于居民消费潜力向现实消费需求的转化，更能有力推进消费结构升级。根据近期数据，城镇化率每提高 1 个百分点，可带动居民消费总额增长 1.2 个百分点，进而带动国内生产总值增长 0.4 个百分点。其次，推进城镇化，加快农村富余劳动力转出的步伐，是提高社会劳动生产率、减少农民数量、扩大继续务农人员人均资源占有规模、扩大农户经营规模、加快现代化农业发展的

需要。推进城镇化，有利于服务业的发展，有利于增加就业岗位。

2009 年河南省第三产业在地区生产总值中的占比仅 29.1%，比同类指标的全国平均值低 13.5 个百分点；同年河南省的城镇化率比全国平均值低 8.9 个百分点，充分表明城镇化水平和第三产业发展的正相关性。发达国家的经济数据表明，第三产业是吸纳就业的主渠道，推进城镇化，加快服务业发展是避免"有增长、无就业"的必由之路。

从 1978 年至 2008 年，30 年间我国城镇化率提高了 27.76 个百分点，每年平均提高 0.925 个百分点，远高于前 28 年（1949～1978 年）的年平均 0.379 个百分点。今后按城市化率年平均增长一个百分点估算，到 2030 年时将达到 65%～66%，亦即届时总人口的 2/3 居住在城市。

当我们讲到城镇化率为 46.6% 时，准确地说是按城市常住人口统计的城镇化率，而按户籍人口计算的城镇化率，大约要比常住人口城镇化率低十几个百分点。按现有统计方法，1.5 亿～2 亿的不拥有城市户籍的外来务工、经商者被统计在城市人口中，但在社会公共服务方面，他们和他们的家属迄今并未像拥有城市户籍者那样享有同样的城市文明。据社会学家的调查，现在城市外来务工者，六七成是 20 世纪 80 年代以后出生的，和他们有强烈农村情结的父辈不同，他们更多地希望尽快融入城市，过上市民生活，实现自我价值。使上述人口中的绝大部分市民化，是今后城镇化的重任。

2009 年河南省的城镇化率为 37.7%，省内的黄淮四市（商丘、信阳、周口、驻马店）仅 31.5%，[1]今后有必要加快城镇化步伐。"十五"期间，河南省城镇化率 5 年提高了 7.2 个百分点，年均提高 1.44 个百分点；"十一五"前 4 年河南城镇化率提高了 7.3 个百分点，年均提高 1.82 个百分点，说明在工业化和现代服务业、现代农业快速发展的同时，适当加快城镇化步伐是可能的。要重视提高常住人口城镇化率，更要重视户籍人口城镇化率，并尽快缩小两者的差距。

考虑到河南省有 2000 万人在户籍地以外务工、经商的省情，[2]在贯彻今年中央 1 号文件中所述"促进符合条件的农业转移人口在城镇落户并享有与当地城镇居民同等的权益"时，宜采取多路径协调推进：一是帮助外出务工者在就业城市转为市民。如广东省的大、中城市正采用"积分制入户办法"，深圳市从 2006 年到 2009 年，从外来务工者中"招调入户"1.1 万余人。帮扶的重点是通过培训提高外出务工者的技能，特别是针对接收地短缺的工种，有针对性地培训外来务工者，使之更易满足"招调入户"的条件。二是

"引凤还巢"。地方政府对外出务工、经商者中有所积累（资本、技术）并打算创业者，施以政策引导与优惠，帮助他们回乡创业。按信阳市的数据，一位回乡创业者可以为当地创造十几个到百余个就业岗位，[2]有力地推动了中小城市和小城镇的发展，就近实现"农转非"。

"十一五"以来，东部沿海地区产业向内地转移步伐加快，今年8月31日国务院颁发了《关于中西部地区承接产业转移的指导意见》，中部地区各市、县，特别是类似河南黄淮地区，工业基础薄弱的市（县），需及时抓住这一历史机遇，从市（县）域要素禀赋与区位特点出发，依托本地现有产业基础和劳动力、资源等，有针对性地承接产业转移。采取园区集中布局、资源集约、循环利用，将园区作为城区的有机组成部分，实现工业化、城镇化协调共进，这是河南省等中部地区"十二五"期间加快工业化、城镇化步伐的必由之路。

提高城镇化的水平与质量，要求将科学发展、和谐发展和可持续发展（绿色发展、低碳发展）贯穿于城市规划、城市建设、城市运营与管理的各个环节。

坚持"产业立市"，依靠科技支撑、技术创新和体制机制创新，与时俱进地推进经济结构优化升级，把产业发展方式转变和城市发展转型密切结合，当做一篇文章作。

科学发展观的核心是以人为本，城市科学发展的真谛是让城市现在和未来的市民生活更美好，所以"宜居、宜业"应是城市建设与发展的首要目标。如果连安居乐业都做不到，"中心城市"、"国际大都市"等目标则难免流于奢谈。

二、坚持大、中、小城市与小城镇协调发展，统筹城乡发展，以城带乡，是中国特色城镇化道路的两大要义

面对经济全球化的深入发展，城市群（圈、带）往往成为参与国际经济竞争与合作的空间单元。近年高速铁路、城际铁路与通信网络的大发展，更为城市群（圈、带）提供了强大的物质技术基础。城市群既通过同城效应提供了众多城市聚合的规模与范围效益，又通过深化城市间的分工，提供了协作互补效益。城市群通常由规模不等的城市、城镇组成，从城镇规模结构看，改革开放前30年，发展重点在特大城市、大城市，这在当时适应了尽快培育、壮大增长极的需要。今后，不足百万人和一二百万人的大城市，规

模扩张还很需要；但超千万人和近千万人的超大城市"摊大饼"式的平面扩张，城市边界无限向外扩张，蚕食农地、绿地似应止步。中小城市和小城镇，特别是快速交通沿线的节点站，和处于特大城市一小时、两小时交通圈内的中、小城市与小城镇，应逐步成为城镇化的重点，成为接纳新市民的主要载体，帮助缓解特大城市中心城区人口和交通拥堵的压力。

城市群的发展以处于中心地位的特大城市、大城市为依托，中心城市的经济实力、竞争力和枢纽、孵化、创新、领航和辐射带动功能的完善程度，对整个城市群的发展具有决定性的影响，处于城市群以至整个经济区核心增长极的地位。

郑州市、郑汴新区要发挥作为河南省以至中原经济区核心增长极的作用，有三个"亟须"：一是亟须强化创新功能，从加强引进消化吸收再创新、集成创新能力入手，逐步培育原始创新能力，成为引领河南省和中原经济区从资源驱动、规模驱动的发展模式向科技驱动、创新驱动转变的创新源；二是亟须从自身基础与特点出发，抢占若干战略性新兴产业制高点，及早谋划，以发挥对全省和中原经济区的领航功能；三是亟须加快现代物流、金融服务、信息服务、商务服务等现代服务业的发展，提升传统商贸服务业，发展新业态，推进品牌化、网络化经营，逐步形成以服务经济为主的经济结构，才能发挥好核心增长极，降低交易成本，促进要素聚散、组合的枢纽功能。城市群内务城市的交通、通信、供电、给排水、污水处理等基础设施，应按一体化原则建设，朝网络化方向发展。竞争性产业，在市场导向、地方政府协调引导和行业协会等积极参与下，分工协作、合理布局、错位发展或互补发展。

河南省的人口分布，有几个值得重视的特点：5 个 800 万人口以上的地级市都在东南部，即黄淮四市（商丘、信阳、周口、驻马店）和南阳；河南省 26 个百万人口以上的大县（县级市），19 个在上述地区，[3]这些市、县的人均地区生产总值、城镇居民人均可支配收入、农民人均纯收入和城镇化率等指标值多数低于全省平均值。在重视省会、郑汴新区对其辐射带动的同时，亦要重视邻近的省外大城市、特大城市的辐射、带动，通过"农超对接"（既包括郑州市的超市，也包括武汉、西安、合肥等市的超市）等多种途径，使农产品进入大市场，以农业市场化为农业规模化、现代化开路，使这些县（县级市）逐步发展为中、小城市，有序地培育一大批有品牌特色的中心镇、中心村，使这些中心镇（村）既是城镇体系之末，又是农村社区之首，集中配置义务教育、卫生保健等公共服务机构与设施，以及相应的服务业。我以为上述结合中原特点的城镇化之路，应是河南省探索在保证农业和粮食稳定增产的前提下，走"三化"（工业化、城镇化、农业现代化）协调科学发展道路的应有之义。

参考文献：

［1］河南省委办公厅编：《河南省情概览》，2010 年。

［2］林宪斋、喻新安等：《河南城市发展报告》，2010 年。

［3］民政部：《行政区划简册》2009 年。

（本文原载于《当代财经》2010 年第 12 期）

推进泛长三角区域合作
构建区域协调互动发展机制

陈栋生

一、"泛长三角区域合作"是新问题，亦是老问题

上海是我国最大的经济中心，辐射力强、辐射面广，很早就和周边城市结成了"城市联盟"，到新世纪已发展到"1＋15"（即江苏的南京、镇江、无锡、常州、苏州、南通、扬州、泰州8市，浙江的杭州、宁波、嘉兴、湖州、绍兴、舟山、台州7市），到2008年进一步拓展为"一市两省"，成为我国综合经济实力最强的经济区域。2008年"一市两省"地区生产总值约占全国的份额的21.6%，进出口总额占全国的36%左右。以2008年12月15日安徽省党政主要负责同志出席在宁波召开的"长三角地区主要领导座谈会"为标志，长三角已经把安徽省"泛"化进去了。从此视角看，是新问题。换个视角，早在改革开放初期，包括我本人在内的许多研究区域经济的学人就提出了中国要逐步建设几个产业带、城镇带，发挥中国经济骨骼系统的作用，沿长江产业带、城镇带就是其中最重要的组成；并且早就建立有沿江城市市长（专员）联席会议等机制；随后，20世纪90年代初浦东开发时，标志性的口号是，以浦东为龙头，辐射"龙身"（长江中游地区）、"龙尾"（长江上游地区），带动整个长江流域经济发展地区龙腾虎跃。当时安徽省的口号是"开发皖江、响应浦东"。简要回顾改革开放以来长江流域地区的区域合作史，就可以说亦是老问题。并可以有根据地说，将江西省"泛"化进去亦是迟早的事。事实上，从"十五"以来，江西与沪、苏、浙的经济技术合作、承接产业转移扮演"一市两省"的"后花园"的角色都很有成效；何日发展到将"两湖（湖北、湖南）"、川渝等"泛"化进去，构建大跨度的区域协调互动机制，这是占中国半壁江山的长江流域地区经济

整体崛起的进程，亦是中国由经济大国走向经济强国的进程。

二、"标"与"本"的问题

在 20 世纪 70 年代末、80 年代初期和中期，跨行政区域的合作被称为"横向经济技术协作"，当时对冲破计划经济下垂直调配资源发挥过历史性作用。按理说，在社会主义市场经济体制框架和国内统一大市场已经形成之时，生产要素跨行政区域自由流动、产业的顺势转移，本不应该成为问题，但事实上确实是个"问题"，实践中往往遇到种种"行政障碍"，究其原因，在于我们的地方政府并不仅仅是辖区内社会公共产品的提供者，还是"宜居"、"宜学"、"宜业"环境的构建者；现有的财税体制和单向自上而下的政绩考核决定了地方政府的"本位思考"；从此视角看，区域合作障碍的消除是和行政体制改革、地方政府职能归位等紧密相联的。

在根本性体制问题解决之前，自上而下和自下而上的努力，都可以有力地推进区域合作的发展。2008 年底"一市三省"宁波会议提出的"三级运作、统分结合、务实高效"的区域合作机制，从政府层面看，符合区域合作的需要，即一是"决策层"（"一市三省"党政主要领导座谈会），决定区域合作的方向、原则、目标和近期重点；二是"协调层"（"一市三省"常务副市（省）长参加的"长三角地区合作与发展联席会议"），主要任务是落实决策层的决定；三是"执行层"，包括设在各省、市发展改革委员会内的"联席会议办公室"和各"重点合作专题组"。从政府、企业、社会组织层面看，应逐步形成"政府搭台、市场主体唱戏，社会组织参与"的机制。各省、市的人大常委会、政协以及社会科学界，亦大有用武之地；相对于地方政府的某一职能部门，他们视界宽广、"地域囿限"较少，无论就区域合作课题的提出、推动和区域摩擦、恶性竞争解决路径的提出，均可发挥积极作用。区域合作从内容看有三类：第一类是制度性层面的，如企业、商品的注册、认证的互认（避免重复验证）。第二类是跨地区的基础设施建设，需要省、市政府相关职能部门直接沟通、协商。第三类更广泛的是竞争性产业的分工、协作、资产重组兼并等，必须坚持市场主体的地位，充分发挥行业协会、商会的作用。行业协会、商会等作为政府与企业间的桥梁和纽带，在组织、协调跨区域的企业合作中可发挥重要作用，政府不宜越俎代庖。现在"十二五"规划前期研究工作正积极进行，有的已着手编制，此时"一市三省"应建立起"规划沟通机制"，再逐步走到"发展规划同谋"、基础设施携手共建、市场体系同体、环境生态共治、产业分工链接。如此进行下去，则泛长三角区域合作就能步步深入、层层推进。

[在第一届泛长三角经济和社会发展高层学术研讨会（2009 年 7 月 5 日）上的发言，后刊于《泛长三角区域经济发展研究》（2010 年 3 月，安徽大学出版社）]

关于我国产业结构演进过程、现状、成因和对策的思考

汪海波

产业结构调整是我国当前经济发展中的一个最重要问题。

对新中国产业结构演进过程做历史的考察，并从中总结出某些带有规律性的结论，提出对策思考，具有重要的现实意义。但产业结构涉及的问题很广泛，本文只考察其中一个基本方面，即第一、二、三次产业的增加值在国内生产总值中的比重。

一、新中国产业结构的演进过程及其现状

以基本经济制度或经济体制的变革作为历史分期的第一位标准，以社会生产力发展作为第二位标准，似可将新中国成立后 60 年产业结构演进的过程，分为以下四个时期。

（一）新民主主义社会的产业结构——经济恢复时期的产业结构（1949 年 10 月~1952 年）

为了说明这个时期产业结构的演进过程，有必要先简要叙述半殖民地半封建中国的产业结构。从 1886 年起，中国近代工业就开始发展。但直到 1949 年新中国成立，经历了近百年时间，工业化进程以及与之相联系的产业结构的变化进程甚为缓慢。按照英国著名经济史学家安格斯·麦迪森的计算，1890 年中国第一、二、三次产业在国内生产总值的比重依次分别为 68.5%、9.8%（其中工业和建筑业依次分别为 8.1% 和 1.7%）和 21.7%。到 1952 年三者依次分别为 59.7%、10.0%（其中工业和建筑业依次分别为 8.3% 和 1.7%）和 30.3%。① 需要说明：新中国成立后的 1952 年（即国民

---

① ［英］安格斯·麦迪森著：《中国经济的长期表现》（公元 960~2030 年），第 2 版，中译本，上海人民出版社，2008 年版，第 56 页。

经济恢复结束时）经济发展水平虽然部分地超过了新中国成立前的水平，但大体上也就是新中国成立前的水平。从这方面说，大体上可以把上述 1952 年的产业结构看做新中国成立前的产业结构。这就表明：在长达 60 年（1890～1949 年）的时间里，中国产业结构变化是很小的。我国已故著名经济史学家巫宝三在这方面的研究成果，也可证明这一点。按照他的计算，1933 年（这是新中国成立前经济发展水平最高的年份之一）中国第一、二、三次产业在经济总量中的比重，依次分别为 61.0%、11.4%（其中工业为 10.3%，建筑业为 1.1%）和 27.6%。[1] 上述两位经济史学家的计算，结果上虽有差别，但大体相同，都反映了旧中国产业结构变化的缓慢进程。

　　这种情况并不是偶然的现象，从根本上说，是由半殖民地半封建社会的经济制度决定的。就农业说来，由于受到封建主义（还要加上帝国主义和官僚资本主义）的剥削和压迫，农业劳动生产率很低。这就从根本上决定了农业能够为工业化提供的劳动力、原料、市场和资金都很有限。就工业来说，帝国主义和官僚资本主义垄断了中国的经济命脉，凭此可以攫取高额垄断利润，不仅根本缺乏致力推进工业化的动力，而且竭力阻止中国工业的发展。这些都成为中国工业化的桎梏。要着重提到：1840 年以后，列强多次发动的对华侵略战争，不仅严重破坏了中国经济，而且通过战争赔款掠夺了中国工业化所必需的巨额资金。还需进一步指出，在工业化的起步阶段，第三产业的发展，也有赖于作为国民经济基础农业的发展，工业化和由工业化带动的城市化，以及人均收入水平和消费水平的提高。但所有这些因素的作用都受到了旧中国社会经济制度的极大束缚。因而第三产业的发展也像第一、二产业一样，基本上处于停滞的状态。所以，整体说来，产业结构变化缓慢，主要是由旧中国的社会经济制度造成的。

　　新中国成立后的国民经济恢复时期，在极端困难的条件下，在短短三年间，在迅速恢复国民经济的同时，也使得产业结构发生了显著的优化。1949～1952 年，第一产业、第二产业和作为第三产业重要组成部分的运输业和商业占国民收入总额的比重依次分别由 68.4% 下降到 57.7%，由 12.9% 上升到 23.1%（其中工业由 12.6% 上升到 19.5%，建筑业由 0.3% 上升到 3.6%），运输业和商业由 18.7% 上升到 19.2%（其中运输业由 3.3% 上升到

---

　　[1]　巫宝三主编：《中国国民所得》（上），中华书局，1947 年版，第 12 页。

4.3%，商业由 15.4% 下降到 14.9%）。[①] 从整体上说来，这个产业结构的变化，是符合工业化过程中产业结构变化规律要求的，是产业结构优化的集中体现。因为它在一定程度上改变了旧中国以工业落后为主要特征的产业结构失衡状态，而且工业在全部产业中技术都是比较先进的。

这种情况是由多种因素决定的。主要是：第一，实行了新民主主义三大纲领：没收处于旧中国经济垄断地位的官僚资本，建立了社会主义国有经济；实行土地改革，保护和发展个体农民经济；保护并有限制地发展民族资本主义工商业。还实行了"四面八方"政策：公私兼顾，劳资两利，城乡互助，内外交流。这些纲领和政策充分地调动了各类经济主体发展经济的积极性。第二，建立了以行政指令为主要特征的计划经济体制的雏型，对国有企业逐步实行行政指令计划；同时，又运用价格杠杆，调节个体的农民和手工业以及私人资本主义工商业的生产，较好地发挥了适合经济恢复时期特点的、计划和市场相结合的调节机制在优化资源配置方面的作用。第三，尽管经济恢复时期面临着多次政治运动和抗美援朝战争的环境，但仍然坚持了以恢复和发展生产为中心的方针。第四，从经济恢复时期国力有限、百业待兴的具体情况出发，实行了以经济恢复为主，有重点地进行建设的方针。在作为建设重点的工业建设方面，其投资也是重点投向恢复和改造项目、重工业部门和东北地区。而且工业生产的恢复和发展，也是主要依靠发挥现有企业的生产潜力。第五，在帝国主义国家对我国实行经济封锁的条件下，充分地发展了同社会主义国家苏联和东欧各国的对外经济贸易关系，在一定范围内有效地利用了两种资源和两种市场。第六，在生产迅速恢复和发展的基础上，人民生活也得到了显著改善。1949～1952 年，全国职工平均工资提高了70% 左右，农民收入一般提高了 30% 以上。1952 年全国居民、农村居民和城镇居民的消费水平依次分别达到 80 元、65 元和 154 元。[②] 所以这些因素都从不同方面和不同程度上推动了这期间第一、二、三产业的持续高速而又大体平衡的恢复和发展。1950～1952 年每年国民收入增速依次分别为 19.0%、16.7% 和 22.3%。其中农业分别依次为 17.1%、10.1% 和 15.2%，工业为33.3%、40.0% 和 31.0%，建筑业为 400.0%、80.0% 和 123.3%，运输业为 16.7%、28.6% 和 38.9%，商业为 9.1%、16.7% 和 25.7%。在这 3 年

---

① 《中国统计年鉴》（1986），中国统计出版社，第 55 页。说明：由于缺乏 1949～1951 年的国内生产总值资料，故在此使用国民收入资料。

② 国家统计局：《伟大的十年》，人民出版社，1959 年版，第 187～188 页。

中，国民收入年均增速为 19.3% 。其中农业、工业、建筑业、运输业和商业分别为 14.1% 、34.7% 、220.0% 、27.0% 和 17.0% 。① 这些数据清楚地表明：这期间作为国民经济基础的第一产业得到了迅速恢复和发展，带动了第二产业的迅速恢复和发展；第二产业的迅速恢复和发展，带动了城市的发展，城市的发展以及人民生活的改善又带动了第三产业的迅速恢复和发展。这些就是经济恢复时期产业结构优化的主要机理和运行轨迹。当然，这只是从第一、二、三产业相互关联的视角说的。总起说来，这期间第一、二、三产业发展，主要还是上述 6 项因素综合作用的结果。

但还需说明：乍一看来，上述数据似乎表明：在这期间第一产业是严重滞后于工业的发展的。但在这方面有两个重要情况值得注意。一是旧中国农业比重大，工业比重小，前者增长的基数大，后者小；二是旧中国工业落后，是经济失衡的表现。经济恢复时期工业增速较快，是经济向平衡发展的表现。所以，大体上说，经济恢复时期产业结构是趋于优化的。

（二） 从新民主主义社会到社会主义社会的过渡时期的产业结构——建立社会主义现代化初步基础时期的产业结构 （1953 ～ 1957 年）

"一五"期间，在建立社会主义工业化初步基础（这是"一五"时期的中心任务）的同时，进一步推进了产业结构的优化。这期间，第一产业增加值占国内生产总值的比重由 1952 年的 51.0% 下降到 1957 年的 40.6% ，第二产业由 20.9% 上升到 29.6% （其中工业由 17.6% 上升到 25.3% ，建筑业由 3.2% 上升到 4.3% ），第三产业由 28.2% 上升到 29.8% 。② 产业结构的这种演进是符合工业化一般规律要求的，即在工业化的过程中，第一产业在经济总量中的比重趋于下降，第二产业趋于上升，第三产业也趋于上升。当然，从主要方面来说，这种演进是符合由我国国情决定的"一五"时期建立社会主义工业化初步基础的客观要求。

决定这一点的主要因素：第一，成功地实现了对个体的农业和手工业以及资本主义工商业的社会主义改造，为经济发展提供了根本动力。尽管改造的目标模式基本上是照搬苏联的，改造后期还存在过急过快的毛病，但在改

---

① 资料来源：《中国统计年鉴》（1986），中国统计出版社，第 54 页；《新中国六十年统计资料汇编》，中国统计出版社，2010 年版，第 14 页。

② 《新中国六十年统计资料汇编》，中国统计出版社，2010 年版，第 10 页。

造的步骤和方式等方面都有适合中国国情的独创，并针对改造后期出现的问题及时采取了一系列的补救措施，从而保证了在改造过程中仍然实现了农业、工业和商业的一定的增长。第二，伴随社会主义改造的决定性胜利，计划经济体制也全面建立起来，进一步发挥了这种体制在优化资源配置方面的作用。诚然，这种体制在优化资源配置方面在"一五"前期（1953～1955年）和"一五"后期（1956～1957年）的作用是有区别的。就前期来说，个体经济、私人资本主义经济仍然占有很大的比重。所以，这时实行的仍是计划调节和市场调节相结合。只是在"一五"后期，计划经济才占了主要地位。但在"一五"时期不仅宏观经济政策大体正确，而且党风、廉政建设好，官僚主义少，因而行政指令的运行效率也是很高的。而且，相对后续时期来说，商品经济并不发展，因而计划经济体制在束缚企业积极性方面的消极作用在宏观上也受到了一定限制。所有这些都使得"一五"时期计划经济体制在优化社会生产资源的配置方面发挥了较好的作用。第三，"一五"后期的社会主义改造虽然采取了运动方式，但总的说来，社会主义改造是围绕生产中心进行的。1957年虽然也受到反右派政治运动的冲击，但就整个"一五"时期来说，时间不长，影响不大。这就使得各次产业获得了持续发展的必要条件。第四，"一五"时期是以建立社会主义工业化基础为中心的。但在实现这个中心任务中，实现了一系列有利于各次产业协调发展的政策。最重要的有：①不断克服急躁冒进倾向，使生产建设规模和速度与国力相适应，使各项产业获得了持续高速增长。②在重点发展重工业的同时，注意发展轻工业和第一、三产业。③重视从苏联和东欧国家引进设备、技术、人才、资金和管理经验，在可能的范围内充分利用了国外资源。④在重点建设重工业的同时，注意改善人民的生活。1957年全国居民、农村居民和城镇居民的消费水平依次分别由1952年80元上升到108元，由65元上升到82元，由154元上升到222元；三者年均增速依次分别为4.5%、3.2%和5.7%。① 所有这些因素都从不同方面和在不同程度上促进了产业结构的优化。

　　但需说明，就上述产业结构优化的第一重意义上说，以上结论只是从"一五"时期大部分年份和总体说的，并不否认在这方面存在的问题。实际上1953年和1956年这两年第一、二产业的增速依次分别为1.9%和35.8%

---

① 资料来源：《新中国六十年统计资料汇编》，中国统计出版社，2010年版，第14页。

（其中工业为 35.7%，建筑业为 36.4%）、4.7% 和 34.5%（其中工业为 28.6%，建筑业为 70.0%）。这些数据表明：这两年第二产业发展过快；第一产业发展严重滞后。这里所说的第二产业发展过快，主要是指重工业发展过快。因为这两年轻工业增速并不过快。这两年轻、重工业产值增速分别依次为 26.7% 和 36.9%，19.7% 和 39.7%。而且，第二产业中建筑业的发展过快也是由于主要为重工业发展服务而导致的。这两年重工业发展过快，第一产业发展滞后，主要是由于急于求成的思想，正在形成的城乡二元体制和工农业产品价格剪刀差等因素的综合作用形成的。其结果使得产业结构发生了明显的失衡。1953 年第一产业增加值占国内生产总值由上半年的 51.0% 下降到 46.3%，第二产业由 20.9% 上升到 23.4%（其中工业由 17.6% 上升到 19.8%，建筑业由 3.2% 上升到 3.5%）。1956 年第一产业增加值占国内生产总值的比重由上年 46.6% 下降到 43.5%，第二产业由 24.4% 上升到 27.3%（其中工业由 21.0% 上升到 21.8%，建筑业由 3.4% 上升到 5.4%）。[①] 由于工业（主要是重工业）发展过快，农业滞后，这种发展必然遇到农产品供给的制约。于是在 1954~1955 年和 1957 年分别及时对工业的增速做了调整，产业结构失衡状况又趋于改善。但即使这样，也没能改变"一五"时期产业结构在某种程度上的失衡状况。当然，总体说来，还是协调的。所以，从"一五"时期大部分年份和总体情况来看，就产业结构优化第一重意义上说，可以认为是趋于优化的。

就产业结构优化的第二重意义上说，则更是这样。这不仅因为这期间第一、二、三产业的生产技术都有不同程度上的进步，主要还是因为处于主导地位和技术先进的工业在经济总量中的比重上升。

（三）　计划经济体制进一步强化时期的产业结构——"大跃进"、经济调整、"文化大革命"和"洋跃进"阶段的产业结构（1958~1978 年）

如前所述，伴随我国生产资料私有制的社会主义改进的完成，计划经济体制就全面建立起来。在 1958~1978 年间，曾经进行过两次以行政性分权（即主要是中央政府向地方政府下放经济管理权力）为特征的经济体制的变动。但其结果不仅没有从根本上触动这种以行政指令为主要手段的计划经济体制，还使它得到了进一步强化。故称这个时期为计划经济体制进一步强化

---

① 资料来源：《新中国六十年统计资料汇编》，中国统计出版社，2010 年版，第 10 页。

时期。但以生产发展状况或政治因素作为区分标准，又可以将这个时期分为以下四个阶段："大跃进"（1958～1960年）、经济调整（1961～1965年）、"文化大革命"（1966～1976年）和"洋跃进"（1977～1978年）。

这个时期产业结构虽然经历了曲折变化过程，但总的说来，是趋于严重失衡的。

从1958年开始的连续三年的"大跃进"，造成了产业结构的严重失衡。1960年，第一产业占国内生产总值的比重由1957年的40.6%猛降到23.6%，第二产业由29.6%猛升到44.5%（其中工业由25.3%上升到39.0%，建筑业由4.3%上升到5.5%），第三产业由29.8%上升到31.9%。这些数据表明：农业发展严重滞后，工业发展过快，建筑业和第三产业的比重上升也没到位。总之，产业结构也处于严重失衡状态。

但从1961年开始，进行了五年经济调整。到1965年，第一、二、三产业占经济总量的比重，又依次分别转变为38.7%、35.1%（其中工业为31.8%，建筑业为3.2%）和26.7%。至此，可以认为，上述的那种产业经济严重失衡状态已有很大改变，产业结构大体趋于协调。

但在1966～1978年间，经历了长达十年的"文化大革命"的破坏，又经历了1970年和1978年两次经济过热，[①] 使得这期间产业结构发生过两次严重失衡，且又得不到及时有效的调整。以致到1978年第一产业占经济总量的比重由1965年38.7%下降到28.2%，第二产业由35.1%上升到47.9%（其中工业由31.8%上升到44.1%，建筑业由3.2%上升到3.8%），第三产业由26.7%进一步下降到23.9%。[②] 这种情况表明：产业结构失衡已经发展到全面极端的严重状态。说全面，不仅第一产业滞后于工业的发展，而且第三产业和建筑业也都滞后于工业的发展。说极端，不仅第一产业滞后于工业发展状况已经达到顶端，而且第三产业比重也发生了极不正常的下降。

---

① 这里需做两点说明：第一，笔者依据我国历史经验数据，将经济周期的波峰年经济增速超过潜在经济增长率2个百分点左右，称为经济过热。这里涉及衡量经济过热的标准。所谓经济过热就是社会总需求大大超过社会总供给。衡量社会总需求大于或小于社会总供给的差距，其唯一的无可替代的总体指标就现实经济增长率与潜在经济增长率的差距。这又涉及潜在经济增长率的定义及其量的界定。依据我国现阶段的情况，潜在经济增长率可以定义为在既定的技术和资源条件下，在就业率适度增长和不引发加速通货膨胀的情况下，各个生产要素得到充分发挥可能达到的可持续的经济增长率。计算这种增长率可以采取简便而又较为可靠的办法，就是运用长时间的年均增长率。1953～1978年，我国年均经济增长率为6.1%，1979～2009年为9.8%，1953～2009年为8.1%。无论是按照上述第一个数据或第二个数据、第三个数据为标准计算，都可以将1970年（这年经济增速为19.4%）和1978年（这年经济增速为11.7%）认定为经济过热。第二，1978年的经济过热是与大规模从国外引进技术设备相联系的，史称"洋跃进"。

② 《新中国六十年统计资料汇编》，中国统计出版社，2010年1月版，第10页。

这种失衡状态主要是由下列因素多年形成的。第一，在 1958～1978 年间（其中，经济调整时期除外，下同）我国计划经济体制已经强化到了顶点。在社会生产力和其他相关条件已经发生变化的条件下，特别是宏观经济政策受到"左"的路线支配下，这种体制在劣化社会生产资源配置（包括在第一、二、三产业之间的配置，下同）的作用也就发展到了顶点，成为经济失衡最基本的体制根源。第二，在一定条件（包括技术进步条件下的社会扩大再生产和优先发展重工业的程度、时限等）下，优先发展重工业是优化社会生产资源配置的一个重要战略。但在这期间，这项关于经济全局的战略却被盲目地、片面地、长期地延续下来，使它本来具有的正面积极作用走向了反面，成为经济严重失衡的最重要的战略根源。第三，在长达十年的"文化大革命"中，政治运动取代生产成为中心。这种状况不仅使得各个产业失去了持续发展所必要的宏观环境，而且成为治理产业结构失衡的极大障碍。1971 年，周恩来总理在主持中央工作时实行的以治理"三突破"[①] 为特征的经济失衡措施，迟迟不能推开；1975 年邓小平副总理在主持中央工作时进行的经济整顿，在迅速取得成效后又发生了"夭折"，就是这方面的两个典型事例。当然，这里的治理和整顿不只涉及各个产业结构的调整，而是包括更广泛的内容。第四，这期间城乡二元社会经济体制不仅被长期凝固化，而且进一步强化。第五，城市化出现了停滞甚至倒退的局面。1950～1952 年，我国城镇人口占全国人口的比重，年均增长 0.63 个百分点；1953～1957 年年均增长 0.58 个百分点；1958～1978 年年均增长 0.12 个百分点。其中 1978 年城镇人口占全国人口的比重比 1965 年还下降了 0.1 个百分点。第六，这期间主要由于国际因素，部分地区也由于实行"闭关锁国"政策，致使对外关系没有得到应有发展，从而没能利用国际资源。第七，按照传统理论，只有农业、工业、建筑业、交通运输业和商业是物质生产部门，创造价值；其他服务业是非物质生产部门，不创造价值。因而严重存在重物质生产部门、轻非物质生产的政策取向。第八，这期间，在人民生活改善方面也处于停滞甚至下降的状态。1978 年全国居民、农村居民和城镇居民的消费水平依次分别由 1957 年的 108 元上升到 184 元，由 82 元上升到 138 元，由 222 元上升到405 元；三者年均增速依次分别为 1.7%、1.4% 和 2.4%。其中，1958～

---

① 即 1971 年全国职工人数达到 5318 万人，突破 5000 万人；工资总额达到 302 亿元，突破 300 亿元；粮食销量达到 427.5 亿公斤，突破 400 亿公斤。

1960 年三者年均增速依次分别为 - 4.1%、- 7.5% 和 - 4.8%。^① 所有这些因素都从不同方面和不同程度上使得这期间产业结构趋于严重失衡。当然，这是就这期间总的趋向说的，并不否定其间 1961 ~ 1965 年产业结构趋于改善的情况。

以上的分析都是着眼于第一种意义上的产业结构优化的。如果考虑到第二种意义上产业结构优化，那么可以说这期间总的趋势是优化的。这不仅表现在处于主导地位、技术水平比较先进的工业在经济总量中的比重的提高上，而且表现在各次产业的技术水平都有提高上。如果再考虑到笔者在这里提出的第三、四种意义上的产业结构优化，那也可以这样说。这里说的第三种意义上的产业优化是指的第一、二、三产业内部相互关联的各个部门比例关系由失衡趋向协调。第四种意义上的产业结构优化是指的在第一、二、三产业内部各部门技术进步以及技术比较先进的部门的比重上升。就第三种意义上说，虽然也有失衡的一面，但也有优化的一面。其突出事例是：1958 ~ 1978 年原油产量占能源生产总量的比重由 1957 年的 2.1% 上升到 1978 年的23.7%。这就大大改善了能源结构。就第四种意义上说更是这样。其突出事例是：1964 年 10 月成功地发射了第一颗原子弹，1966 年 10 月成功地完成了导弹核武器试验，1967 年成功地进行了第一颗氢弹爆炸试验，1970 年 9 月第一颗人造卫星——"东方红"一号发射成功，1971 年第一枚洲际火箭飞行试验成功，同月第一艘核潜艇安全下水。这说明：我国在核技术、火箭技术和空间技术等这些处于国际前沿的高技术领域已经取得了突破性进展。

（四）从计划经济体制到社会主义市场经济体制转变时期的产业结构——实现社会主义现代化建设三步走战略目标时期的产业结构（1979 ~ 2009 年）^②

1978 年发生了经济过热。这年经济增速达到了 11.7%。于是，从 1979年开始对经济进行了调整。这次调整使得原来产业结构严重失衡的情况有了显著改善。1981 年，第一产业增加值占国内生产总值的比重由 1978 年的28.2% 大幅上升到 31.9%，第二产业由 47.9% 下降到 46.1%（其中工业由44.1% 下降到 41.9%，建筑业由 3.8% 上升到 4.2%），第三产业由 23.9%

① 《新中国六十年统计资料汇编》，中国统计出版社，2010 年 1 月版，第 6、第 14 页。
② 按照党的十六大的部署，建立的完善的社会主义市场经济体制，要到 2020 年。按照邓小平理论，最终实现社会主义现代化建设三步走的战略目标，要到 21 世纪中叶。但本文的分析只到 2009 年。

下降到 22.0%。这些数据表明：作为原来产业结构失衡最重要方面的农业和工业的失衡状况已有明显改观，但在另一个重要方面，即第三产业与工业的失衡状况却有一定程度的加剧。

1984 年又发生了经济过热。这年经济增速高达 15.2%。于是从 1985 年开始，又对经济实行调整。但这次调整对改善产业结构有进展的一面，也有加剧的一面。1986 年，第一产业增加值占国内生产总值的比重由 1984 年的 32.1% 下降到 27.2%，第二产业由 43.1% 上升到 43.7%（其中工业由 38.7% 下降到 38.6%，建筑业由 4.4% 上升到 5.1%），第三产业由 24.8% 上升到 29.1%。这表明：农业滞后于工业的状况有进一步加剧。只是建筑业特别是第三产业滞后于工业的状况有了改善。但乍一看来，农业滞后似乎是建筑业和第三产业的比重上升造成的。但在实际上，建筑业和第三产业的比重上升是恢复性的，而工业比重在以往比重过高的基础上，仍然保持了高的比重，才是农业滞后的原因。

1988 年再次发生经济过热。这年经济增速在 1987 年高达 11.7% 的基础上又达到 11.3%。于是，又对经济进行调整。经过这次调整，1988 年那种产业结构严重失衡状态已有很大改善。1990 年第一产业占国内生产总值的比重由 1988 年的 25.7% 上升到 27.1%，第二产业由 43.8% 下降到 41.3%（其中工业由 38.4% 下降到 36.7%，建筑业由 5.4% 下降到 4.6%），第三产业由 30.5% 上升到 31.6%。

1992 ~ 1994 年连续三年经济过热。这三年经济增速依次分别为 14.2%、14.0% 和 13.1%。于是 1993 年又开始对经济进行调整。在调整经济增速方面，这次调整很成功，到 1997 年实现了软着陆。这年经济增速由 1992 年的 14.2% 下降到 9.3%，处于潜在经济增长率的上限区间。但在产业结构调整方面则效果不佳。1997 年第一产业占国内生产总值的比重由 1992 年的 21.8% 进一步下降到 18.3%，第二产业由 43.4% 进一步上升到 47.5%（其中工业由 38.2% 上升到 41.7%，建筑业由 5.3% 上升到 5.9%），第三产业由 34.8% 下降到 34.2%。[①] 在这里，农业比重大幅下降和工业比重的显著上升，是前者严重滞后于后者的表现，第三产业比重下降也是发展滞后的表现。

2006 ~ 2007 年，连续两年又发生了经济过热。这两年经济增速分别达到 11.6% 和 13.0%。从 2008 年又开始对经济进行调整。这次调整面临着国内

----

① 以上数据资料来源均见：《新中国六十年统计资料汇编》，中国统计出版社，2010 年 1 月版，第 10 ~ 11 页。

外复杂多变的严峻形势。主要是：国内经济周期由连续 8 年（2000～2007年）的上行阶段进入下降阶段，而且来势甚猛。2007 年第二季度的经济增速高达 13.8%，但到 2009 年第一季度猛降到 6.1%。还有 2008 年 5 月 12 日四川汶川特大地震的严重自然灾害。国外又有 2007 年第三季度美国爆发的次贷危机演变成为战后的最严重国际金融危机。在我国外需很大的条件下，这也是很大的冲击。2007 年货物和服务净出口对我国经济增长的贡献率高达 19.7%。这些严重冲击的叠加效应，使得我国经济调整面临着新世纪以来的极大困难。但由于宏观经济政策转变及时而又有力，终于有效地防止了经济增速的大滑坡。2008～2009 年经济增速缓慢地下降到 9.6% 和 8.7%，仍处于我国现阶段经济增长率的上限区间。这确实是来之不易的伟大成就！并因此赢得了举世的美誉。不仅如此，在产业结构调整方面也取得了重要进展。2009 年第一产业增加值占经济总量的比重由 2007 年的 11.1% 下降到 10.6%，第二产业由 48.5% 下降到 46.8%，第三产业由 40.4% 上升到 42.6%。[①] 在这里，第二产业比重下降和第三产业比重上升，显然是优化的表现。这是不言而喻的。问题是如何看待第一产业比重的下降？一般说来，在工业化过程中，农业比重下降是合乎规律的现象。但在我国农业发展严重滞后的具体情况下，却不能把这两年农业比重下降看做产业结构优化的表现。但也不能把它看做产业结构失衡加剧的表现。事实上，这两年第一产业占经济总量的比重平均每年下降 0.35 个百分点，而 1978～2007 年年均下降 0.59 个百分点。从这种相比较的意义上似乎可以说农业滞后于工业的状况在趋于缓解。当然，也没有根本解决。

在对 1958～1978 年和 1979～2009 年的产业结构的变化过程做了分析之后，我们可以将这两个时期在这方面的情况做一对比。在前一时期，第一产业占经济总量的比重，年均下降 0.59 个百分点，第二产业（主要是工业）年均上升 0.89 个百分点，第三产业年均下降 0.2 个百分点。而在后一时期，第一产业比重年均下降 0.56 个百分点，第二产业（只是工业）年均下降 0.35 个百分点，第三产业年均上升 0.6 个百分点。诚然，在上述两个时段有众多不可比的因素。比如，第一、二、三产业各自变化的基数是不同的。但上述数据确实无可辩驳地证明：前一个时期存在产业结构全面极端的严重失衡状态，后一个时期农业滞后和工业超前的状态在逐步趋弱，而第三产业则

---

① 国家统计局网，2009 年 12 月 25 日；2010 年 2 月 25 日。

由前一时期极不正常的大幅下降转变为正常的大幅上升。

但同时需要着重指出，当前我国产业结构失衡问题并没真正解决。其主要根据有二：第一，就农业来说，新世纪以来提出并推行科学发展观以后，党和政府在解决"三农"问题方面采取空前未有的一系列重要举措，并取得了巨大成就！比如，作为农业主要产品的粮食产量，2007～2009年连续三年超过50000万吨，2009年达到53080万吨，改变了1999～2007年连续九年产量低于1998年产量（这年粮食产量为51229.5万吨）的局面。[①]但当前粮食供需仍是一种紧张的平衡。作为粮食稳产基础的体制、机制和技术、物质等方面的问题都没有根本解决。因而，作为最重要战略物资的粮食产量不稳的问题也就没有从根本上解决。当前农民居民收入远远低于城镇居民收入，也突出反映农业发展的滞后。其主要的直接原因，除了城市化滞后以外，就是农业发展滞后，农业劳动生产率很低。第二，就第三产业来说，在许多工业的产能和产品过剩问题突出存在的同时，经济社会亟须的第三产业（包括为生活服务和为生产服务的第三产业，特别是就业容量大和为高技术产业服务的第三产业）又没有得到应有的发展。为了说明这里的问题，做点国际比较是必要的。按照毛泽东的说法，作为矛盾的普遍性的"这种共性，即包含于一切个性之中，无个性即无共性"。[②]所以，尽管国外经验有其特殊性，但也包含共性。就其共性来说，就有借鉴意义。根据世界银行的资料，2003年低收入国家第三产业增加值占国内生产总值的比重为49%，下中等收入国家为52%，上中等国家为59%，高收入国家为71%。我国已经步入下中等收入国家的行列。但我国2009年第三产业增加值占国内生产总值的比重不仅远远低于高收入国家和上中等收入国家，而且大大低于下中等收入和低收入国家。这就突出反映了我国第三产业发展的滞后。

所以，总起来似乎可以说，改革以来，改革前存在的那种产业结构全面极端的严重失衡状态已有显著转变，但就现状来说，产业结构失衡问题并没有真正解决。

二、产业结构现状的形成原因

第一，1978～2000年，我国已初步建立了社会主义市场经济体制的基本

---

① 《新中国六十年统计资料汇编》，中国统计出版社，2010年1月版，第37页；国家统计局网，2009年2月25日。

② 《毛泽东选集》第1卷，人民出版社，1991年版，第319～320页。

框架。21世纪以来，这种体制正在趋于进一步完善。从总体上说，这种体制以其特有的优化社会生产资源的巨大作用，已经和正在成为推动包括第一、二、三产业在内的整个经济迅速而又趋向协调的发展，成为这方面的根本动力。但这只是问题的一方面。

另一方面，这种经济改革以其固有的不平衡性对各次产业发展的推动作用是不等的。这样，经济改革就在推动整个产业持续快速发展的同时，给各次产业增速带来了差异。纵观我国经济改革史，我们可以发现两种规律性现象：一是就三次产业来说，哪个产业改革快，其增速也快；反之亦然。1979~2009年，第二产业（特别是工业）改革进展比第一、三产业都大。需要着重指出：在这方面，城乡二元经济体制改革从开始一直到现在，都是滞后的。作为第三产业的最重要组成部分的垄断行业（如交通、通信和金融等）和社会事业（包括科、教、文、卫等）的改革，在一个很长的时间内也是滞后的，只是在新世纪以来才加快了改革步伐。与这种改革进展不平衡相联系，尽管第二产业的基数比第一、三产业大得多，但其增速却比第一、三产业快得多。这期间，第二产业年均增速为11.3%，而第一、三产业分别只有4.6%和10.7%。二是就各个产业本身来看，也是哪个阶段改革进展快，其增速也快；反之也如此。这一点尤为明显地表现在第一产业方面。1979~1984年，农村普通实行了以家庭承包经营为基础并与集体化经营相结合的双层经营体制，改革进展快，增速也快。这期间农业年均增速高达7.3%。但在此后的一段时间内，农村改革相对滞后，增速下降。1985~2000年，农业年均增速下降到3.8%。但新世纪以来，深化农村经济改革的步伐大大加快。其主要表现是：在完善农业经营体制的同时，实现了农村税费改革；深化了农产品流通体制改革。主要是在作为最主要农产品的粮食方面实现了市场主体自主流通、市场定价的流通体制；实现了农村金融的改革和创新。主要是初步形成了国有（或国家控股的）金融为主导的，多种所有制金融并存，政策性金融、商业性金融和合作性金融并存，以及大、中、小金融组织并存的框架。于是2001~2009年农业年均增速又上升到4.2%。① 可见，这两种规律性现象表明：在市场取向改革没有整体（包括第一、二、三产业）基本到位的情况下，它就会在很大程度上影响到各次产业的协调发展。

---

① 资料来源：《新中国六十年统计资料汇编》，中国统计出版社，2010年1月版，第11页；《国家统计局网》，2009年1月25日，2010年2月25日。

对外开放是以建立社会主义市场经济体制为目标的经济改革在对外经济领域的延伸。从总体上说，对外开放是推动包括第一、二、三产业在内的经济发展的重要动力。但直到目前为止，对外开放对第一、二、三产业发展的推动作用也有差异。对外开放主要包括两个领域：一是对外贸易。在这方面，出口的主要是工业品。二是引进外资，而外商的投资领域大部分也是在第二产业。新世纪以来，服务业的出口和第一、三产业的外商投资都在强劲增长，但没有也不可能很快改变以第二产业为主的情况。这样，前者就从需求方面拉动第二产业的较快发展，而后者又从供给方面推动第二产业的较快发展。

以上是就改革开放在形成产业结构现状方面所引起作用所做的分析。

第二，再从经济发展战略方面分析这一点。

（1）改革前传统经济发展战略的主要特点，是盲目追求经济的高速增长（主要是工业高速增长，特别是重工业高速增长），由此必然导致产业结构严重失衡。改革以后，1981年党中央、国务院提出："要切实改变长期以来在'左'的思想指导下的一套老的做法，真正从我国实际情况出发，走出一条速度比较实在，经济效益比较好，人民可以得到更多实惠的新路子。"[1] 这标志着政策上已经发生了重大转变。党的十七大进一步系统完整提出和阐述的科学发展观，在完整根本的意义上标志着这种转变。这样，改革以来，在中央政府层面的实践方面再看不到改革以前有过的那种高增长指标。但在地方政府的实践方面，一直到现在还不能说已经完成了这种转变。根本的问题在于，改革以前存在过由各级政府（包括中央政府和地方政府）和国有企业组成的投资膨胀机制。改革以后，这种投资膨胀机制只是在中央政府层面和改革已到位的国有（或国有控股）企业发生了改变，而以地方政府为主的投资膨胀机制并没有发生根本转变。[2] 多年来，地方政府盲目地追求政绩工程，就是这方面最典型、最突出的表现。

对地方政府来说，追求政绩的最有效的手段，就是加快发展第二产业。在一定的社会生产资源的条件下，第二产业的过快发展，必然挤占发展第一、三产业的资源，从而阻碍第一、三产业的发展。所以这种做法本身就会阻碍第二产业与第一、三产业之间协调发展，甚至加剧它们之间的失衡。问题还在于，这种盲目追求第二产业速度的实践，还会使一系列战略在实践上

---

① 《中国经济年鉴》（1982），经济管理杂志社，第 II 8～9 页。

② 详见拙文：《当前亟须控制固定资产投资的过快增长——兼论地方投资膨胀机制的治理》，《经济学动态》2006 年第 10 期。

偏离正确的轨道，从而阻碍第二产业与第一、三产业协调，甚至加剧其间的失衡（详见下述）。

（2）改革以来，我国工业发展在越来越大的程度上依靠科技进步，但粗放的经济方式并没有根本改变。当前经济增长主要还是依靠增加投入，特别是物资的投入。而这些物资主要是第二产业提供的产品。这就必然推动工业高速增长。而且，工业高速增长，市场需求旺，产品容易销售，企业就缺乏改进技术的市场压力。这样，原来存在粗放经济增长方式就缺乏向集约方式转变的动力。于是，就在很大程度上形成了粗放增长方式的凝固化。这种凝固使得工业发展继续主要依靠投入物力，从而继续推动工业的高速增长。

（3）工业增长主要依靠投入，这同时意味着主要依靠投资。这就必然导致投资率的提高和消费率的下降。但投资主要是要转化为第二产业提供的产品，而消费则较多地转化为第一、三产业提供的产品和服务。这样，改革以来投资与消费关系的长期失衡，又成为阻碍第二产业与第一、三产业协调发展，甚至加剧它们之间失衡的重要因素。

（4）改革以前乃至改革以后的相当长的时期内，我国实行的都是农业哺育工业战略。这种战略显然是有利于工业的发展而不利于农业的发展。在新世纪初提出"工业反哺农业"的方针以后，国家财政用于支持"三农"的支出已经达到了空前未有的巨大规模。这也正是新世纪以来，农业呈现良好发展态势的重要因素。但即使在这期间落实这项战略方面仍没有完全到位。如果仅就来自农村的税收与国家财政用于农村的支出相比，那就有充分的根据说，"工业反哺农业"战略已经得到了完满的贯彻。但如果考虑到多年来地方政府由征收农村集体土地而获得的巨额收入，以及农民工工资远远低于城镇职工工资（二者都是没有根本改革的社会经济体制形成的）这样两种情况，那就远不能说工业反哺农业的战略已经得到了有效的贯彻。这样，即使在新世纪以来，这些情况也是不利于农业而是有利于工业的发展。

（5）在区域经济发展战略方面，总的说来，改革以前实行的是均衡战略。这是由多项客观和主观因素决定的。历史已经证明：这项战略不仅不能解决地区之间的均衡发展问题，而且成为阻碍全国经济发展的一个重要因素。改革以后，依据邓小平先后提出的先富、先富带后富、逐步实现共同富裕以及"两个大局"的战略思想，① 从20世纪70年代到90年代末，在地区

---

① 详见《邓小平选集》第2卷，第152页；第3卷，第277～278、第373～374页，人民出版社，1994年版。

经济发展方面，实行的都是非均衡战略，主要是优先发展东部沿海经济发达地区。实践已经证明：这是一项正确的战略，是推动这期间我国经济持高速发展的一个重要因素。但任何事物都有二重性。尽管这项战略的积极作用是主要的，但也有负面作用。其中的一个方面，就是加剧了第一、二产业之间的不平衡发展。显然，东部经济发达地区主要是工业的集中地区，而西部地区则是主要农业的集中地区。所以，优先发展东部经济发达地区，就意味加速发展工业。但需指出，这在客观上是不可避免的。诚然，从20世纪90年代末以来，先后提出了推进西部大开发、全面振兴东北等老工业基地、大力促进中部崛起，积极支持东部率先发展的总体地区经济协调发展战略，但这个战略实施的时间不长，它在协调地区经济发展和各次产业发展方面的作用，还不可能充分显示出来。

（6）改革以来，由于实行了对外开放战略，总体说来有效利用了两种资源和两种市场，从供给和需要两个方面推动了这期间我国经济的持续高速发展。但在国内外多种因素作用下，2005～2007年却发生了内需和外需的失衡。国内因素主要是投资率过高、消费率过低，从而形成内需不足。于是由工业提供的过多产品涌向国外市场。国外因素主要是战后形成的不合理的经济秩序，其中包括美元成为国际主要储备货币。这3年货物和服务净出口对经济增长贡献率依次分别达到24.1%、19.3%和19.7%。[①] 而这方面出口主要又是工业品。这就成为加剧工业和农业失衡的一个重要因素。

总之，上述各项战略在实施过程中存在的问题不同程度地阻碍了各次产业的协调发展，甚至加剧了它们之间的失衡。

第三，改革以来，我国在宏观经济管理改革方面取得了决定性进展，并在宏观经济管理本身方面积累了丰富的成功经验，从而成为推动我国经济持续高速发展的一个重要因素。[②] 但在这方面也存在众多不足。其中，产业结构调整力度不足就是一个重要方面。这一点，从改革以来发生的五次经济过热的过程可以看得很清楚。五次经济过热的根本原因在于经济体制改革没有到位。但经济过热就是社会总需求大大超过总供给，这显然是同宏观调控不力有联系。还要提到，经济总量失衡的背后，是经济结构的失衡。当然，这里讲的经济结构失衡，首先是投资与消费关系的失衡，但产业结构失衡也是

---

① 《中国统计年鉴》（2009），中国统计出版社，第57页。
② 详见拙文：《关于改革开放以来宏观经济调控经验的若干思考——纪念改革开放30周年》，《经济学动态》2008年第12期。

其中的一个重要方面。而产业结构失衡更是同宏观经济调控不到位有关联的。需要进一步指出，在五次经济过热以后，进行了五次经济调整。就经济总量来说，五次调整都是到位的，即波谷年经济增速都下降到现阶段潜在经济增长率的限内。但就产业结构来说，在这五次调整中，只有1988年开始的那次调整，使得第一、三产业滞后于第二产业发展的状况全面有所改善。其余四次，都没有做到这一点。其中，1979年开始的那次调整，只有第一产业发展滞后有显著改善，而且这种改善主要还是与由于改革首先从农村突破相联系的；而第三产业滞后还进一步加剧了。1985年开始的那次调整，第一产业发展滞后进一步加剧，只有第三产业滞后有所缓解。而1993年开始的那次调整，第一、三产业发展滞后都加重了。2008年开始的调整，第一产业发展滞后改善并不显著，只有第三产业发展滞后有明显改善。[①] 所有这些都表明：改革以后产业结构失衡状况未见显著改善，同宏观经济调控力度不够是有联系的。当然，根本原因还在经济改革没有到位。

第四，改革以来，产业结构失衡也有认识上的原因。改革以来，对工业重要性的认识并未减弱。但对工业增长方式方面的认识上，实际上在很大程度上还停留在改革前粗放经营方式上。其结果不仅导致了过多的重复建设和重复生产，而且浪费了资源，污染了环境。

但是，就改革以来的长过程来看，对发展第一、三产业重视程度则不到位。就第一产业来说，改革以后，总结了改革前片面重视工业忽视农业，从而导致产业结构严重失衡的教训，大大提高了对农业重要性的认识。但就改革后的长期实践来看，这方面的认识并未到位。这一点，在作为主要农产品的粮食产量反复长期大幅波动上表现得特别突出。1979年我国粮食产量迅速提高到33211.5万吨。但1980～1981年粮食产量却低于1979年。1982～1984年粮食产量是持续上升的，1984年达到40730.5万吨。但1985～1988年粮食产量却低于1984年。直到1989年，粮食产量才达到40754.9万吨，略微超过了1984年的水平。1990年粮食产量进一步上升到44624.3万吨。但1991～1992年粮食产量又都低于1990年。直到1993年才达到45648.8万吨，超过1990年。1994年粮食产量又下降了。1995～1996年粮食产量是上升的，1996年达到50453.5万吨。但1997年粮食产量又下降了。1998年粮

---

① 说明：第一，以上论述涉及的数据，详见《新中国六十年统计资料汇编》，中国统计出版社，2010年版，第11页；国家统计局网，2010年2月25日。第二，对2008年开始的调整所做的判断，是以假定2009年为波谷年为前提的。

食产量上升到 51229.5 万吨，超过了 1996 年。此后九年粮食产量都未达到 1998 年的水平。直到 2008 年粮食产量才达到 52870.9 万吨，超过 1998 年。2009 年粮食产量继续上升到 53080.0 万吨。① 在形成这种波动方面，有客观因素（如自然灾害），也有合理因素（如利用国际市场的粮食资源）。但对社会主义大国来说，这种波动在很大程度上反映了对农业基础地位重要性的认识并没到位。诚然，新世纪以来，在提出了科学发展观以后，这方面的认识已发生了根本转变，但其贯彻落实还需经历一个过程。

就对第三产业的重要性来说，改革以来，否定了第三产业是非生产部门的传统理论，大大促进了第三产业的发展，但在这方面的认识却并未到位。这一点，在高端服务业和低端服务业两方面都是如此。在高端服务业方面，只要把我国在这方面的情况与同是作为新兴国家的印度做一下对比就可以看得很清楚。尽管两国国情不同，但印度在信息服务业方面远远领先于我国的事实，表明我国在这方面的认识还有待提高。在低端服务业方面，伴随人民生活水平的提高、人口老龄化的发展以及住宅商品化改革的决定性进展和作为支柱产业建筑业的迅速发展，诸如社区和家政服务业等低端服务业已经具有发展成为巨大产业的现实性。尽管这方面已有很大的发展，但仍有巨大的发展空间。

可见，对第一、三产业重要性认识不到位，也是这些产业发展滞后的一个重要因素。

第五，我国产业结构的现状，也反映出我国工业阶段性的特点。这主要包括以下三个方面：一是我国现阶段处于工业化中期阶段。一般说来，在技术进步条件下实现社会扩大再生产，都需要生产资料的优先增长。而在工业化中期阶段，与人均收入提高相联系，人们对住宅和家用汽车的需求大大增长。这就推动住宅业和汽车业上升为支柱产业，并获得迅速发展。与此相联系，人们对生活的基础设施（如交通设施）的需求也大大增长。所有这些都会推动重化工业的优先发展。但这期间重化工业的优先发展与 20 世纪 50 年代及其以后的重工业的优先发展有重大区别。后者是以计划经济体制为依据的，尽管起过重要积极作用，但造成了严重后果，因而是不可持续的。而前者是以市场经济主体的要求为依托的，是经济协调发展的客观要求，因而是

---

① 《新中国六十年统计资料汇编》，中国统计出版社，2010 年版，第 37 页；国家统计局网，2010 年 2 月 25 日。

可持续的。二是我国现阶段工业化虽已处于中期阶段，但还要承担其在初期阶段的"补课"任务。改革以前和改革以后的一个长时期农村经济远远滞后于城市经济的发展。这种滞后的一个重要方面，就是农村生产和生活两方面的基础设施都很落后。这在很大程度上是工业化初期阶段留下的"欠债"。这个"欠债"也要由工业化中期阶段来完成，势必要求重化工业的加速发展。三是我国工业化中期阶段还承担着"超前"任务。我国现阶段工业化是在知识经济时代进行的。因而在越来越大的程度上要求实现工业化与现代化的融合。这些都是提高工业发展速度的重要因素。

但需说明，这里提出第五点，旨在说明当前我国工业遥遥领先于第一、三产业的发展，其中包含着合理因素，并不否定第一、三产业严重滞后于工业发展的事实，也不否定前述的形成这种滞后局面的四点原因。

三、进一步调整产业结构的若干设想

我国当前尽管还面临着严重的产业结构失衡状态，但在国内和国际两个方面都面临着良好的机遇。

在国内，我国至少还有 20 年的良好的经济发展时机。[①] 这个战略机遇期不仅使得我国经济仍然可以在一个较长时期内赢得平稳较快发展，而且为我国产业结构调整在体制、机制和物质资本、人力资本以及政策和经验等方面提供了有利条件。2007 年由美国次贷危机引发的这场战后最严重的金融危机和经济危机，对我国经济发展形成了巨大的冲击。但相对说来，这次危机给我国经济发展提供的机遇要大于冲击。这里所说的"相对"有两重含义：一是就冲击与机遇相比较而言，二是与经济发达国家所受到的冲击和机遇相比较而言。

国际经验表明：每次大的经济危机都要催生新的科技革命，加快产业结构调整，并加剧世界各国之间经济的不平衡的发展。仅就美国这个世界最大经济体而言，在这次危机之后，在虚拟经济领域去杠杆化的同时，在实体经济方面去"空心化"，提出"再工业化"，重新振兴现代制造业，在高科技领域继续巩固和加强其领先地位，抢占新的战略产业的制高点；长期存在的低储蓄率、高消费率的消费模式正在发生变化。就这些因素对我国产业结构的调整而言，其积极影响突出表现为，使我国制造业（这是我国工业的主

---

① 详见拙著：《中国经济发展 30 年》(1978～2008)，中国社会科学出版社，2009 年版，第 82～93 页。

体）产品出口遇到更大限制，从这方面遏制我国工业的过快增长，推动我国产业结构的调整。这次危机使美国经济受到重创，陷于负增长，而我国经济增速虽有下降，但仍保持高增长态势。美国作为世界主要储备货币的霸主地位也受到严重冲击，而人民币的国际地位显著上升。这表明，我国的大国经济地位在进一步上升，向经济强国迈进的步伐也在加快。它意味着我国在利用两种市场、两种资源方面拥有更有利的条件，从而促进包括产业结构调整在内的经济发展。

因此，要抓紧国内外的有利时机，大步推进产业结构调整。

调整第一、二、三产业增加值在国内生产总值中的比重，需要遵循党的十七大提出的要求："由主要依靠第二产业带动向依靠第一、第二、第三产业协同带动转变。"①

为此，需要依据历史经验和当前情况合理设置第一、二、三产业的增速以及与之相联系的三者在国内生产总值中的比重的目标值。在这方面，2008～2009年我国经济发展的经验值得重视。这两年第一、二、三产业的增速分别依次为5.5%和4.2%、9.3%和9.5%、9.5%和8.9%。这样，第一产业比重由2007年的11.3%下降到2009年的10.6%，年均下降0.35个百分点，第二产业由48.6%下降到46.8%，年均下降0.9个百分点，第三产业由40.1%上升到42.6%，年均上升1.25个百分点。② 显然，这个结构变化方向是朝着解决产业结构失衡前进的。依据这个经验，并考虑到工业化发展规律的要求，特别是当前产业结构失衡还没有根本解决的情况，可以设想：在"十二五"期间，在经济增速控制在9%左右的前提下，第一产业年均增速争取达到5.5%左右，第二产业控制在9.0%左右，第三产业达到9.5%左右。这样，这期间第一产业比重仍有望大体稳定在10%左右，第二产业比重下降到40%左右，第三产业比重上升到45%～50%。

为了实现这个目标，需要采取以下主要措施：

第一，要深化经济改革，特别是要加快第一、三产业改革的步伐。就第一产业来说，除了继续全面深化农村各项经济改革以外，还要着力推进城乡二元经济社会体制改革，实行基本公共服务在城乡之间的均等化，加快城镇化和农业对外开放的步伐。就第二产业来说，除了要继续建立健全现代企业

① 《中国共产党第十七次全国代表大会文件汇编》，人民出版社，2007年版，第22页。
② 《中国统计年鉴》（2009），中国统计出版社，第38、40页；国家统计局网2010年2月25日。

制度，加强国有资产监管，发展多种所有制经济和继续扩大开放以外，就是要积极推进资源性产品价格改革和实行环境污染补偿制度，以遏制工业（特别是其中的高能耗、高物耗、高污染工业）的发展；还要积极推进统一、有序、平等竞争充分发展的市场改革，以淘汰和遏制过多的低水平的重复建设和重复生产。特别是要积极治理地方政府为主的投资膨胀机制，以遏制工业的过快增长。就第三产业来说，要加快垄断行业和事业单位的改革步伐，并扩大这些领域的对外开放。

为此，当前既要看到我国渐进性改革优越性这一主要方面，又要着重看到这种渐进性改革的严重局限性。这种局限性的一个重要方面，就是当前第一、三产业改革滞后于第二产业，以及由此对经济发展造成的不良后果。既要看到当前加快第一、三产业改革的有利条件（诸如在这方面已经形成了更多的社会共识，并拥有更有利的物质技术基础等），但又要看到在这方面已经形成了阻碍改革深化的新因素，即除了改革初期就有的维护计划经济体制的势力以外，又产生了阻碍改革的新的利益群体（诸如治理地方投资膨胀机制就会遇到地方局部利益的阻碍，改革行业垄断就会遇到行业局部利益的阻碍）。而且，前者主要是由认识差异引起的，而后者则主要是利益差别引起的。从这方面来说，后者比前者更难克服。因而必须采取强有力的立法手段和行政手段；否则，改革就很难推得开，以致陷入停滞状态。

第二，要把经济发展的目标进一步转到以人为本的轨道上来。改革以前存在重产出、轻消费的倾向。改革后，这方面的情况已有很大的变化，但并没有转变到位。1953～1957年，国内生产总值增速与居民平均消费水平增速之比为2.04:1.00，1958～1978年为3.18:1，1979～2008年为1.29:1.00。[①]可见，改革以来，二者对比关系有了显著改善。但为了改变当前消费增长严重滞后于生产增长的情况，可以设想在"十二五"期间，使二者增速之比逐步趋于1:1。这样，与人民物质文化生活更为紧密的第一、三产业就有可能实现较快增长，而工业的过快增长也就会受到遏制。

第三，要加快由粗放经济增长方式向集约增长方式以及由高碳经济向低碳经济转变的步伐。改革以来，仍在很大程度上延续了以粗放经济增长方式和高碳经济为特征的传统工业化道路。实现经济增长方式的转变，由主要依靠投入物质资源转向主要依靠科技进步和劳动者素质提高，显然会从减少物

① 资料来源：《新中国六十年统计资料汇编》，中国统计出版社，2010年版，第11、14页。

质需求方面遏制工业的过快增长，同时又会带动作为第三产业最重要组成的科技和教育的发展，并会加速以人多地少为特征的农业的发展。

就生产而言，低碳经济是以低物耗、低排放、低污染为特征的经济。这种经济是以集约经济增长方式的发展为前提的，但它又是工业化现代化发展的一个新的更高阶段。如果说，实现经济增长方式的转变在经济发达国家已经基本完成，那么，实现低碳经济则破题不久。2003 年英国提出低碳经济的理念，它以强大的生命力迅速获得许多国家的认同，有些国家已就此进行规划和立法。在我国，低碳经济也是方兴未艾。我国在发展再生产能源、循环经济和节能减排等方面已经取得了显著成效，再制造业也已经起步。[①] 实践证明，低碳经济在节约资源、改善环境等方面的意义，远远超过经济增长方式的转变。

但低碳经济的含意及其意义并不仅限于生产方面，已延伸到生活消费方面。这一点在美国那种高碳消费的国家显得尤为突出。

低碳经济也不仅限于碳的排放方面，还延伸到碳的吸收方面。如果仅仅从能源的生产消费来说，近代工业化过程可以简单地归结为将长期埋藏在地下的矿石化能源开发出来，用于生产以后，再将作为最重要污染源的二氧化碳加以排放的过程。但人工造林又可以将排放出的二氧化碳加以吸收。我国在这方面已经取得了重要进展。多年来我国人工造林速度居于世界第一位。当前人工造林面积也居于世界第一位。实践证明，推行人工造林，是低碳经济的一个重要方面。

可见，实现高碳经济向低碳经济的转变，不仅在改变当前产业结构严重失衡方面，而且在改善已经受到严重污染的环境方面，都有特殊重要的意义。

第四，把"工业反哺农业"的方针进一步落到实处。就这个方针的实质含意来说，就是要把工业创造的一部分收入，主要通过财政再分配用于发展农业经济提高农民生活水平。但鉴于当前农业严重滞后于工业的情况，还可设想以国有企业（特别是其中的垄断行业）的一部分利润用于农村生产和生活的基础设施，以及社会保障事业。这一点在国有资本预算单列的情况下是有可能做到的。

第五，加强和改善宏观经济调控。既要注重对需求（宏观经济总量）的

---

① 详见《中国经济时报》2010 年 3 月 15 日。

调控，又要注重对供给（产业结构）的调控。按照马克思主义关于社会扩大再生产的一般理论，这两方面调控是互为条件的，是实现经济持续发展的必要条件。就我国改革以来的历史经验来看，尽管发生的五次经济过热，表明对需求调控的不足，但相对来说，其效果还是好于对供给的调控。这也是改革以来我国产业结构严重失衡并无明显转变的一个重要原因。就当前来说，2009 年经济增速也从 2007 年的 13.0% 下降到 8.7% 。即下降到现阶段潜在经济增长率的区间。在这种形势下，宏观经济调控面临两方面任务。一方面要注意重对需求的调控，千方百计地把经济增长率稳定在潜在经济增长率的限内,[①] 防止经济增速的迅速反弹，发生经济过热，并使经济结构（包括产业结构）失衡加剧。另一方面，更要注意抓紧经济增速下行的有利时机，大步推进产业结构调整，从根本上防止由结构失衡再次导致经济过热。

（本文原载于《中国经济年鉴》（2010），中国经济年鉴社）

---

① 详见拙文：《再论现阶段经济增长性长期目标》，《国家行政学院学报》2009 年第 6 期。

试论潜在经济增长率

汪海波

乍一看来，潜在经济增长率是一个早已解决的宏观经济管理的理论问题。但就我国当前学术界和宏观经济管理实践来看，还是一个没有真正解决但又亟须解决的重要问题，似有讨论的必要。这里讲点粗浅想法，以就教于学术界的同仁。

一、潜在经济增长率范畴的提出

就笔者看到的文献看，马克思并未提出潜在经济增长率这个经济范畴。当然，在那个时代条件下，也不可能提出这个范畴。但马克思提出的认识论和生产力论为我们认识这个问题提供了方法和理论。

潜在经济增长率这个范畴的提出，是与古典的自由放任的市场经济向现代的有国家干预的市场经济的转变这个时代相联系的。这个时代呼唤凯恩斯宏观经济学的产生。按照凯恩斯的宏观经济学，总需求等于总供给，是国民经济均衡运行的条件。在这个基础上，哈罗德提出了既相互联系又相互区别的三种经济增长率：一是自然增长率，即由人口增长与技术进步所允许达到的长期的最大增长率。二是实际增长率，即本期产量或收入的增长量与上期的产量或收入之比。三是均衡增长率（又称有保证的增长率），即总需求和总供给相等条件下的增长率。后来，萨缪尔森对自然增长率做了更为明确的概括，将其称为"潜在的国民生产总值增长率"，并将其增长的源泉归结为"投入（资本、劳动、土地）的增长和技术或效率的改进"。[①] 斯蒂格利茨对此又做了更精练的说明，把潜在国内生产总值定义为"经济中所有资源得到充分利用时国内生产总值可以达到的数值"。[②] 显然，现代西方经济学者关于

---

① 保罗·A. 萨缪尔森、威廉·D. 诺德豪斯：《经济学》，中国发展出版社，1992 年版，第 303、1343 页。
② 斯蒂格利茨：《经济学》（下册）中国人民大学出版社，1997 年版，第 424 页。

潜在经济增长率的理论，具有科学内容，值得依据我国具体情况加以运用。但也存在明显缺陷，即未考虑资源和环境因素（详见后述）。

二、对流行的潜在经济增长率定义的商榷意见

我国学术界曾经流行过这样一种观点：在一定时期内，在不引发或加剧通胀或失业的条件下，各种生产要素潜能得到充分发挥所能达到的生产率。需要说明，笔者也曾经引用过这个观点，现在看来不妥。

这个定义包括西方经济学者关于潜在经济增长率的科学内容，即各种生产要素潜能得到充分发挥所能达到的生产率。但这个定义比西方经济学者关于潜在经济增长率定义存在更为明显的缺陷。一方面，它偏离了西方经济学的正确内涵。其表现有二：一是加入了不引发通胀为前提的内容。在西方经济学那里，这是以生产要素潜能得到充分发挥为前提的。这是正确的，因为这是作为总供给范畴的潜在经济增长率的题中应有之义。实际上，潜在经济增长率就是潜在的总供给的增长率。而在这个概念中，不仅是以生产要素潜能的充分发挥为前提，而且是以不引发通货膨胀为前提。这就越出了总供给范围，包括了总供给和总需求两方面。因为从本质的和根本的意义上说，通货膨胀都是由于社会总需求超过总供给引起的。要不引发通货膨胀则必须实现社会总需求和社会总供给的平衡。但这样一来，潜在经济增长率的原意就被改变了，变成了潜在经济增长率与均衡增长率的混合物。二是加入了以不加剧失业为前提。这是多余的。实际上，各项生产要素潜能的充分发挥就包含了这项内容。另一方面，它又沿袭了西方经济学关于潜在经济增长率定义的缺陷，即忽略了资源和环境因素。如果说，在资源和环境问题还不严重的条件下，这种观点的缺陷还不明显的话，那么，这个问题在当前世界范围内变得很严重的情况下，这个缺陷就显得很突出了。当然，资源和环境问题早在农业社会就已经开始发生了。当然，那时还是发生在局部范围的事。但随着资本主义工业化的发展，资源过度消耗和环境污染问题就在工业化国家普遍展现出来。第二次世界大战以后，随着帝国主义殖民地体系的瓦解和众多新兴工业化国家的出现，这个问题又在世界范围内凸显出来，成为妨碍经济社会可持续发展的一个极为严重的问题，以至于 1972 年联合国第一次在瑞典召开了人类环境会议，通过了《联合国人类环境宣言》，呼吁各国政府和人民为维护和改善人类环境而共同努力。1992 年联合国又在巴西召开了环境与发展大会，通过了《里约热内卢环境和发展宣言》，第一次把可持续发

展理念由理论推向实践。在这种时代条件下，在论到潜在经济增长率时，在供给要素方面不提资源和环境因素，显然是一个更为严重的缺陷。就我国当前情况来说，则更是这样。新中国成立以后，特别是改革开放以后，我国在实现社会主义现代化建设和民族伟大复兴方面已经迈出了决定性步伐，正在改变世界经济格局，赢得了世人的青睐。但在资源过度消耗和环境污染方面都付出了沉重代价。在这方面，我国已经历了两次大的破坏。一次是在改革前 30 年发生的。其中尤以 1958 ~ 1960 年"大跃进"和 60 年代中期到 70 年代中期的"三线建设"最为突出。另一次是改革后 30 年发生的。其中，尤以 80 年代乡镇工业的遍地开花和新世纪以来重化工业超高速增长最为明显。这样，当前我国已经成为资源和环境问题最严重的国家之一。这种状况同社会主义经济大国的地位很不相称，亟须改变。诚然，从 20 世纪 90 年代下半期开始，我国就已经把可持续发展列为重要的经济社会发展战略，并相继采取了一系列重大政策措施，取得了一定进展。但在实践方面，资源过度消耗和环境严重污染并没有从根本上得到遏制。在这种形势下，我国在资源和环境方面就面临着双重任务：在今后的经济增长中，不仅要严格遵循可持续发展的理念，恪守节约资源和保护环境的原则，而且要补偿过去长时期资源过度消耗和环境严重污染的"欠债"。还需指出，这个定义忽略资源和环境，也并不符合马克思主义关于社会生产一般的理论。马克思提出："一切财富的源泉——土地和工人。"这里说的土地可以理解为整个自然资源，工人可以理解全部劳动力。恩格斯还以希腊等地居民因砍完森林造成的严重后果为例，深刻地说明了人类生存和社会生产与自然环境的密切依存关系。[①]

据此，笔者认为，我国现阶段潜在经济增长率似乎可以定义为：在一定时期内，在既定的社会生产技术条件下，在适度开发利用资源和保护改善环境前提下，各种生产要素潜能得到充分发挥所能达到的生产率。

如果这个定义是正确的，那么测算潜在经济增长率的经济计量模型就要做相应的调整。按照前述的西方经济学者关于潜在经济增长率的定义，其测算潜在经济增长率的经济计量模型为：潜在经济增长率 = 资本和劳动等要素投入对经济增长的贡献率 + 由技术进步等因素导致的效率提高对经济增长的贡献率。而按照笔者修正后的潜在经济增长率的定义，测算潜在经济增长率

---

① 详见《马克思恩格斯全集》第 23 卷，人民出版社，1972 年版，第 553 页；《马克思恩格斯选集》第 3 卷，人民出版社，1973 年版，第 517 ~ 518 页。

的经济计量模型则应为：潜在经济增长率＝资本和劳动等要素投入对经济增长的贡献率＋由技术进步等因素导致效率提高对经济增长的贡献率－由适度开发利用资源和保护改善环境对经济增长缩减率。当然，这个调整对测算现实经济增长率也是适用的。

三、对流行的潜在经济增长率的商榷意见

近来有多位学者发表这样的观点：中国在今后 10 年、20 年乃至 30 年仍然能够实现经济高增长。而他们所说的高增长，其量的界定就是年均增长 9% 以上，甚至接近 10%。在我国"十二五"规划正在制定之际，这是一个很值得关注的理论动向。无论从理论意义或者实践意义上说，这种观点都值得商榷。

这些学者讲的是中国今后长时期经济增长率。所以，把它理解为中国今后的潜在经济增长率，是符合其原意的。我们就从这个视角讨论这种观点。

显然，可以想象，这些学者并不是随意拍脑袋提出这个观点的，而是经过多方面论证的。其依据可能有以下三个主要方面：

第一，我国的历史经验。因为 1979～2009 年我国年均经济增长率就达到 9.9%。但能否由这个历史经验做出结论说，中国在今后 10 年乃至 30 年仍然可以实现 9% 以上乃至 10% 的年均经济增长率，看来在这方面仍有众多问题需要研究。应该肯定，以长期的历史经验数据为依据来测算潜在经济增长率，从方法论上说是无可置疑的。现实经济增长率是经济增长中的现象形态，而潜在经济增长率是经济增长中的本质（或规律）。按照马克思主义关于本质（或规律）特征的分析，它具有长期性、稳定性的特征。而潜在经济增长率正是具有这样的特点。正如萨缪尔森所说："潜在产出增长是相当平稳的。""从比较长期的观点来看，推动经济在几十年内增长的因素，是潜在的产出和总供给。"[1] 但就新中国成立后历史经验数据来看，也面临着三种选择。1953～1978 年，我国年均经济增长率为 6.1%，1979～2009 年为 9.9%，1953～2009 年为 8.1%。[2] 这三个时限都是比较长的时期。但相对说来，以 1953～2009 年年均经济增长率 8.1% 为依据，把我国今后一个时期潜在经济增长率定为 8% 左右，更符合作为经济本质（或规律）所具有的稳定性和长

---

[1] 保罗·A. 萨缪尔森、威廉·D. 诺德豪斯：《经济学》，中国发展出版社，1992 年版，第 301、303 页。

[2] 《中国六十年统计资料汇编》，中国统计出版社，2010 年版，第 12 页；国家统计局网，2010 年 7 月 2 日；《中国统计摘要》(2010)，中国统计出版社，第 24 页。

期性的特点，因而更为相宜。不仅如此，这样确定还更符合作为潜在经济增长率的质的规定。如前所述，潜在经济增长率应定义为：在一定时期，在既定的社会生产技术条件下，在适度开发利用资源和保护环境的前提下，各种生产要素潜能充分发挥所能达到的生产率。这样，在我国当前资源过度消耗和环境严重污染的情况下，不以 1979～2009 年年均经济增速 9.9%，而以 1953～2009 年的 8.1% 为准，无疑是更为相宜的。

但这里的问题是：这样确定今后一个时期的潜在经济增长率，是否时限太长了。诚然，就这里涉及到的 60 年和 30 年相比较，时限是长了。但如果纵观中国几千年的经济增长，放眼世界范围内的经济增长，就是另一番景象。按照麦迪森的计算，在 1700～1820 年长达 1200 年的时间内，中国年均增速仅为 0.85%，在 1820～1952 年长达 1332 年的时间内，主要由于逐步沦为半殖民地半封建社会，年均增速下降到 0.22%。在这两个时段内，世界年均增速分别为 0.52% 和 1.64%。① 需要说明：例举这些数据的目的，仅仅在于表明以过去 60 年的年均增速作为预计今后一个时期潜在经济增长率的时限不能算长。当然，无论是以 30 年的历史经验数据为依据，还是以 60 年的历史经验数据为依据，都不能充分说明今后一个时期潜在经济增长率。因为尽管历史具有继承性，今天中国是过去中国的历史发展，明天中国是今天中国的历史发展，但明天中国毕竟不同于今天中国。因此，要充分说明今后一个时期中国潜在经济增长率，还必须分析这个时期的供给要素，这一点留待下面展开。

第二，理论依据。就笔者看到的有关文章，持有今后几十年经济增速仍可达到 9% 以上乃至 10% 的观点的学者，提出的理论依据主要有以下几点：曾经支撑中国经济过去 30 年高速增长的要素（包括劳动力和资本投入等）在未来 30 年仍然存在。再有，就是城市化的加速推进和区域经济的加速发展等。

从一般意义上说，可以认为这些理论依据都是正确的。而且用它来说明今后 30 年年均经济增速仍能达到 1953～2009 年年均增速 8% 也是可以的。但要用它来说明今后仍能维持过去 30 年的 10% 的增速，就很难说服人了。问题在于：这些作者片面强调了加速今后 30 年经济增长的因素，完全忽略了降低今后 30 年经济增速的因素，而且忽略了后一类因素的作用会超过前

---

① 安格斯·麦迪森：《中国经济的长期表现》，上海人民出版社，2008 年版，第 37 页。

一类因素的作用。这样，今后 30 年年均增速由过去 30 年的 10% 下降到 8% 就是难以避免的了。具体说来就是：今后确实存在加速经济增长的因素，诸如城镇化和区域经济的加速发展等。但同时也存在众多降低今后 30 年经济增速的因素。举其要者有：

（1）如前所述，当前我国资源过度消耗和环境污染已经达到了很严重的地步，几乎接近极限。在既定的社会生产技术条件下，降低资源消耗和减轻环境污染的最有效的办法就是降低经济增速。因为在这种条件下，二者呈现一种很强的正相关的关系。当然，在这方面科技进步等因素也能起很大的作用。但就我国当前的情况来看，这些因素的作用远不如降低经济增速的作用。在这个限度内，可以说降低经济增速是改变资源过度消耗和环境严重污染的最重要办法。

（2）当前我国经济存在严重失衡，已是公认的事实。就我们这里讨论的问题来说，值得提及的有两个重要方面。一是投资和消费关系的严重失衡。在 1952 年、1978 年和 2009 年这三个时点上，我国投资率由 22.2% 上升到 38.2%，再上升到 47.5%。2010 年上半年我国全社会固定资产投资增速虽有回落，但仍达到 25.0%，比全社会消费品零售总额增速还要高出 6.8 个百分点。[①] 而前者和后者分别是投资和消费的最主要组成部分。据此可以判断：2010 年，我国投资率仍然保持了上升态势。这样，投资率就在我国历史上达到了前所未有的高度，在世界上也是绝无仅有的。所以，在今后我国经济正常发展的情况下，投资率的逐步下降必将成为一种客观趋势。但问题还在于，投资效益下降局面在短期内也还难有大的改变。据计算，我国投资效益系数，1953 ~ 1957 年为 0.55，1958 ~ 1978 年为 0.24，1979 ~ 1984 年为 0.47，1985 ~ 1992 年为 0.53，1993 ~ 2000 年为 0.43，2001 ~ 2008 年为 0.28。可见，无论从新中国成立后 60 年看，或改革后 30 年看，我国投资效益系数都经历了一个先扬后抑的过程。这个下降过程在短期内还难望有大的改变。二是重工业和轻工业的严重失衡。本来，改革前轻、重工业严重失衡的状况，在改革后的一个长时期内逐步得到了缓解。但在新世纪初以来，由于重化工业的超高速增长，这种失衡状况又趋于加剧了。下列数据可以清楚地显示这一点。据计算，1953 ~ 1978 年，轻、重工业年均增速分别为 9.3%

---

① 《新中国 60 年统计资料汇编》，中国统计出版社，2009 年版，第 12 页；国家统计局网，2010 年 2 月 25 日，7 月 15 日；《中国统计摘要》（2010），中国统计出版社，第 36 页。

和 13.8%，二者失衡状况趋于加剧。但在 1979～1984 年、1985～1992 年和 1993～2000 年这三段时限内，二者增速分别依次为 12.3% 和 7.3%、16.0% 和 15.4%、18.3% 和 17.1%，二者失衡状况趋于缓解。但在 2001～2007 年，二者增速分别为 16.8% 和 23.2%，二者失衡状况又趋于加剧。这种失衡状况本身就表明重化工业超高速增长，是不可持续的。更何况这些年重化工业的超高速增长，正是资源过度消耗和环境严重污染的主要根源。这更说明是不可持续的。现在需要进一步指出，高投资和重化工业的超高速增长，正是推动我国经济高速增长的两个主要动力。这两方面情况的改变，必将抑制我国经济的增速。

（3）我国现阶段市场经济体制的特点是政府主导型的市场经济。这种体制在动员社会资源，推动经济高速增长方面具有特殊巨大的作用，但也极易导致经济的过快增长。当前这一点尤为明显地表现在以地方政府为主的投资膨胀机制的作用上。但是伴随经济政治改革的深化，政资政企政事分开，行政管理体制、财税体制和干部制度改革的进展，以及民主政治监督的增强，这种投资膨胀机制的作用，有望得到逐步削弱。这样，政府虽然仍是推动经济增长不可代替的重要力量，但当前追求经济过高增长的倾向，预期可以得到遏制。

（4）经济总量和经济增速这两方面的现有基数都会在不同程度上制约今后的经济增速。一般说来，在其他条件相等的情况下，经济总量和经济增速这两个基数越大，制约经济增速提高的作用越大，经济增速下降的机率也愈大；反之亦然。诚然，这两种基数是有联系的，但又是有区别的。如果在论到基数对经济增速的制约作用时，只提前一方面，而不提后一方面，那就不能认为是全面的。而当前我国经济增速方面又恰恰遇到了这两方面的制约。按不变价格计算，2009 年我国经济总量是 1978 年的 18.6 倍，年均经济增长率高达 9.9%。[①] 如果将这一点与前述三个因素联系起来看，那么，我国潜在经济增长率下降就是很明显的。还要提到：在经济总量达到一定规模以后，经济增速趋于下降，是一个世界范围内带有规律性的现象。据麦迪森计算，在 1913～1950 年、1950～1973 年和 1973～1998 年这三个时期，欧、美、日国家的年均经济增速分别依次为 1.19%、4.81% 和 2.11%，2.84%、

---

① 《中国统计摘要》（2010），中国统计出版社，2010 年 5 月，第 24 页。

3.93%和2.99%，2.21%、9.29%和2.97%。① 显然，这些国家各个时期经济增速的变化，是由多种复杂因素决定的，基数并不是主要因素。但从中可以看到：基数在这方面也有一定的作用。很清楚，中国今后的经济增速变化，也会受到基数的影响。

第三，经济计量模型的依据。在对历史经验数据和理论依据做了分析以后，对经济计量模型方面的依据的分析，就比较容易了。这个经济计量模型包括的经济变量有四个：①资本投入对经济增长的贡献率；②劳动力投入对经济增长的贡献率；③科技进步等因素导致效率提高对经济增长的贡献率；④资源和环境对经济增长率的影响。下面分别就这四个经济变量对经济增长的作用做具体分析。①如前所述，在正常情况下，今后一个时期我国投资率是趋于下降的，投资效率下降趋势也难以有大的改变。这样，大致可以确定：在今后一个时期内，投资对经济增长贡献率与过去30年相比较，将是下降的趋势。②劳动投入在这方面的作用将呈现一种复杂的情况。一方面，如果要说路易斯转折点已经到来或即将到来，那是一种过于乐观的估计。但是，改革初期那种劳动力供给大大超过需求的状况已经有了很大改变，并正在继续加快发生改变。而且，劳动力价格逐步上升也已成了客观趋势。另一方面，我国已经普及了九年制的义务教育，高中教育也有很大发展，甚至高等教育也已经达到了大众化阶段。这样，人力资本在经济增长中的作用就会逐步上升。这样，前一方面因素对经济增长率提升将发生负面作用，后一方面因素则会发生正面作用，正负相抵以后，仍然可以认为劳动力投入对今后一个时期经济增长率提升将会发生积极作用。③科技进步等因素造成的效率提高。这一点，在今后一个时期内，无疑仍然是提高经济增长率的积极因素。当前我国科技进步因素对经济增长率仍然远远低于经济发达国家，仍有很大的增长潜力。但也要考虑到：以往30年，我国科技因素在这方面贡献率的增速是很快的。如前所述，作为基数之一的速度对其尔后的增速是有制约的。所以，对科技进步对提高我国经济增长率的作用也不宜估计过高。④为了补偿以往几十年资源过度消耗和环境严重污染，也为了节约资源和保护环境，资源和环境对今后经济增长肯定会起负面作用。它不仅不能提高经济增长率，还会降低经济增长率。据有的学者估算，资源和环境因素会降低今后经济增长率1~2个百分点。但是，那些持有今后我国经济增速仍能达到

① 麦迪森：《世界经济千年史》，北京大学出版社，2003年版，第260页。

10%的学者在论到这一点时，却只字不提资源和环境问题。这是令人十分奇怪的事！综合以上对四个经济变量的分析，我们可以得出这样的结论：今后一个时期内我国年均经济增速将会下降到8%；如果以经济计量模型来证明仍然可以达到10%，似乎也是缺乏根据的。

事实上，我国不仅已有学者明确提出我国今后潜在经济增长率是下降的，而且把资源和环境因素纳入了经济计量模型进行测算。其结论是：我国潜在经济增长率将由以往30年的10.5%，下降到2010～2015年的9.5%、2016～2020年的7.3%和2020～2030年的5.8%。这个计算结果是否完全准确还可以研究。当然，任何经济计量模型都是抽象的，它只能涵盖若干个主要经济变量，不可能包括实际经济中的全部因素。各个变量所依据的样本数据也很难做到全部掌握，特别是其中某些权重的设置更是难免带有某种程度的随意性。因此，我们对这个测算结果也不能提出完全准确的要求。但是这个测算结果所揭示的我国今后潜在经济增长率的下降趋势，却是可以认同的。

需要提到，笔者也曾指出：中国在21世纪初一个相当长的时期内仍然面临着千载难逢的经济可以得到快速平稳持续发展的战略机遇期。并把它归结为：经济全球化条件下改革开放效应，知识经济时代科技进步效应，工业化中期阶段效应（其中包括城镇化加速效应），积累了适应现代市场经济发展要求的、全过程的宏观经济调控效应，人口大国和经济大国的效应，仍然可以赢得一个较长时期的稳定的社会政治局面和国际和平环境。[①] 现在需要进一步指出：以往30年经济增速9.9%是高速增长，今后30年经济增长8%，仍然是高速增长。这无论是同中国的历史比较，还是与当代各国比较，都是可以这样说的。

还要说明：以上都是说的潜在经济增长率，即总供给的潜在增长率，并未涉及总需求因素。但如果把总需求因素也列入考察的视线，如果以地方政府为主的投资膨胀机制得不到有效抑制，甚至进一步强化，如果宏观经济调控也显得无力，甚至在某些方面还有意无意地适应或推动这种膨胀，那么，在今后若干年内经济增速达到10%甚至10%以上，也是完全可能的。但如果真是这样，那么，中国资源和环境就要进入第三个30年的大破坏。这就

---

① 详见拙著：《论中国经济社会的持续快速全面发展（2001～2020）》，经济管理出版社，2006年版，第82～83页。

不是原本意义上的中华民族的伟大复兴，而是给中华民族子孙后代造成巨大灾难。这是一个值得严肃思考的问题！

四、这个讨论的意义

概括说来，潜在经济增长率是宏观经济调控在总量调控方面的主要依据。因此，正确确定潜在经济增长率对实现正确的宏观经济调控具有至关重要的意义。在社会主义市场经济条件下，社会总需求和总供给以及二者的增长率也并不总是一致的，二者的不一致是经济增长的常态。但当二者的差别扩大到一定限度时就会导致经济过热，造成经济的周期波动。因此，在社会主义市场经济条件下，宏观经济调控的一个最重要任务，就是要促进经济总量的供需平衡，熨平经济周期的波动，实现经济的平稳发展。这样，如果仅就调控经济总量来说，社会总需求和社会总供给的差距，就成为衡量经济热冷的唯一的无可代替的总体指标。因此就是宏观经济调控赖以确定调控方向（紧缩或扩张）力度（紧缩或扩张强度）和节奏（紧缩和扩张的步伐）的主要依据。

如前所述，潜在经济增长率是潜在的总供给增长率。而现实经济增长率就其直接的意义上说，是现实的总供给增长率。但它是总需求拉动的结果。从这种相互关系的意义上，也可以把现实经济增长率看做总需求的增长率。关于这一点，萨缪尔森有过这样的说明："经济周期主要是由总需求变动引起的。"但在上述相互联系意义上，他又说："经济周期的产生是因为潜在的与实际的 GNP 之间的缺口扩大或收缩。"① 诚然，在资本主义市场经济条件下，经济周期发生的根本原因，是资本主义的基本矛盾。在我国当前的社会主义市场经济条件下，经济周期发生的主要原因，是以地方政府为主的投资膨胀机制。但就经济周期发生的直接原因来说，萨缪尔森的上述说法，无疑是正确的。而且从一般意义上，对我国现阶段也是适用的。依据这些分析，我们又可以进一步说，潜在经济增长率与现实经济增长率的差距是衡量社会总供给与总需求唯一的无可替代的总体指标。潜在经济增长率也就成为宏观经济调控在总量调控的主要依据。

现在需要进一步指出：潜在经济增长率是经济增长中的本质（或规律），而现实经济增长率是现象形态。如前所述，同一切规律和现象一样，前者具

① 保罗·A. 萨缪尔森、威廉·D. 诺德豪斯：《经济学》，中国发展出版社，1992 年版，第 305、307 页。

有稳定性、长期性的特点，而后者则是经常变化的、不稳定的。历史经验也反复证明：前者是决定后者的，后者在经济周期的各个阶段是围绕前者这个中心波动的。正因为这样，潜在经济增长率不仅应该成为制定中长期规划在确定经济总量增长方面的主要依据，而且应该成为制订年度计划在这方面的主要依据，还应该成为调整中长期规划、年度计划乃至季度计划的主要依据。

但就我国当前现实情况来看，似乎并没有在宏观经济调控中把它放到应有的地位。比如，当前观察宏观经济总量增长是否热冷的通行做法，就是依据国家统计局提供的现实经济增长率和居民消费价格指数。诚然，这样做，是有其根据的，而且是国际的通行做法。但也有值得斟酌之处。如前所述，衡量经济冷热唯一的无可替代的总体指标是现实经济增长率与潜在经济增长率的差距。这样，如果孤立地就现实经济增长率增速本身来观察，虽然可以在很大程度上看到经济的冷热，但远不是准确的。比如，在同一国家的不同发展时期，其潜在经济增长率是有高低差别的。这样，一定的现实经济增长率在一个时期可以表示经济过热，而在另一个时期则可以表示经济过冷。甚至在一个经济周期不同发展阶段，也存在某种类似的情况，即一定的现实经济增长率在经济周期的上升阶段，可以表示经济过热，而在经济周期的低谷阶段，则可以表示经济增速向潜在经济增长率的正常回归。

至于以居民消费价格来考察经济冷热，其值得斟酌之处就更多。在这方面，居民消费价格指数与国内生产总值平减指数还是有区别的。在社会劳动生产率不发生变化的条件下，在国内生产总值平减指数单纯由社会总供给和总需求的不平衡引起的条件下，这个指数也可代替潜在经济增长率与现实经济增长率的差异，成为衡量冷热的总体指标。而居民消费价格指数尽管也是最重要的价格指数，但不像国内生产总值平减指数那样涵盖经济总量价格的变化，也不具有国内生产总值平减指数那样的功能。更何况居民消费价格指数的变化，除了受到社会总需求和总供给的决定以外，也要受到社会劳动生产率升降的影响。

可见，以潜在经济增长率为依据制定中长期规划和年度计划，并以潜在经济增长率与现实经济增长率的差距来观察经济冷热，进行宏观经济调控，是实现宏观经济调控科学化的一个重要方面。

但要做到这一点，需要一个重要条件，即比较准确测算潜在经济增长率。在这方面，潜在经济增长率与现实经济增长率的确定方法是不同的。如前所述，现实经济增长率是经济增长中的现象，因而只要国家统计局提供的相关统计资料是真实的，现实经济增长率则容易观察到的。而潜在经济增长率中是经济增长中的本质，需要经过对长期的统计资料的分析或经济计量模型才能大体测算得到。

当然，要有效地实现宏观经济管理，仅仅依据正确确定潜在经济增长率是远远不够的。在我国现阶段宏观经济调控体系中，尽管规划居于龙头的地位，但就规划的执行来说，或者抑制经济过冷或过热来说，财政政策或货币政策则具有更大的作用。所以，要有效地实现宏观经济管理，就必须实现规划和财政政策、货币政策的协调。协调得好，就是事半功倍；协调得不好，就是事倍功半。这一点，已为改革后的经验教训反复证明了。这是第一。第二，要有效地实现宏观经济调控，还必须有它赖以实行的微观基础。这个微观基础就是独立自主、自负盈亏并能平等竞争的市场主体。但在我国政资、政企、政事还没有完全分开和国有经济（特别是其中的垄断企业）占的比重过大的条件下，并不完全具备这种微观基础。这样，就存在着以地方政府为主的（就各级政府来说）和以国有垄断企业为主的（就各种经济类型的企业说来）投资膨胀机制。这样，在我国经济增长过程中就存在中央政府的经济增长规划与这些投资膨胀机制的博弈关系。实践已经表明：在这个博弈中，实际的赢家往往不是中央政府的规划，而是这个投资膨胀机制。这一点在近6年来（2005～2010年）表现得尤为突出。这6年，中央政府制定的经济增长预期目标都是8%。但在2005～2007年这3年，经济增速分别达到了11.3%、12.7%和14.2%，经济发生过热；2008～2009年在国际金融危机的严重冲击下，经济增速仍然分别达到了9.6%和9.1%（初步核算数字）；[①] 2010年在国际经济复苏局面还不稳定的条件下，预计我国经济增速将会达到10.0%左右。如果宏观经济调控得不到有效加强，2005～2007年经济过热的局面又将重复出现。诚然，这6年的经济增长，特别是后3年的经济增长，是在险恶的国际经济条件下取得的，是一个来之不易的、重大的并为世人青睐的成就。但它同时表明：在我国经济增长中，在很大程度上起支配作用的是投资膨胀机制。所以，要有效地进行宏观经济调控，必须同深化经济改革结合起来。特别是要着力推进政府行政管理体制的改革以及国有垄断经济的调整和改革。第三，近来有多位学者提出，我国在今后10年、

---

① 《中国统计摘要》（2010），中国统计出版社，2010年5月，第23页；国家统计局网，2010年7月15日。

20 年乃至 30 年仍能实现 9% 以上甚至 10% 的增长，彰显了一个事实，即要实行有效的宏观经济调控，还需要有正确的舆论引导。诚然，作为自由学术讨论，对此无可非议。但同时又必须清醒地看到，这种观点对人们是有影响的。那么，哪些人最喜欢这种观点呢？要了解这一点，只要回顾一下新世纪以来在经济过热环境中哪些特殊人群获得了特殊利益，就可以看得清楚。显然，经济的过快增长，必然造成经济的大幅波动，资源的过度消耗，以及环境的严重污染，似乎难以得到人们的广泛认同。但有三类人群却可以从经济过快增长中获得巨大利益，即追求政绩的某些政府官员，垄断企业的某些高层管理人员，以及既不主张经济倒退又不主张继续推进改革以维持现状的人群。因为借助经济过热环境，第一类人可以大肆推进政绩工程，第二类人可以获得更多的垄断利润和与之相联系的高薪，第三类人则可以巩固和扩大寻租和贪污腐败的机遇和空间。而这三类人群对政府决策的执行，是有重大影响的。所以，当前按照学术民主的原则，通过自由学术讨论，以实现正确的舆论导向，很有必要。因为真理总是愈辩愈明的。

（本文原载于《国家行政学院学报》2010 年第 5 期）

汇率制度改革必须维护货币主权

于祖尧

眼下这场战后最严重的国际金融危机尚未完全消退，世界经济复苏的前景仍存在许多变数。正当人们进行反思，总结危机的经验教训时，美国却不断掀起贸易战、汇率战的恶浪，矛头首先指向曾向它伸出救援之手的中国。其故伎之一，就是把中美贸易失衡归罪于中国，压人民币大幅升值，实行人民币汇率完全市场化、自由化，企图一箭双雕：既能使奥巴马政府摆脱政治经济困境，又能遏制中国快速发展的势头。然而，白宫和国会山的政客们这个如意算盘注定是要落空的。

一、"货币主权"不容侵犯

"货币主权"是国际经贸关系中通行的公认的准则。所谓"货币主权"，就是通过货币实现的国家利益。货币具有主权的属性和特点，是由货币的本质和功能决定的。货币特别是纸币问世以来就属于国家主权范围。迄今为止，世界上还没有完全超国家主权的世界货币。货币本身就是由一国政府强制发行的、体现国家利益和意志的、在国家疆界范围流通的交易工具。"货币主权"涵盖币种、货币发行权、币值、汇率、储备等诸多事项。国家最高权力机构制定相关货币法，并监督实施。各国政府都设有专门机构依法行使本国"货币主权"，任何国别的货币都享有不容侵犯的主权。

在近代经济史上，试图创建一种能完全取代主权货币的世界货币的先哲，不乏其人。尽管主权货币充当世界货币存在诸种弊端，但是，目前并不具备创建"普世"币种的客观条件。当前，美元具有世界货币的功能，但它依然是"主权货币"，绝非超主权的币种。正因为如此，美国政府趁机把美元推上霸主地位，谋取本国私利。例如，利用美元发行权，向世界其他国家强征铸币税；利用美元汇率变化转嫁美国经济财政危机；左右国际市场石油和其他大宗商品价格；利用美元干涉别国内政；等等。如今，作为货币的美元，功能已经蜕变。美国要求人民币大幅升值表明，时下它除了直接加快美元印钞机运转之外，还在干涉别国"货币主权"。

我们强调"货币主权"不容侵犯，与贸易自由化、经济全球化并不矛盾。货币主权和币值（包括汇率）的关系，同商品所有权和商品价格的关系一样，二者互相联系、互相依存，而不可互相替代、相互否定。货币作为一种可交易的商品，一旦进入市场，就要受市场和市场机制的作用，但市场和市场机制的作用绝不是对"货币主权"的否定和替代。相反，必须以承认"货币主权"、实现"货币主权"为前提。当然，市场和市场机制对"货币主权"也不是被动的、消极的。欧元的发行和一些自由贸易区内采用某种结算货币就表明，"货币主权"在本国出于自身利益考虑和自愿的情况下，是可以部分让渡和有所限制的。但这与美国干涉别国货币主权，是两个不同性质的问题。

运用法律和行政办法发挥市场机制的作用，这是各国维护和实现货币主权的两种必要手段。这两种手段也是互相补充、缺一不可的。在市场博弈中，政府应当交替使用两手，防范别国侵犯主权。如果放弃"货币主权"，听任别国摆布，必然遭致灾难性后果。

二、按美国设计的方式进行改革在世界上很少有成功的先例

几十年来，不少国家先后对本国经济体制进行了改革，形成了改革潮流。经济改革有失败的，有倒退的，有停顿的，成功的先例十分罕见。俄罗斯按照美国智囊设计的私有化、自由化的改革方案，以美国经济模式为样板，采用一步到位的快速"休克疗法"，对包括汇率在内的旧体制进行一揽子改革。其结果，造成俄罗斯空前严重的经济危机，财政破产，卢布大幅贬值，俄罗斯经济一度陷入一片混乱和极度困难之中。这种改革给俄罗斯经济造成的损失相当于打两个卫国战争，俄国经济整整倒退了20年，至今还未完全摆脱灾难的阴影。俄罗斯的经历表明，把"改革主权"拱手让给外国，"货币主权"最终必然丧失殆尽。

在现代货币史上，西方大国也有类似的汇改经历。有的国家屈从于美国的压力，把汇改的主权拱手让给自己的盟主美国，换来的却是本国货币大幅度贬值，汇率骤然升高，出口随之下降，经济落入了本币升值的陷阱。然而，美国却大收渔人之利。日本经济在20世纪曾经历过长达20年的高速增

长期。1959～1985 年，GDP 增长了近 20 倍，年均增长超过 10%，出口增长了 59 倍，年均增长 16%，出口额占世界出口的比重由 3.08% 上升到 9.63%，日资大举进入美国市场，昔日的"小伙计"大有"收购"美国之势，美国的经济地位受到了挑战。正是在这个背景下，1985 年 9 月 22 日，美、英、法、联邦德国、日本财长和央行行长在纽约广场饭店秘密开会，达成了所谓"广场协议"，共同干预外汇市场，下调美元对主要货币的汇率，以解决美国对外贸易赤字，胁迫日元升值。"广场协议"签署后，五国联手大量抛售美元，引起市场抛售美元狂潮，美元汇率大幅下挫，日元大幅升值。1985 年 9 月 1 日，美元兑日元为 1∶250 上下，三个月后，跌到 1∶152；1987 年，达到 1∶124。1988 年与 1985 年相比，日元升值 86.1%。日元大幅升值，导致日本出口锐减，失业率上升。素以"贸易立国"的日本从此进入了长期停滞、衰退。到 20 世纪 90 年代，经济年均增长降到 1.75%，居民消费的增长下降到 0.6%。日本陷入了战后最严重的经济衰退。这一时期被称为"失去的十年"。"广场协议"提供了美国干预发达国家汇改的例证。

发展中国家汇改也难逃美国干预的厄运。20 世纪末，美国炮制了所谓的"华盛顿共识"，强加给发展中国家，按照新自由主义全面私有化、市场化、自由放任的主张改革经济体制。不少国家，如阿根廷、智利、巴西、印尼等，深受其害。

翻开战后世界经济史可以看到，许多国家金融改革的背后，都有美国的操纵。而且，只要美国插手，改革必然落入美国设置的陷阱。美国拉着"改革"的大旗，通过"改革"推行经济殖民主义，把别国纳入美国直接或间接控制的势力范围，维持其世界经济霸主的地位。

三、中国汇制改革选择了稳健渐进的战略，取得了有目共睹的成效

近 30 年来，我国按照社会主义市场经济的方向进行汇改，成效显著，受到世人的广泛赞誉，为发展中国家汇改提供了一个可借鉴的样板。事实证明，汇改采取稳中求进，而不是一步到位的方针，既有利于促进中国经济持续发展，又有利于稳定世界经济，避免汇改引起强烈的震荡和经济秩序的混乱。这是一条代价小、成本低、收效大的改革途径。

各国汇制改革，主要可分两大类型。一类是以新自由主义经济理论为根据和指导，推行全盘私有化、市场化、自由放任，反对政府对经济的干预。

在汇改政策上的主张是：无条件开放资本市场；在实行经常项目自由兑换的同时，允许资本项目自由兑换；取消政府对汇率的管制，允许汇率钉住美元，随市场自由浮动；允许外币自由流通，买卖自由；取消国有商业银行独家经营外汇，放开私人资本和外资进入金融业，实行商业银行私有化等。另一类汇制改革，则是从本国实际和经济发展水平、经济市场化程度出发，在维护国家经济安全和国家核心利益的前提下，采取稳中渐进的战略，首先为汇改创造必不可少的环境和物质条件，整顿经济秩序，大力恢复和发展经济；建立和健全市场体系，有序开放资本市场；放宽外汇管制，实行鼓励出口创汇和外汇留成制度。经过汇率双轨制逐步过渡，最终形成有监督和管理的、可调控的、钉住一揽子货币的、随市场行情变化的浮动汇率制。我国汇率制度改革大体上是按照这条思路推进的。经过 30 余年的艰难探索，我国社会主义市场经济体制基本框架已经建成，经济运行已经转上有宏观调控的市场经济轨道。我国汇改的进展，不仅表现在汇率形成机制正在发生变化，而且人民币兑美元的汇率也大幅上升。2005 年以来，人民币汇率已累计升值 21%。

目前，人民币兑美元的水平基本上是合理的。汇率是否合理，人们常常用"购买力平价"来衡量，即选用同种同量商品，按照各自的现行价格，所花费货币单位加以折算。这种办法简单易行，但并不能准确地测算出实际币值的差异，计算出的汇率不一定切合实际。因为用货币购买的商品也有价格，这些商品的价格是如何形成的，各国有很大的差异。"购买力平价"舍弃了许多影响和制约商品价格和币值的因素。例如，社会劳动生产力水平，商品的市场供需状况，收入和工资水平，货币发行量，进出口贸易，竞争力，等等。所以，"购买力平价"计算出的数值，只具有相对性，只能供参考使用，不能作为评价汇率的标准和根据。所谓"合理的均衡汇率"，不过是理论的假设，在实际生活中并不具有可操作性。

作为经济体制整体的组成部分，我国新的外汇制度正在有效运作，特别是新汇率制度经历了两次严重的世界性经济危机和金融危机冲击的考验，证明了我国汇改的方向、战略、步骤、对策是正确的，新汇率形成机制是可行的，现行汇率是合理的。

四、美国政客指责"中国政府操纵汇率"，是颠倒黑白

中国已经成长为贸易大国，中国的发展改变了国际经济关系的格局，提

升了中国在国际经贸关系中的地位和作用。但是，就中国的经济实力和竞争力而言，中国完全不具备"操纵汇率"的能力。中国在国际贸易总额中所占的份额仅为10%左右，贸易品种多为低附加值的消费品。而且，人民币不是国际货币，不具备流通和储备的功能。因此，中国政府根本不具备"操纵汇率"的客观条件，也无意操纵。反倒是美国一些决策者一再玩弄操纵汇率的把戏，频频得手，尝到了甜头。这次故伎重演，想必是从"广场协议"事件中受到启发。

美国政府按照自己的意志和标准公布所谓"操纵汇率"的国家名单，这种做法是把美国国内法凌驾于国际法之上，把本国意志强加于他国。要说"操纵汇率"，当今世界，除了美国，其他国家恐怕没有实力和条件这样做。应当指出，"广场协议"在现代经济史上绝非孤立偶然的事件。

——由于美国政府长期实行赤字财政，政府背负了巨额债务。美国必须有一个规模巨大的、稳定的但低利率的债券市场，取得资金的来源以弥补财政亏空，维持政府运作。债券利率和汇率是一对孪生兄弟，美国岂能弃之不用？

——美元要维持霸主地位，必须能够有效地行使世界货币的功能。美元增发是通过贸易赤字输出的。美国是头号贸易大国，更是头号贸易赤字大国，不仅贸易赤字数额巨大，而且是许多国家的债务国。尽管它印制美钞只需有限的工本费，但是，美国绝不可能不受限制地开动印钞机。否则，美国经济将因滥发美钞而崩溃。因此，它必须借助于其他各种有价证券，靠利率、汇率等经济杠杆辅佐美元稳定。

——美国是世界最大的资本输出国。美元贷款和投资是资本输出的重要形式，利息是美国的一项重要财源。美国为了保证资本输出的安全，为了实现资本的保值和增值，必须重视利用利率、汇率的杠杆作用。

——美元是美国政府对外经济援助的重要工具。在经济援助的旗号下，美国政府利用它干涉别国内政，推行经济殖民主义，维护经济霸权。汇率、利率的政治作用是不可轻视的。

——在经济周期中，特别是爆发了衰退和危机，利用汇率、利率的杠杆作用转嫁经济危机，摆脱经济困境，是美国惯用的手段。

所以，"操纵汇率国"的帽子戴在美国自己头上，是最合适不过了；至于中国，则是屡受其害。

五、中美经贸关系问题的症结主要不是"失衡",而是"失公"

中美贸易长期"失衡",是美国对华实行歧视性贸易政策的后果。美国政府口头上主张"自由贸易",实际上却把贸易政治化。改革开放以来,中国的广阔市场一直对美国商品和投资开放,中国还通过多种途径和方式,包括派遣赴美采购团,增加美国货物的进口量。但是,美国政府至今仍将对华贸易限制在一般工业品和农副产品的范围,严格禁止高科技产品和设备向中国出口。如果说中国因人民币低估而扩大了出口,那么中国人用美元到美国购买美国货,为什么遭遇重重障碍?这就是导致美国对华贸易逆差的真相。

美国失业率上升,完全是经济危机和美国政府救助政策失误造成的。在1490万失业大军中(美国劳工部数据),来自中小企业的工人占到新增失业人口的90%以上。中小企业受危机的冲击最大,但政府把数千亿美元的救助资金都投到华尔街和大企业的身上,却置广大中小企业之生死于不顾。

中美之间经贸关系的症结,不是"失衡",而是"失公",即不平等、不公平、不公正。"失衡"是结果,"失公"才是原因,是根源。不能只看现象不看本质,不能倒果为因。每年4000亿美元的贸易额,中方付出的是凝结着几千万工人血汗的价廉物美的生活必需品,是不可再生的稀缺自然资源,而美方付出的仅仅是每张只花费两美分工本费印制的美钞,而且中方还购买大量的美国国债,美国以此弥补巨额的财政赤字(2010财年美国的预算赤字高达1.56万亿美元),防止国家财政破产,保障政府公共福利开支(包括失业救济金和医疗补助),免于二次危机,维持世界上最为庞大的预算支出,等等。总之,没有中方提供的商品,美国人的衣、食、住、行就会困难重重;没有中国的资金,美国经济就会更加困难而难以自救。

现在美国陷入了经济财政困境,完全是美国作茧自缚。为了维护美国经济霸主地位,美国政府对华的经济战略可以用六个字来概括:"利用、遏制、美(国)化"。当年美国曾用"星球大战"的方式,通过军备竞赛,拖垮了苏联经济。这种方式成本高昂,经济代价巨大,美国自己也难以长期承受。现在,美国针对中国不发达的现状,选择了加工贸易这种对美国有益无害的方式,一可利用中国低廉的资源生产美国人生活所必需的消费品;二可利用中方的美元资金,弥补美国经常项目赤字;三可从供、产、销,从生产、流通、分配全过程全面地控制中国经济,把中国这个庞大的经济体紧紧地捆在美国经济的破车上，形成利益共同体，迫使中国在经济上依附于美国，政治上受制于美国，在国际舞台上围着美国指挥棒转。但事情并没有完全按照美国的意志发展。现实状况是，美国现在已经陷入了欲进不能、欲退无法的困境。

针对美国对华实行的"利用、遏制、美（国）化"的经济战略，理论界应当研究反遏制经济战略。今后我们仍要发挥加工贸易在解决就业方面的积极作用，但要合理布局，优化结构，使之为建立和健全独立的、完整的、现代化的经济体系服务。现在，我们强调自主创新，自主创新不能仅仅局限在企业和产品的层次上，而应当提升到国家经济发展战略的高度，落实到建立独立完整的现代化经济体系的战略目标上。惟其如此，中国才能在来自外国的各种风险冲击下，立于不败之地，中国才能对人类做出更大的贡献。

（本文原载于《红旗文稿》2010 年第 11 期）

维护货币主权　稳健推进汇改

于祖尧

目前，世界金融危机和经济危机尚未完全消退，导致危机的难题一个也没有根本解决，世界经济复苏的前景仍存在许多变数。断言"衰退已经过去"、"危机已渡过"、"世界进入了危机后时代"，似乎缺乏足够的根据。当人们进行反思、总结危机的经验教训时，美国把中美贸易失衡归罪于中国，强逼人民币大幅升值，实行人民币汇率完全市场化、自由化。

"失公"：中美经贸问题的症结

中美贸易往来，据美方统计，中方长期处于贸易顺差的有利地位。2009年，美方统计顺差为 2268 亿美元，中方统计顺差约 1400 多亿美元。对此，应做具体分析，不能简单地统统计入中国的外汇收入。如加工贸易产品，是中方出口的主导产品。其中，外资企业和合资企业的产品大约占到 73%（2009 年）。中方出口的高附加值高科技产品中，外资占到 90% 以上。由此形成的顺差理所当然地归外资所有。在华外商有句名言："GDP 归你中国，利润我拿走。"向美国出口的打着"中国制造"标记的商品，其中约有 20%以上是美资在华企业和来样来料加工产品，其收入本应从中方出口中剔除，但美方统计却计入中国顺差。在美方统计中，还包括美国从其他从事转口贸易的国家和地区进口的"中国制造"产品。这一部分贸易额也被美方计入了中国出口的账户。

中美贸易长期"失衡"，是美国对华实行歧视性贸易政策的后果。美国政府口头上主张"自由贸易"，实际上却把贸易政治化。改革开放以来，中国对美国贸易从未设限，中国广阔市场一直对美国商品和投资开放，中国还通过多种途径和方式，包括派遣赴美采购团，增加美国货物的进口量。但是，美国政府至今仍将对华贸易限制在一般工业品和农副产品的范围，严格禁止高科技产品和设备向中国出口。要改变美中贸易"失衡"，美国政府必须改弦更张，放弃对华歧视性经贸政策，真正把中美经贸关系放在平等、公平、公正、互利、互助的轨道上。

在国家间贸易关系中，"失衡"是经常的、普遍的、绝对的；平衡是短暂的、不稳定的，因而是相对的。中美之间经贸关系的症结，不是"失衡"，而是"失公"，即不平等、不公平、不公正。"失衡"是结果，"失公"才是原因和根源。不能只看现象不看本质，不能倒果为因。

针对美国对华实行的"利用、遏制、美（国）化"的经济战略，我们应当改变有政策、无战略的短腿状态，理论界应当研究反制经济战略。本次世界经济危机中，中国经济充分暴露了自己的弱点，充分暴露了把加工贸易抬高到支柱产业和主导产业的危害性、风险性。今后我们仍要发挥加工贸易在解决就业方面的积极作用，但要趋利避害，摆正它在国民经济中的位置，合理布局，优化结构，使之为建立和健全独立的、完整的、现代化的经济体系服务。

必须指出，目前美国失业率骤升近10%，完全是经济危机和美国政府救助政策失误造成的。在1490万失业大军中（美国劳工部数据），来自中小企业的工人占到新增失业人口的90%以上。中小企业受危机的冲击最大，但政府把9000亿美元救助资金的90%都投到华尔街和大企业身上，置广大中小企业之生死于不顾。

转嫁经济危机、摆脱经济困境，美国惯用汇率、利率杠杆作用

中国的发展改变了国际经济关系的格局，提升了中国在国际经贸关系中的地位和作用。但是，就中国的经济实力和竞争力而言，中国完全不具备"操纵汇率"的能力。中国在国际贸易总额中所占的份额仅为10%左右。贸易品种多为低附加值的消费品。而且，人民币不是国际货币，不具备流通和储备的功能。中国政府根本不具备"操纵汇率"的客观条件，也无意操纵。

美国政府每年都要按照自己的意志和标准公布所谓"操纵汇率"的国家名单，这种做法是把美国国内法凌驾于国际法之上，把本国意志强加于他国，真可谓霸气十足。要说"操纵汇率"，当今世界，除了美国有实力和条

件这样做，其他国家恐怕没有这个资格。

由于美国政府长期实行赤字财政，政府背负了巨额债务。美国必须有一个规模巨大的、稳定的但低利率的债券市场，取得资金的来源以弥补财政亏空，维持政府运作。美元要维持霸主地位，必须能够有效地行使世界货币的功能。美元增发是通过贸易赤字输出的。

美国是头号贸易大国，更是头号贸易赤字大国，不仅贸易赤字数额巨大，而且是许多国家的债务国。它必须借助于其他各种有价证券，靠利率、汇率等经济杠杆辅佐美元稳定。美国是世界最大的资本输出国。美元贷款和投资是资本输出的重要形式，利息是美国一项重要财源。美国为了保证资本输出的安全，为了实现资本的保值和增值，必须重视利用利率、汇率的杠杆作用。

美元是美国政府对外经济援助的重要工具。在经济援助的旗号下，美国政府利用它干涉别国内政，推行经济殖民主义，维护经济霸权。汇率、利率的政治作用是不可轻视的。在经济周期中，特别是当爆发了衰退和危机，利用汇率、利率的杠杆作用转嫁经济危机、摆脱经济困境，是美国惯用的手段。

美国干预的改革必然落入美国设置的陷阱

近几十年，不少国家先后对本国经济体制进行了改革，形成了改革潮，但成功的先例十分罕见。俄罗斯的"休克疗法"，对包括汇率在内的旧体制进行一揽子改革，造成俄罗斯空前严重的经济危机，财政破产，卢布大幅贬值。美元与卢布的汇率由6:1猛跌到1:6000，俄罗斯政府被迫废除旧卢布，发行新卢布，新旧卢布的比价为1:1000。俄罗斯经济陷入一片混乱，改革给俄罗斯经济造成的损失相当于打两个卫国战争，俄罗斯经济整整倒退了20年，至今还未完全摆脱灾难的阴影。俄罗斯的经历表明，把"改革主权"拱手让给外国，"货币主权"最终必然丧失殆尽。

在现代货币史上，西方大国也有类似的汇改经历。日本经济在20世纪曾经历过长达20年的高速增长期，1959～1985年，GDP增长了近20倍，年均增长13%，出口增长了59倍，年均增长16%，出口额占世界出口的比重由3.08%上升到9.63%，日资大举进入美国市场，昔日的"小伙计"大有"收购"美国之势，美国的经济地位受到了挑战。正是在这个背景下，1985年9月22日，美国伙同英、法、联邦德国、日本财长和央行行长在纽约广场饭店秘密开会，达成了所谓的"广场协议"，共同干预外汇市场，下调美元对主要货币的汇率，以解决美国对外贸易赤字，胁迫日元升值。"广场协议"签署后，五国联手大量抛售美元，引起市场抛售美元狂潮，美元汇率大幅下挫，日元大幅升值。1985年9月1日，1美元兑日元为1:250上下，三个月后跌到1:152，1987年达到1:124。1988年与1985年相比，日元升值86.1%。日元大幅升值，导致日本出口锐减，失业率上升。素以"贸易立国"的日本从此进入了长期停滞、衰退。到90年代，经济年均增长降到1.75%，居民消费的增长下降到0.6%。日本陷入了战后最严重的经济衰退，这一时期被称为"失去的十年"。"广场协议"提供了美国干预发达国家汇改、遭致灾难性后果的例证。

发展中国家汇改也难逃美国干预的厄运。20世纪70年代，美国炮制了所谓的"华盛顿共识"，强加给发展中国家，按照新自由主义全面私有化、市场化、自由放任的主张改革经济体制。不少国家，例如阿根廷、智利、巴西、印度尼西亚等国，深受其害。

翻开战后世界经济史就会看到，许多国家的金融改革背后，都有一只黑手——美国。而且，只要美国插手，改革必然落入美国设置的陷阱。美国之所以干预别国的"改革主权"，其用心在于，拉着"改革"的大旗，通过"改革"的途径，推行经济殖民主义，把别国纳入美国直接或间接控制的势力范围，维持其世界经济霸主的地位，重温殖民帝国的旧梦。

"货币主权"不容侵犯

"货币主权"是国际经贸关系中通行和公认的准则，所谓"货币主权"就是通过货币实现国家利益。货币之所以具有主权的属性和特点，是由货币的本质和功能决定的。货币本身就是由一国政府强制发行的、体现国家利益和意志的、在国家疆界范围流通的交易工具。货币特别是纸币问世以来就属于国家主权范围。"货币主权"涵盖币种、货币发行权、币值、汇率、储备等诸多事项。国家最高权力机构制定相关货币法，并监督实施；各国政府都设有专门机构依法行使本国"货币主权"；任何国别的货币都享有不容侵犯的主权。在近代经济史上，不乏企图创建一种能完全取代主权货币的世界货币的先哲。但迄今为止，世界上还没有完全超国家主权的世界货币。尽管

"货币主权"有诸种弊端，但现在并不具备创建"普世"币种的客观条件。

我们强调"货币主权"不容侵犯，这与贸易自由化、经济全球化并不矛盾。货币主权和币值（包括汇率）的关系，同商品所有权和商品价格的关系一样，二者互相联系、互相依存，而不可互相替代、相互否定。货币作为一种可交易的商品，一旦进入市场，就要受市场和市场机制作用的影响，但市场和市场机制的作用绝不是对"货币主权"的否定和替代。相反，必须以承认"货币主权"、以实现"货币主权"为前提。当然，市场和市场机制对"货币主权"的影响也不是被动的、消极的。欧元的发行和自由贸易区内结算货币，就表明了"货币主权"是可以部分让渡和有所限制的。

运用法律和行政手段发挥市场机制的作用，这是各国维护和实现货币主权的两种必要手段。这两种手段也是互相补充、缺一不可的。在市场博弈中，政府应当交替使用两种手段，防范别国侵犯主权。

我国汇改应稳中求进

目前，人民币币值面临内、外两种不同的挑战：在国际市场上，人民币币值面临升值的压力，但国内市场却面临人民币贬值的潜在压力，原因如下：

一是我国实行出口结汇制度，禁止外币自由流通。无论企业出口的外汇收入和外商投资的货币，都必须卖给国家，国家按牌价付给人民币。现在，国家外汇结存2.4万亿美元，国家就相应地增发货币约15万亿元人民币。

二是近几年信贷实行宽松的货币政策，特别是去年发放了天量贷款，高达9.5万亿元。这是史无前例的。如此巨额的贷款投放构成了对市场巨大的压力，亟待回笼。

三是银行各类存款余额形成了潜在的购买力。尽管现在生产能力严重过剩，却难以吸纳这笔巨额的货币。

所以，本来人民币对外升值有利于释放通胀的压力，但由于进口商品价格本身在上升，由于实行结汇制度，必然引起输入型通胀。如果单纯对外大幅度升值，而对内保持币值稳定，是很困难的。一旦国内市场爆发严重的通货膨胀，必然出现挤兑风潮，人民币贬值形成恶性循环，后果难料。所以我们只能在保持人民币币值基本稳定的框架内，进行汇率适度调整。

目前，人民币兑美元的水平基本上是合理的。作为经济体制整体的组成部分，我国新的外汇制度正在有效运作，特别是新汇率制度经受了两次严重的世界性经济危机和金融危机冲击的考验，证明了我国汇改的方向、战略、步骤、对策是正确的，新汇率形成机制是可行的。因而，现行汇率是合理的。

近30多年来，在经济市场化改革大潮中，各国汇制改革主要可分两大类型：一类是以新自由主义经济理论为根据和指导，推行全盘私有化、市场化、自由放任，反对政府对经济的干预。在汇改的政策上主张是：无条件开放资本市场；在实行经常项目自由兑换的同时，允许资本项目自由兑换；取消政府对汇率的管制，允许汇率钉住美元，随市场自由浮动；允许外币自由流通，买卖自由；取消国有商业银行独家经营外汇，放开私人资本和外资进入金融业，实行商业银行私有化等。另一种类型的汇制改革，则是从本国实际和经济发展水平、经济市场化程度出发，在维护国家经济安全和国家核心利益的前提下，采取稳中渐进的战略。首先为汇改创造必不可少的环境和物质条件，整顿经济秩序，大力恢复和发展经济；其次建立和健全市场体系，有序开放资本市场；再次放宽外汇管制，实行鼓励出口创汇和外汇留成制度；经过汇率双轨制逐步过渡，最终形成有监督和管理的、可调控的、钉住一揽子货币的、随市场行情变化的浮动汇率制。

我国汇率制度改革大体上是按照这条思路推进的。经过30多年艰难探索，我国社会主义市场经济体制基本框架已经建成，经济运行已经转上有宏观调控的市场经济轨道。我国汇改的进展，不仅表现在汇率形成机制正在发生变化，而且人民币兑美元的汇率也大幅上升。2005年以来，人民币汇率已累计升值21%。人民币汇率改革必须有利于经济稳定，在保持人民币币值基本稳定的基础上进行适度小幅度调整。

我国按照社会主义市场经济体制方向进行汇改，所取得的进展很大，为发展中国家汇改提供了一个可借鉴的样板。中国汇制改革选择了稳健渐进的战略，取得了有目共睹的成效。事实证明，汇改采取稳中求进，而不是一步到位的方针，既有利于促进中国经济可持续发展，又有利于稳定世界经济，避免汇改引起强烈的震荡和经济秩序的混乱。这是一条代价小、成本低、收效大的改革途径。我们绝不可因为美国施压而放弃，今后还要继续坚持下去，直到汇改基本完成。

（本文原载于《中国社会科学报》2010年4月20日）

深化改革是解决收入分配问题的根本出路

赵人伟

（一）　为什么收入分配问题再一次成为社会关注的热点？

改革开放以来，收入分配一直是人们关注的重要经济问题之一，有时还会成为社会关注的热点问题。最近，收入分配问题再一次成为社会关注的热点。我认为，究其原因，可以从以下三个方面来分析。

第一，小分配和大分配中的一些敏感问题交织在一起，形成了比较复杂的社会矛盾。小分配和大分配是一种通俗的说法。所谓小分配，是指居民之间的收入分配关系，包括城乡之间、地区之间、部门之间，等等。所谓大分配，则是指收入在国家、企业和个人之间的分配关系。就小分配中的城乡居民之间的收入差距来说，只有在 1978 ~ 1984 年间呈明显的下降趋势，按照官方的统计，两者的差距从 2.5 倍下降到 1.8 倍。此后，总的来说呈扩大的趋势，近年来一直维持在 3.3 倍的水平左右，仍未找到缩小的转折点。而且，大量游离在城乡之间的农民工的收入问题又成为一个新的难题。至于全国的基尼系数，按照民间的某种计算，已经达到 0.48 乃至 0.49 的水平。在大分配方面，最引人关注的是劳动收入在 GDP 中的比重不断下降的问题，许多学者说，20 世纪 80 年代存在工资侵蚀利润的问题，而目前则存在利润侵蚀工资的问题。一个尖锐的问题摆在人们的面前：改革开放的成果，是不是国有企业拿多了，国家拿多了，普通劳动者拿少了？当今，大分配和小分配中的一些敏感问题交织在一起，推动人们再一次把关注的目光投向收入分配的问题。

第二，低收入群体对提高工资的强烈要求在一定范围内形成了群体事件。深圳的富士康事件以及其他地方的低收入工人要求增加工资的事件都在社会上引起了强烈的反响。这些事件必然会引起全国上下对收入分配问题的进一步思考。

第三，我国已经进入中等偏低收入水平国家的行列。根据国际经验，从中等收入水平向高收入水平过渡的难度很大，容易因为种种社会矛盾而陷入难以摆脱的困境，这种困境常常被称为"中等收入国家陷阱"。从国际上看，拉丁美洲的若干国家在经历了一段良好的经济发展以后就长期处于"中等收入国家陷阱"，而韩国则成功地实现了从中等收入国家向高收入国家的过渡。我国应该积极地吸取国际上的经验教训，努力克服这一过渡中的困难。进入中等收入水平以后，不仅要努力促进经济发展方式的转变和产业结构的升级，而且要逐步摆脱对低劳动力成本的依赖，提高劳动者的素质和劳动报酬的水平。应该认识到，在进入中等收入水平以后，劳动者不仅要有更高的技术水平和知识素养，而且在劳动条件、劳动报酬和社会生活方面也提出了更高的要求。如果这方面不能跟进，不仅不利于经济发展方式的转变，而且也不利于缓解社会矛盾。当然，原有的矛盾缓解以后，新的矛盾又会出现。例如，在劳动报酬水平提高以后，又会遇到就业方面的压力，这就要求在各种错综复杂的矛盾（包括提高劳动报酬同扩大就业的矛盾）之中寻找恰如其分的平衡点。

（二）收入分配失衡的主要原因是什么？

在分析收入差距扩大的原因时，首先遇到的是收入差距的扩大是不是经济高速发展的必然结果？有人根据西蒙·库兹尼茨的"倒 U 型假设"来解释我国经济增长同收入差距扩大的关系。我认为，按库兹尼茨的这一理论很难解释我国 30 年来收入差距的迅速扩大。我们并不否认经济增长在一定程度上和一定范围内会引起收入差距的扩大，例如，我国在改革开放初期，农村非农产业的较快发展和城市非公有经济的较快发展就曾引起收入差距的扩大。但是，在长达 30 多年的时间内收入差距不断扩大，仅就经济发展或经济增长来解释是缺乏根据的。首先，即使按照库兹尼茨的理论，也有一个先扩大后缩小的趋势，但我们迄今还没有看到这种趋势。其次，一些经济发展上比我们先走一步的国家和地区，当年收入分配的差距也并未达到我们现今已经达到的程度。20 世纪 60～80 年代日本、韩国及中国台湾地区的经济发展和收入分配的关系是比较协调的。

既然不能用经济发展来解释目前我国收入差距的程度，那么，能不能用经济改革来解释呢，换言之，是不是市场取向的经济改革必然带来如此大的收入差距呢？这个问题分析起来比较复杂，我曾经在以往的论述中谈到，在分析收入差距的扩大同经济改革的关系时需要防止两种倾向：一种是把收入差距的扩大简单地归罪于经济改革，另一种是把收入差距的扩大简单地归结为经济改革的代价。在我看来，对于收入差距的扩大，应该区分三个不同的层次：一是改革的成果（如打破平均主义、破除大锅饭），二是改革所必须付出的代价（如渐进改革中一定程度的"寻租"活动），三是过高的或可以避免的代价（如设租活动）。过高的代价并不是非付不可的，换言之，并不是市场取向的改革必然要付出过高的代价。事实上，多数比较成熟的、发达的市场经济国家，收入分配的基尼系数都比我国要低，一般都在 0.3～0.4，其中有的国家（特别是北欧国家）通过政府的宏观经济政策和社会政策还把收入分配的基尼系数降到 0.3 以下。

既然收入差距过大不能简单地从市场取向的经济改革中去找原因，那么，应该从哪里去找原因呢？我认为，主要应该从体制（以及与之相关的政策）中去找。

例如，农村居民收入偏低是同计划经济时代遗留下来的户口制度（体制）有关的，30 年来城乡分割户口制度虽然有所松动，但尚未实行根本性的改革；城乡分割的户口制度以及与之相关的各种福利待遇是城乡收入差距过大的一个重要因素。农村的土地制度（体制）虽然名义上归农民集体所有，但是，农民如何从土地这一重要的财产（哪怕是承包经营权）中获得应有的收入或收益，仍然是一个问题。事实上，改革开放以来，在土地的流转中农民所得到的收益是很少的。这种状况是不是造成贫富差距拉大的原因之一？如何改变这种状况？都应该按照十七大所说的"创造条件让更多群众拥有财产性收入"的精神逐步加以解决。

又如，近年来人们反映比较强烈的一个问题是垄断部门的收入大大高于竞争部门的收入。问题在于，在改革的进程中，我们为什么会形成如此强大的垄断部门呢？即使在资本主义国家，自由竞争基础上形成的垄断也是法律所不容许的，而我们现行的垄断则是行政性垄断，在某种意义上，它是具有行政性垄断特征的计划经济的延伸。这种垄断的形成，与其说是市场取向改革的结果，还不如说是计划经济印记未消的具体表现。

再如，房价高涨和老百姓买不起房子已经成为收入分配和财产分布中的一大社会问题。这个问题涉及的面很广，不过就从 20 世纪 90 年代推行的住房商品化改革来看，也值得从体制和政策上去进行总结，主要是应该总结如何区分市场的功能和政府的功能。应该说，当年在推进某些领域的市场化改革进程中有一些简单化的倾向。当时有一个口号，叫做"遇到问题找市场，不要找市长"。这个口号用通俗的语言区分了市场的功能和政府的功能，但同时也以简单的办法放弃了政府应有的功能。实际上，在现代社会中，有一部分准公共产品（包括教育、医疗、低收入者的住房等）是不能完全推给市场的。在准公共产品领域，哪些可以推给市场，哪些是政府的责任，确实存在着一个灰色地带，容易发生政府和个人（通过市场由个人负责）之间互相推诿的问题。我国在20世纪90年代的改革中就发生了把这一领域的责任过多地推给个人、过多地依赖市场的倾向，不妨称之为过度市场化或过度商业化的倾向。近年来政府大力推进公租房的建设，以解决低收入者的住房问题，就是对上述过度市场化倾向的一种矫正。另外，上述垄断部门的存在，则可说是市场化不足。可见，在改革进程中，我们确实出现过市场化不足（该市场化的没有市场化）和市场化过度（不该市场化的已市场化）并存的局面。如何进一步改变这种局面，仍然是今后的一个艰巨任务。

（三） 深化改革是解决收入分配问题的根本出路

既然体制问题（以及相关的政策）是当前收入分配失衡的主要原因，那么，相应的判断只能是：深化改革是解决收入分配问题的根本出路。深化改革涉及的面很广，在这里我只能择要地谈几点看法。

（1） 初次分配和再分配都要重视。许多外国专家认为，初次分配是由市场决定的，政府只能在再分配领域通过税收和转移支付来缩小收入差距。然而，我国的实际情况是：即使是在初次分配领域，政府的干预仍然是显著的，市场的作用是有限的。虽然经过了30年的改革，我国劳动力市场的行政性分割仍然非常突出。例如，在国有企业中的工资形成机制很难说是市场化的。广大工人在工资形成过程中很少有通过谈判来进行博弈的权利；企业高管也不是竞争上岗的，他们的收入水平与其说是市场竞争的结果，还不如说是既得利益者自我决定的结果。因此，减少和弱化政府的干预是初次分配领域改革的重要任务。至于再分配领域，也有许多地方需要改革。首先是需要进一步解决逆向再分配的问题，即要坚决杜绝收入再分配中的"抽瘦补肥"现象，使收入再分配真正成为政府"抽肥补瘦"的社会政策的有力工具。另外，在政府财力容许的范围内，应该加大再分配的力度，特别是要在社保、医疗、教育等领域对贫困人群、农村地区和西部地区加大转移支付的力度。

（2） 收入分配和财产分布都要关注。30年来，我国在收入分配领域发生了从平均主义盛行到收入差距过大的变化；同时，在财产分布领域则发生了从几乎没有个人财产到个人财产高速积累和显著分化的演变。根据中国社会科学院经济研究所课题组的研究，我国在 2002 年全国居民财产总额的基尼系数已经达到 0.55。收入是一定时段（如一年）内的流量，财产是一定时点（如年底）上的存量。作为流量的收入和作为存量的财产之间存在着互动关系。财产分布的不平等越来越成为收入不平等的一个重要因素。我想，这是财产分布成为人们关注的新焦点的原因，也是国家要求官员不仅要申报收入而且要申报财产的原因。

（3）实现相关信息的公开化和明细化。人们常常议论要对收入分配的过程进行监督。然而，进行监督的前提是要使相关信息公开化，并且要明细化。国家要求官员申报收入和财产是要使个人的相关信息公开化和明细化。另外，国家本身也要使相关的信息公开化和明细化。我完全赞成提高国家财政预算透明度的意见。要提高预算的透明度，就必须把预算的开支层层细化。预算公开化和明细化以后，所有的政府开支都列入预算，长期存在的所谓预算外开支也就相应地消失了。预算公开化和明细化以后，长期争论不休的所谓"三公消费"（公务用车、公款吃喝、公款出国）在估算数据上的准确性和计算方法上的科学性问题也就比较容易解决了，而且，各项消费中的公、私界限也就比较容易划分了。预算公开化和明细化以后，长期存在的工资制和供给制并存的局面也比较易于克服，真正实现收入货币化的改革目标。

（4）杜绝权钱交易和官商勾结。经过 30 年的变化，我国已经形成了一个高收入阶层。我认为，对于高收入阶层应该做具体分析：对于通过诚实劳动和合法经营而富起来的高收入者，我们不应该用泛泛的仇富心理去对待；但是，对于那些通过权钱交易和官商勾结而富起来的高收入阶层，除了触犯刑律追究法律责任以外，则应该通过改革割断他们利用权力获取收入和财富的途径。除了杜绝官商勾结之外，目前令人关注的一个新问题是如何对待官商之间的角色转换问题。根据国际经验，官商之间的角色转换是可以的，当官之后可以当企业家，反之亦然。但有一条，就是不能同时具备两种身份，也不能利用当官期间形成的利益链条随后谋取商业利益，换言之，即使不同时具备两种身份，也必须割断两种身份之间的利益链条。应该说，我国在官商角色转换方面的运行机制是很不健全的，亟须在今后的改革中加以规范化。

（5）通过各种税收缩小收入差距。目前社会上讨论得最热闹的是房产税、遗产税和资源税。对于这三种税收，世界各国的做法并不一样，我们应该根据中国的国情加以考虑。遗产税有利于解决财产和收入差距的代际传递问题。房产税有利于遏制住房的投机和囤积行为，而且也有利于地方政府从难以持续的土地财政转向可以持续的税收财政。资源税有利于克服相关的管理部门把管理权变为所有权的行为，而且资源所在地的税收分成有利于缩小收入分配上的地区差别。引进这些税种，既要克服技术上的困难，更要克服既得利益者的阻碍，也许后者比前者更为艰难。

（本文原载于广州《同舟共进》2010 年第 9 期，第 20～22 页。发表时的题目改为《收入差距过大的原因从哪里找》，并在篇幅上有所压缩。这里收入的是原文）

学术探索之旅　学问人生之悟

赵人伟

我 1957 年毕业于北京大学经济系，毕业后即被分配到中国科学院经济研究所。1977 年中国科学院哲学社会科学部从中国科学院分出，单独成立中国社会科学院，从此，经济研究所就归属于中国社会科学院。改革开放以后，虽然曾到英、美、德等一些国家的大学担任访问学者若干年，但我一直没有脱离经济研究所。可以说，我的一生都献给了经济学研究的事业。

（一）学术探索之旅

"文化大革命"以前，如众所周知的原因，我的大量精力花在劳动和政治运动之中，从事学术研究的时间很少，仅仅为研究工作练了一些基本功，在社会主义再生产问题方面做了少量的研究。真正开展研究工作是在改革开放以后的 30 年。

回顾 30 年来，我主要从事了以下几个领域的研究：①关于社会主义经济中计划和市场的关系问题。②关于社会主义经济不同模式的比较和我国经济体制改革的目标模式问题。③关于居民收入分配和财产分布问题。④关于经济体制转型和经济发展转型及其相互关系问题。⑤关于社会保障体制的改革和建设问题。当然，这几个领域是互相关联的，甚至是互相交叉的；而且，我在这几个领域所投入的时间和精力也是有差别的。例如，收入分配领域的研究从 20 世纪 80 年代中期开始至今持续了 20 多年的时间。其他领域所投入的精力就要少得多了。

在 20 世纪 70 年代末和 80 年代，我主要研究经济体制转型中的计划和市场的关系问题以及经济体制模式比较、目标模式的选择问题。这些问题的研究总的来说是强调打破计划经济的一统天下，增加市场机制的作用，明确地提出要在物力、财力和人力资源的配置上发挥市场机制的作用。这些研究成果按当时国内的标准来看是属于前沿的，起的是推动改革的作用，在国内外产生了明显的影响，并因此在 1984 年获得了第一届孙冶方经济科学论文奖。当然，从发展的眼光来看，当时的研究仍然具有较大的局限性。尽管当时强调市场机制的作用具有一定的风险，但是当时自己的眼光并没有从根本上跳出计划经济的大框框，只是在计划经济的大框架内尽可能地发挥市场机制的作用。当然，有了 80 年代的探索作基础，自己的思想也就顺理成章地在 90 年代实现了从计划经济向市场经济的根本转变。进入 21 世纪以后再来看这一问题的研究，我认为又有两方面的经验教训值得总结：第一，从学理上来看，我国关于计划和市场问题讨论的国际接轨程度还很低，国际上在讨论中所应用的理论和方法，国内专门研究经济思想史和研究比较经济学的学者关注较多，而参与讨论的多数学者和决策者往往忽视国外同行的相关成果。第二，自从 20 世纪 90 年代以来，对市场功能和政府功能的错位关注得不够，从而出现了市场化不足和市场化过度并存的现象，需要在下一步改革中加以纠正。这些问题我都曾在有关的文章中加以阐述，相信对进一步深化改革是有利的。

收入分配领域的研究是我持续时间最长、耗费精力最多的领域。

众所周知，在粉碎"四人帮"以后、改革开放初期，我国经济学界曾经对按劳分配问题进行了热烈的讨论，一共举行了四次按劳分配问题的讨论会。当时讨论的主要议题是要不要按劳分配、按劳分配是资产阶级法权还是无产阶级法权、按劳分配是不是产生资产阶级分子的基础，等等。这些讨论在拨乱反正方面起了很大的作用。我当时的主要精力放在经济体制转型问题的研究上，没有直接参与这方面的讨论，不过仍然十分关注这一讨论。由于在 20 世纪 80 年代初关于经济体制转型的研究中，我们从东欧改革的文献中借鉴了一些对传统体制进行实证分析的经验。于是，我试图把这种实证的方法运用到收入分配领域的研究中来。在 20 世纪 80 年代中期，我对传统体制下工资和价格基本双冻结给不同代人所产生的不同效应进行了实证分析，特别是对青年一代的不利影响进行了实证分析。这种分析无疑对经济改革的必要性和经济改革的方向提供了理论支持，可以说是在上述拨乱反正的基础上的进一步研究。这种向实证分析初步转变的探索得到了经济学界同行的肯定，并因此在 1986 年获得了第二届孙冶方经济科学论文奖。

不过，随后不久就发现，这种没有数据支撑的实证研究有很大的局限性。当我听到国外有的经济学家对东欧改革文献中的一些没有数据支撑的实证研究批评为"实证非实证"时，才恍然大悟：没有数据支撑的实证仅仅是可以得到经验证明的假设，不妨称之为理论实证；有数据支撑的实证，即经验实证，才称得上是真正的实证。因此，直到20世纪80年代末和90年代初，我们在收入分配领域的研究上才逐步地走上了经验实证的道路，并取得了一系列的研究成果。从概念之争到理论实证，再从理论实证到经验实证，这是一条艰苦的道路。自从80年代末以来，我所主持（进入新世纪以后由李实教授主持，我只任顾问）的课题产生了一系列有大量真实数据为基础的、属于经验实证的研究成果，在国内外出版了多本专著，并在国内外的专业性杂志上发表了一系列论文。例如，在国内出版的书有《中国居民收入分配研究》、《中国居民收入分配再研究》和《中国居民收入分配研究Ⅲ》；在国外出版的书有 *The Distribution of Income in China*、*China's Retreat from Equality：Income Distribution and Economic Transition* 和 *Inequality and Public Policy in China*。这些研究成果对改革开放以来我国收入差距的变化（包括总体差距、城乡差距、地区差距等）的状况做了大量的实证分析，并对如何改进收入分配提出了有根据的决策建议。这些有数据支撑的研究成果在国内外都产生了较大的影响，我和李实还因此在1994年获得第六届孙冶方经济科学论文奖。

我们的课题除了分析收入差距变化的实际状况以外，在分析收入差距变化的原因方面是有特色的。在国际上，许多经济学家着重研究的是经济增长同收入分配的关系。在我国，情况则要复杂得多。我国不仅在经济体制方面是处在从计划经济向市场经济的转型期，而且在经济发展方面是处在从二元经济向现代经济的转型期。在这种大背景下，影响收入分配格局变化的因素极其复杂。这种复杂性，一方面增加了研究的难度，另一方面也给我们提供了更多探索的空间和余地。我把影响我国经济转型期收入差距变化的原因分为四大类和20个左右的因素，并对这些因素如何影响收入分配的变化做了初步的分析。就四大类来说，就有经济发展（或经济增长）、经济改革（或体制变迁）、经济政策和对外经济关系。我认为，分析这些因素对收入分配的影响不仅符合中国的实际情况，而且有利于研究的深入。

在分析收入差距变化的原因时，有关收入差距扩大同经济改革的关系是人们最为关注也是争议最多的问题。我在若干场合都提出，在分析收入差距的扩大同经济改革的关系时，有两种倾向都需要防止。一种是把收入差距的扩大以及出现的问题都简单地归罪于经济改革本身；另一种是把收入差距的扩大简单地归结为经济改革所应该付出的代价。我认为，对于收入差距的扩大，应该分为三个不同层次来对待：第一层次是属于有利于提高效率的激励部分，这部分是属于克服平均主义的成果，从而应该加以肯定。第二层次是属于经济改革所必须付出的代价。例如，中国的改革只能采取双轨过渡的渐进方式，从而必然会出现利用双轨进行寻租等活动。在一定限度内，这可以说是改革所应付出的代价。第三层次是属于过高的代价，或者说是属于不应该付的部分，或应该防止和避免的部分。当然，第二层次同第三层次之间的界限是很不容易分清的，特别是难以量化，但我想从理论上讲是能成立的。过高的代价往往是同腐败、垄断、寻租和设租等活动联系在一起的。我体会，这也是党和政府在强调收入分配制度改革的同时特别强调规范收入分配秩序和取缔非法收入的重要原因。

尽管我和一些中青年的同事们在收入分配的实证研究上做了一些努力，但是，由于转型期经济情况的复杂（特别是无序）和取得真实数据的困难，加上我们在认知和方法上的局限性，这些实证研究距离全面和准确地反映真实情况还有相当的差距。进一步来说，如何把实证研究和规范研究结合起来，特别是如何把实证研究同对策（决策）研究结合起来，仍然遇到很大的挑战。经济体制转型期的一个重要特点是无序状态的普遍存在。如何在无序中寻求相对有序，从而为决策提供依据，仍然是一个很大的难题。

进入新世纪以后，我和一些中青年同事们在以往收入分配问题研究的基础上，对财产分布问题进行了新的探索。

我认为，国内对财产分布问题的研究迄今还处在起步阶段，但无疑这是一个重要的起步。财产分布问题的重要性已经开始显现：首先，在过去将近20年的时间内，我国居民的财产经历了一个高速积累和显著分化的时期。其次，我国已经确立了小康社会与和谐社会的建设目标。这一目标的实现不仅取决于收入分配的状况，而且取决于财产分布的状况。因此，可以预见，财产分布的问题必将成为人们关注的一个新焦点。无论从决策的战略性还是从研究的前瞻性的角度来看，都需要重视财产分布的问题。就收入和财产的一般区别来说，收入（income）指的是人们（一个人或一个家庭）在一定时期内（通常为一年）的全部进账；而财产（wealth）指的是人们在某一时点所拥有资产的货币净值。可见，财产是一个时点上的存量，而收入是单位时间内的流量。收入和财产之间存在着互动的关系：过去的流量必然影响当今的存量，而当今的存量又必然影响今后的流量。随着财产规模的不断扩大和财产分布格局的变化，财产分布不仅对整个宏观经济的稳定具有重要影响，而且对今后收入分配的长期变化也有重要影响。

　　至于我国财产分布的现状，2002 年全国总财产分布的基尼系数已经达到 0.550，既高于同年收入分配的基尼系数（0.454），又高于同年城乡分别计算的财产分布的基尼系数（城市为 0.4751，农村为 0.399）。在各项资产中，有房产、金融资产和其他资产的估计现值三项的集中率超过总财产的基尼系数，从而对总财产的分布起着扩大不均等程度的作用。从国际比较的角度看，财产分布的基尼系数大于收入分配的基尼系数是一种常态。按照国际标准，我国现阶段财产分布的基尼系数还不算特别高。但是，如果考虑到以下两点，仍然不能不引起人们的高度重视：第一，发达国家个人财产的积累已经经历了数百年的时间，而我国从 20 世纪 80 年代中期算起，也只经历了大约 20 年的时间。可以说，中国个人财产积累的这种速度和势头都是超常的。第二，我国收入分配的基尼系数已经显著地超过发达国家，而如上所述，当今的收入分配的分化必然会影响今后财产分布的分化，因此今后一段时间财产分布差距的进一步拉大可以说将是难以避免的现实。因此，加强这方面的研究，无疑是摆在经济学家们面前的一项重要任务。

　　我认为，党的十六大提出的"扩大中等收入者的比重"的思想以及党的十七大提出的"创造条件让更多群众拥有财产性收入"的思想具有重要的指导意义。这些思想把构建小康社会和和谐社会的目标具体化了。用经济学的语言来说，壮大中产阶级是社会稳定的基础。我曾经在有关的文章中论述到，重视居民的财产及其收入具有重要意义。这些意义可以概括如下：第一，体现了藏富于民的思想，也体现了全面建设小康社会的精神。第二，明确了居民除了劳动收入以外，还有财产性收入，既有利于提高人力、物力、财力资源配置的效率，又有利于拓宽居民增加收入的渠道，体现了居民收入来源的多元化。第三，指出了收入和财产之间的互动关系。第四，要防止财产及其收入的差距过大。为了防止财产及其收入差距过大，我还提出应该研究如何让农民从土地（哪怕是承包经营权）中得到应有的权益问题以及是否应该征收财产税和遗产税的问题。

　　从 20 世纪 80 年代末以来，我的主要精力放在收入分配和财产分布的研究上面，不过，我对于经济体制转型问题仍然是一直关注的。在改革开放 20 周年和 30 周年的时刻，我都写了一些总结经济体制转型的经验和教训的文章。在这里，我只介绍其中的一个观点，即在肯定我国经济改革采取渐进方式取得成功经验的同时，如何总结和评估渐进方式所带来的成本上升的风险？

　　众所周知，20 世纪 90 年代以来，国内外的经济学家对渐进改革都做了进一步的研究，指出渐进改革的内涵是增量改革（incremental reform）。具体来说，就是增量或新增的财富进入新体制（市场轨），存量或原有的财富留在老体制（计划轨）。随着改革的推进和经济的发展，留在老体制内财富的比重将不断下降，而进入新体制的财富的比重则将不断上升，从而有利于最终以新体制来取代老体制。然而，过去 20 多年来，中国的许多新增的财富并没有按照增量改革的要求进入新体制。最为突出的事例是大量新增的公务用车都以实物配给的形式进入了老体制。尽管 1998 年国务院曾经草拟过公务用车货币化改革的方案，但由于既得利益的阻碍，这一方案变成了一纸空文。

　　如果我们把视野从产品价格扩展到劳动价格即工资的形成机制，那么，渐进改革所伴生的价格双轨制问题并没有根本解决。由于中国的特殊国情和历史背景，长期以来，在消费品分配方式上，除了货币工资的方式以外，一直在不同程度上保留了实物供给的方式，也就是人们通常所说的除了工资制以外，还保留了部分的供给制因素。这些供给制因素特别表现在汽车、住房等较高档次的消费项目上面。看来，这些实物供给因素都要加以工资化和货币化，仍然是一项艰巨的任务。

　　劳动价格的扭曲还会带来其他价格的扭曲。在医疗领域，医疗服务价格的偏低和药品（改头换面的新药）价格的高企和由此而产生的以药补医的现象就是这种扭曲的具体表现。

　　同渐进改革和双轨过渡有密切关联的是寻租活动和租金收入的问题。目前学术界对租金总量和灰色收入有各种各样的估计。不过，学术界对这些估计在数据的可靠性和方法的科学性上都提出了质疑。迄今为止，没有一个人能证明自己的计算是准确的，但也没有一个人能否定租金和灰色收入的数额是庞大的。

　　从上述事例可以看出，要把经济改革继续推向前进，就必须对权力加以监督和制衡。在权力缺乏制衡的情况下，公有制很容易变成有权人的私有制。为了防止有人利用权力化公为私，权力制衡是必不可少的。为了加强权力制衡，在继续推进经济改革的同时推进政治改革也是必不可少的。

　　与上述经济体制转型和收入分配改革有关的是社会保障体制的改革。虽然我不是专门研究社会保障问题的专家，不过从 2003 年以来，我也从原来的研究领域向社会保障领域进行了一定程度的拓展。实际上，这些领域是密切相关的。例如，收入分配和财产分布的研究必然要涉及再分配问题，这就在很大程度上涉及社会保障的问题；而且，社会保障体制的改革或转型本来就是整个经济体制转型的一个部分。

我认为，在社会保障领域实行个人责任和社会互济相结合、保障水平同经济水平相适应、以人为本等原则，既要吸取国际的经验，又要符合中国的实际情况。以保障水平同经济水平相适应得原则来说，根据中国经济发展的实际水平，我国现阶段的社会保障只能是低水平的。以社会保障应该以人为本的原则来说，具体到发达国家就成为福利普遍性原则，即福利标准是全国统一的，但具体到中国现阶段的实际情况，则只能具体化为广覆盖或全覆盖的原则，但很难在短期内实现全国统一的福利标准。在社会保障改革中最难处理的是个人责任和社会互济的关系。这里向我们提出了一个非常重要的问题，那就是：社会保障不仅是经济问题，而且是道德问题。社会保障措施的出台需要决策者有经济考量加道德考量，社会保障措施的受惠者则应该既是经济人，又是道德人。

我还认为，在社会保障体制的改革中，贯穿多层次的设计思想是很有必要的。如果说，广覆盖是要解决公平性问题的话，那么，多层次所要解决的是承认差别的问题。即使是已经建立了城乡一体化的、统一的社会保障体系的国家，在改革中也在向多层次的方向发展。最为明显的就是在改革中把养老保险和医疗保险都明确地区分为基本保险和补充保险两个部分；基本部分满足普遍的需要，体现公平性；补充部分满足一部分人较高的需要，体现差别性。我国的改革显然也正在朝这一方向发展。

社会保障制度或福利制度的改革可以说是席卷全球的浪潮。因此，我国的改革必然要吸取其他国家改革的经验和教训。我所主持的相关课题也在出国考察的基础上对国外的经验做了一些比较研究。

例如，在几乎所有进行福利制度改革的国家都面临着政府所承担的责任和风险过大和福利开支支付上的危机。即使像瑞典这样的国家，改革以前的公共开支高达 GDP 的 70% 也还发生了严重的支付危机，因此，在改革中如何实现需求约束的适度硬化，减少支付上的困难，也是所有实行改革的国家所要实现的一个重要目标。

又如，在福利制度改革以前，许多国家都存在着福利欺诈和福利依赖的问题。因为，所谓吃"大锅饭"的福利机制设计本身就只有单向的需求膨胀机制而缺乏反向的供给约束机制。这种机制不仅会导致供不应求的经济问题，而且会引发诸如"泡病号"等福利欺诈的道德问题。可见，福利制度的推行不仅是一个经济问题，而且是一个道德问题。一个健全的福利制度的建设，不仅要依赖于经济发展水平的提高和经济体制的完善，而且有赖于公民道德情操的锤炼。

再如，即使发达的福利国家，改革以前也存在着对劳动积极性的反激励和收入的隐性转移问题。人家从"同工同酬"（"equal pay for equal work）演化成"对所有的工作付同样的报酬"（"equal pay for all work"）；我们则从"同工同酬"演化成"干多干少一个样，干好干坏一个样，干和不干一个样"，颇有相似之处。因此，如何改变这种对劳动积极性的反激励和收入的隐性转移，我们完全可以从人家的改革中获得借鉴。

说到再分配，这既是上述收入分配和财产分布问题的延伸，又是较早讨论过的计划和市场问题的延伸。在正确发挥市场功能的同时如何正确地发挥政府的功能，可以说是计划和市场问题讨论的继续、发展和具体化。

我认为，在再分配问题上，我们应该把克服逆向再分配和提倡适度再分配既当做一种理念，又当做一种政策目标。

通俗地说，再分配就是"抽肥补瘦"。在市场经济中，收入的初次分配主要是通过市场机制来进行的，而市场机制往往发生重激励轻公平的问题。因此，政府就需要通过税收和转移支付（包括补贴）等手段让收入从富人手中转移到穷人手中，以便在维护激励的前提下实现社会的公平与和谐。然而，在现实生活中，往往会发生同再分配的初衷相违背的情况，即通过政府的再分配功能并没有达到"抽肥补瘦"的目的，反而出现了"抽瘦补肥"的情况。这种情况在经济学上就称之为"逆向再分配"。我国城乡之间收入差距过大以及社会保障资源在城乡之间分布的极其不平衡，在一定程度上是这种"逆向再分配"的结果。

除了历史上遗留下来的城乡之间的"逆向再分配"以外，我们还要关注新形势下外部因素导致的城乡收入差距拉大的问题。例如，在我国加入WTO以后，进口发达国家的农产品会减少农民的收益，而发达国家的农产品往往得到政府的补贴。这种外部的因素引起的"逆向再分配"，我国的政府应该采取什么相应的对策，则是一个复杂的、绕圈子的问题。

在各项社会保障政策的实施过程中，也要警惕"逆向再分配"现象的出现。例如，在解决缴费基数不实的问题时，如果有的企业做实了，而另外的企业仍然做不实，就会产生老实人吃亏的"逆向再分配"问题。

　　国家还要通过再分配政策来逐步缩小各部门之间社会保障资源分配的不平衡状况。除了上述城乡之间的不平衡状况以外，在城市内部的正规部门与非正规部门之间、机关事业单位与企业之间也存在着不平衡的状况。当然，解决这些问题需要有一个相当长的过程，但是，再分配政策制定时需要以缩小这种不平衡状况为一个着眼点，应该是毫无疑问的。

　　当政府把税收作为再分配的重要手段时，特别要注意税收的累进还是累退。为了发挥税收在再分配中的积极作用，一般都采用累进税率，而且设有起征点。例如，我国实行的个人所得税就是这样。但是，这要以收入有较高的透明度为前提。由于我国目前银行存款的实名制还不完备、利息收入的透明度还不高，所以前一个时期征收利息税还只能实行比例税率，而不是累进税率，即对所有的存款利息都征收 20% 的利息税。应该说，这种办法是不完备的，具有过渡性，因为它不能起到缩小收入差距的作用。诺贝尔经济学奖得主斯蒂格利茨甚至认为，如果富人比穷人缴纳更多的税，但不是按比例递增的，那么这种税收制度仍然被认为是累退的。可见，根据这种"不进则退"的税收理念，要发挥税收的调节功能，就必须在提高收入透明度的基础上向累进制方向发展。从这个意义上，比例税也会产生逆向再分配的效果。

　　克服逆向再分配还仅仅是解决了问题的一半。即使再分配是正向的，也还有一个程度的问题。抽象地说，即使是正向的再分配仍然存在着过度、适度和不足这三种情况。至于什么样的再分配算是适度的，则要按照一个国家的经济发展水平和文化传统等因素来确定。看来，根据国际经验和我国自身的经验，克服过度再分配是寻求适度再分配中的一个艰巨任务。像瑞典这样的福利国家，由于要维持高福利，就需要有高税收，从而出现了过度再分配的问题。例如，20 世纪 80 年代初，瑞典的个人劳动所得税的平均边际税率为 56.8%，最高边际税率竟达 85%。这样高的税收，就出现了吃"富大锅饭"的问题，而且，还必然会影响劳动的积极性和经济的效率。因此；从 20 世纪 90 年代以来，不得不引入改革的措施，到 90 年代中期，最高边际税率已经下降到 51%。我国在计划经济时代则存在着"干好干坏一个样"的吃"穷大锅饭"的问题。不管是穷还是富，只要是吃"大锅饭"，就存在着隐性的收入转移，即收入从好好干的人手中隐性地转移到不好好干的人手中，这实际上是一种隐性的、特殊形态的过度再分配。

　　要克服过度再分配和寻求适度再分配，就必须在税收同转移支付（特别是其中的福利保障）之间取得一个均衡点。根据我国的情况，现阶段我们的税收占 GDP 的比例、转移支付占 GDP 的比例应该多大较为合适，就是一个很值得探讨的问题。如上所述，过度的再分配必然影响经济效率。因此，在寻求适度再分配时还必须在税收同经济效率之间取得一个均衡点，换言之，提高税收绝不能以牺牲人们的劳动积极性和牺牲经济效率为代价。

（二）学问人生之悟

不少学术界的朋友经常问我：经过了 50 多年的风风雨雨，在治学的人生旅途中究竟有什么感悟？我想，我个人的感悟是微不足道的，而且是不系统的。在这里，只能回忆其中的点点滴滴。

20 世纪 80 年代，在担任经济研究所所长期间，我曾经对发扬优良的学风和所风提出过以下见解：

1. 兼容并包、多元共存的风气和精神

学术发展的一个重要条件是要有一个学术自由的环境和气氛。这是符合马克思主义的，马克思本人就写道："你们赞美大自然悦人心目的千变万化和无穷无尽的丰富宝藏，你们并不要求玫瑰花和紫罗兰发出同样的芳香，但你们为什么却要求世界上最丰富的东西——精神只能有一种存在形式呢？"这也是符合党的"百花齐放、百家争鸣"方针的，所谓"百"，就是要承认精神世界的多样性和多元化。坚持这样一种精神，不但同坚持马克思主义不相抵触，而且恰恰是为了在新的条件下发展马克思主义。

2. 团结、和谐的气氛

经济研究所的团结总的来说是好的，有一种无形的内聚力。但是，应该承认，这方面绝不是十全十美的。在某种特定的场合，人际关系显得紧张了一些，特别是在带有某种情绪的情况下。其实，有许多问题，如果不是感情用事，而是冷静地、理智地加以分析，在和谐的气氛中进行对话，是很容易解决的。因此，我们提倡宽容和对话。有的同志提出，人际关系是否宽松与和谐，是我们是否具有学者风度的表现，是我们本身学术素质的表现。我认为，这个意见是很中肯的，希望全所同志都把增进团结、和谐的气氛作为提高学术素质和发扬学者风度的任务来提倡。

3. 平等竞争和文明竞争的精神

团结、和谐的气氛并不排斥竞争。只有鼓励竞争，才能形成一个奖勤罚懒的机制，才能使优秀人才脱颖而出。当然，从整个社会大背景来说，机会均等的公平竞争的宏观条件是不完备的。但是，从所领导班子的角度来说，我们是要尽可能地给大家创造一个相对公平的竞争环境。当然，我们也希望

大家在竞争中要讲究和遵守竞争的规则，正如各种比赛中要遵守比赛规则一样。特别要提倡尊重别人的独立人格，因为，不管能力高低，大家在人格上是完全平等的，换言之，我们所要的竞争是以承认和尊重竞争对手的独立人格为前提的——这就是文明竞争的问题。

4. 严谨、踏实和坐冷板凳的精神

这种风气和精神本来就是我们的一个优良传统。我们许多著名的老专家，无论是搞理论的、搞现实的，还是搞历史的，可以说无一例外是在这种科学的精神指导下取得卓越成就的。可喜的是，不少中青年研究人员也以这种可贵的献身科学的精神在从事踏踏实实的研究，并取得了一些优秀的成果。但是也应该看到，在急功近利和行为短期化成为时代弊病的年代里，所的这种优良传统和学风也在一定程度上受到了损害。那种追求一时新闻效果的行为，那种自我吹捧的行为，是不符合科学精神的，是同经济研究所的优良传统格格不入的。当然，在一个从停滞转向改革、从封闭转向开放的大转变年代里，产生理论上饥不择食和实践上急功近利的弊病可以说有其复杂的社会历史成因。但是，作为一个学术研究机构，我们必须敏锐地洞察到这一点，并及时地加以纠正和引导。

我们的时代需要产生学术大师。而学术大师级人物的产生，就从个人努力这方面来说，连十年寒窗也只能打个基础。通过出奇制胜只能成为昙花一现的新闻人物，很难成为功基深厚的学术大师。我国应该产生学术大师，经济研究所也应该产生学术大师。

5. 探索、创新和开拓的精神

科学研究本身就是探索、创新和开拓，不然，科学的生命也就完结了。经济研究所在改革高潮中是有开创精神的。在改革遇到困难、在经济处于调整的时期，仍然应该继续保持和发扬这种精神。调整是为了更好地改革和发展。改革高潮时期要防止头脑发热，调整时期要防止灰溜溜。改革高潮中的行为短期化要克服并吸取教训，调整中的行为短期化则要防止。经济研究所决不能失掉改革的旗帜。

在20世纪90年代，我对如何繁荣经济科学的问题提出过以下见解：

第一，要正确处理经济热点和冷点的关系。首先要有坐"冷板凳"的精神，才能对热点问题发表真知灼见。而且，这个热点问题的专家，不见得又是别的热点问题的专家。从这个意义上讲，没有冷，就没有热。

第二，要有对研究成果的科学评价机制。这是提高经济学水平的重要条件之一。对于一项经济研究成果的评价，主要应看它对经济运行是否做出了规律性的分析和解剖，而不能仅看它的某些提法和用词如何。

第三，经济学研究中应该把民族性和国际化结合起来。学术无国界，学术领域的国际交流或国际化，实际上对各个国家和民族都是有利的；相反，闭关自守则只能捆住自己的手脚。学术的国际交流，包括经济学的国际交流，总是双向的乃至是互补的。改革开放以来，我们从国外学习和吸取的东西比过去增加了许多，外国也从中国学习和吸收了一些有用的东西。在国际交流中，我们不但能够促进我国经济学研究的国际化和现代化，而且能够以自己的民族特色来做出更大的国际贡献，促使中国的经济学研究走向世界。

第四，要区分学术部门和政府部门的功能。学术研究部门的功能不同于政府行政管理部门的功能，这应该说是常识。孙冶方担任经济研究所所长期间，从来不以行政长官自居，对研究所的行政级别是完全淡化的。外国有许多国家都不把研究所所长、大学校长列入官僚系列。企业的功能不同于政府的功能，所以人们早就提出要实现政企分开；既然学术部门的功能不同于政府部门的功能，那么，提出要实现政学分开似乎也是合乎逻辑的。在我看来，区分两种不同的功能，有利于克服学术研究机构的行政化倾向，有利于防止担任学术领导职务的学者们的官僚化倾向，从而有利于研究机构更好地出成果和出人才。

在20世纪90年代，我还写了一篇提倡"古今沟通、内外交流"的文章。其中有一个实例是讲学习管子的"百年树人"思想的体会。事情是这样的：1992年，《北京周报》（"Beijing Review"）的一位编辑请我对刚刚出版的世界银行发展报告写一篇评论。我在阅读此报告时发现，该报告的第五章《投资于人民》的开头引述了管子的如下一段话："一年之计，莫如树谷；十年之计，莫如树木；百年之计，莫如树人。一树一获者，谷也；一树十获者，木也；一树百获者，人也。"这就是后来被人们通俗地概括为"百年树人"的思想。于是，人们往往就顾名思义地把"百年树人"理解为"培养人才需要很长时间"的意思。记得我在上中学时学校的大门上面就有"百年树人"四个大字。但是，几十年来我对"百年树人"的理解都没有超出上述顾名思义的范围。为了给世界银行的报告写评论，我就从《诸子集成》管子的《权修》篇中去查阅原文。阅读原文之后我领会到，我原来对管子的上述思想的理解是表面的和片面的。管子上述经济思想的精髓是"树"和"获"的关系。这种关系在现代的经济理论中往往用投入和出产、成本和收益、投资和回报等关系来表述。可见，管子的"一树百获"思想同当代的"人力资本"理论颇有相通之处。"树谷"和"树木"是对实物资本（physical capital）的投资，"树人"是对"人力资本"（human capital）的投资。"一年"、"十年"、"百年"（之计）是指投资回收期有长有短，（一树）"一获"、"十获"、"百获"是指投资回报率有高有低。"莫如"是对不同投资方案的比较。尽管当时还不可能有精密的计算，而且在一个农业社会中只能把对人力资本的投资同对农业资本的投资相比较，不过，在两千年以前这样一些朴素的思想中，居然蕴涵着投资回收期、投资回报率、投资方案的比较等思想的萌芽，就不能不令人肃然起敬。当代的人力资本理论、教育经济学都可以从中得到思想的营养。从这个实例中可以看到，古今中外之沟通是何等的重要，改革开放对学术交流和学术发展是何等的重要。

30 年来，我逐渐地形成了这样的看法：经济在转型，经济学在转型，经济学家也在转型。在这里，经济的转型从狭义来说仅仅是指经济体制的转型，即从高度集中的、以资源的实物配置为特征的中央计划经济向有宏观调控的、资源配置中价格机制起基础作用的市场经济的转型；但从广义来说，则还包括经济发展的转型，即从二元经济向现代经济的转型。经济学的转型则是指经济问题的研究从一种封闭的、停滞的状态向开放的、发展的、努力吸收人类文明先进成果的方向的转变。经济学家的转型则是指经济研究工作者同上述两个转型相适应，使自己的研究工作跟上时代的步伐。

经过多年的实践，我深深地体会到，要对经济问题的一个领域进行比较深入的研究，往往要求研究人员具有较高的和较全面的素养。这些素养包括：有较高的理论素养，即能够掌握迄今为止人类文明在本领域所创造的理论成果；掌握比较先进的分析方法和工具，特别是经济计量的工具；掌握同研究主题有关的数据，最好是有第一手的数据或资料；对研究的主题要有实感，最好是通过一定的实地调查来取得和增强这种实感，并且要把实感和数据结合起来进行分析；要有较好的表达能力，包括：分析框架的合理性、叙事和推理的逻辑性以及文字上的准确性和清晰度（除中文的表达能力以外，最好还有一种乃至一种以上外语的表达能力）；能围绕主题进行纵向的（时间的）和横向的（空间的）比较。这样的素养看来很难在某一个研究人员身上得到全面的体现。因此，当今的许多研究课题往往要组织一个团队来进行合作研究。这种合作研究从原则上来说应该采取老、中、青相结合的形式。

根据我自身的经验，这种合作不仅是静态的，而且应该是动态的。换言之，老年人应该逐步退出，青年人则应该不断地进入。这就是研究中的代际合作和代际交替问题。多年来，我们在收入分配领域的研究中就采取了这种形式和机制。用通俗的话来说，就是几代人联合作战，加上几代人连续作战。其中，如果联合作战主要体现为静态的话，那么，连续作战则主要体现为动态。由于过去半个世纪中我国特殊的国情，我们这一代人从事研究的黄金时间往往是被耽误了的，因此，按上述素养来要求，也往往有更多的欠缺。在认识到自身的这种局限性以后，我认为我们这样的人应该自觉地实行快速折旧，着力培养青年一代人的快速成长，才能使我们的经济学研究较快地赶上国际先进水平，较好地为我国的经济改革和经济发展服务。

（本文原载于中国社会科学院老专家协会编：《学问人生》，中国社会科学出版社，2010 年版，第 710～723 页）